매일 읽는 력사이야기

民族文字出版专项资金资助项目

중국 통사 이야기

[열독본] 중화민국

류덕홍 양상덕 왕청 설강 편저　박금숙 역

료녕민족출판사
중국소년아동출판사

ⓒ 朴锦淑　2018

图书在版编目（CIP）数据

中国通史故事.中华民国：朝鲜文/刘德鸿等编著；朴锦淑译.—沈阳：辽宁民族出版社，2018.1

（历史故事天天读）

ISBN 978-7-5497-1785-9

Ⅰ.①中… Ⅱ.①刘… ②朴… Ⅲ.①中国历史 — 民国 — 青少年读物 — 朝鲜语（中国少数民族语言） Ⅳ.①K209

中国版本图书馆CIP数据核字（2018）第003339号

中国通史故事.中华民国
ZHONGGUO TONGSHI GUSHI ZHONGHUAMINGUO

出版发行者：辽宁民族出版社
地　　　址：沈阳市和平区十一纬路25号　邮编：110003
印　刷　者：沈阳航空发动机研究所印刷厂
幅 面 尺 寸：170mm×240mm
印　　　张：17
字　　　数：270千字
插　　　图：23
印　　　数：1-500
出 版 时 间：2018年1月第1版
印 刷 时 间：2018年1月第1次印刷
责 任 编 辑：金顺玉
封 面 设 计：缪　惟
责 任 校 对：边京爱
标准书号：ISBN 978-7-5497-1785-9
定　　价：30.00元

网　　　址：www.lnmzcbs.com　　　邮购热线：024-23284335
淘宝网店：http://lnmz2013.taobao.com
如有印装质量问题，请与出版社联系调换　　联系电话：024-23284340

차례

중화민국 ······················ 1
472 두 림시대총통 ·············· 4
473 송교인이 암살당하다 ········ 11
474 심라회의 ·················· 16
475 '21개조'를 반대하다 ········ 20
476 '홍헌' 추태극 ·············· 24
477 장훈의 복벽 ················ 32
478 호법전쟁 ·················· 39
479 "경극곡조를 모르거든
　　담흠배를 따라하지 말라" ··· 44
480 로서개의 강점을 반대하다 ··· 49
481 신문화운동 ················ 55
482 5.4운동 ···················· 61
483 중국공산당의 창건 ·········· 66
484 국민당의 재조직 ············ 71
485 북경정변 ·················· 80
486 손중산의 북상 ·············· 85
487 북벌전쟁 ·················· 90
488 남창봉기 ·················· 97
489 동북의 기치바꿈 ··········· 104
490 신군벌의 혼전 ············· 110
491 한점의 불꽃도 료원의
　　불길로 타오른다 ············ 116
492 9.18사변 ·················· 121
493 1.28사변 ·················· 125
494 화북항전 ·················· 133

1

차례

495	2만5천리장정	139
496	서안사변	144
497	로구교사변	151
498	송호대전	156
499	남경대학살	161
500	홍군이 개편되여 전선으로 나가다	166
501	대아장혈전	170
502	백산흑수의 항일봉화	176
503	적후에서	184
504	왕정위의 매국행위	190
505	'중통'과 '군통'	195
506	'북경인'의 발견	200
507	전당강대교를 건설하다	205
508	전화 속의 대학교	211
509	신문예의 흥기	219
510	'0'의 기록	223
511	중국원정군	228
512	일본의 항복	235
513	중경담판	241
514	부패한 정부	246
515	3대전역	255
516	새 중국의 건설을 계획하다	262

중화민국

　　중화민국은 1912년 1월에 창립되여서부터 1949년 10월 중화인민공화국의 창건에 이르기까지 도합 38년간 지속되였다. 민국시기의 정권을 두 단계로 나누는데 1912년부터 1928년까지는 북양군벌통치시기로서 수도는 북경이고 1928년부터 1949년까지는 국민당통치시기로서 수도는 남경이다. 항일전쟁시기에는 정부를 서부로 이전시켜 중경을 림시 수도로 하였다. 이 두 단계의 국가기구 설치는 변화가 아주 컸다. 원수의 호칭만 해도 대총통, 집정(执政), 대원수, 정부(政府) 주석, 총통 등이 있었고 행정수뇌로는 국무총리, 정사당(政事堂) 국무경, 행정 원장 등 호칭이 있었다.

　　중화민국이 존재한 시간은 비록 짧았지만 중요한 의의와 거대한 영향이 있는 력사시기였다. 내부모순은 정국(政局)으로 하여금 불안정하게 하였고 외래침략은 국가멸망의 위기를 조성하였으며 전환 성격을 띤 파문사건들이 련이었는데 이는 이 시기 정치군사의 기본 특징이다. 민국 창건 초기, 혁명당인은 일찍 남경을 수도로 하여 정권을 건립하고 손중산(孙中山)을 림시 대총통으로 선거하였지만 1개월 이후 부득불 원세개(袁世凯)를 수반으로 실권을 장악한 북양군벌에게 권력을 넘겨주지 않으면 안되였다. 북양군벌정부는 형식상에서 공화제도를 실시하기는 하였으나 실제상에서는 대외로 여전히 제국주의렬강의 지지하에 계속 주권을 팔아먹었으며 대내로는 여전히 봉건주의 생산관계를 유지하면서 그 어떤 혁신도 하지 않았으며 지어 두차례에 걸쳐 황제도를 복벽하는 추악한 연극을 놀았다. 각파의 군벌들은 군사를 보유하고 자립하였으며 장기적인 혼란을 조성하여 인민들에게 심중한 재난을 가져다주었다. 이로 하여 군벌이 민주혁명의 주요 대상으로 되였다.

　　새로 개편한 중국 국민당은 창건된 지 얼마 되지 않은 중국 공산당과 협력하여 북양군벌통치를 뒤엎는 북벌전쟁을 발동하였다. 얼마 후 국민당은 정

중화민국 | 중국 **통사** 이야기

변을 통하여 공산당을 배제하고 1928년 6월 이후로는 전국에 대한 통제권을 획득하였다. 국민당정부가 성립된 초기에 경제, 문화 등 면에서 일부 새로운 조치를 취하기는 하였지만 파벌모순이 가심해졌으며 잇따라 또 내전이 폭발하였다. 그 시기에 또 공산당의 무장할거가 존재하였는데 그들은 국민당정권과 근 10년간의 항쟁을 진행하였다. 일본이 침화전쟁을 발동하자 국민당정부는 "외적을 제압하려면 먼저 국내를 안정시켜야 한다"는 정책을 취하였는데 전국인민의 반대를 받았다. 항일전쟁이 전면적으로 폭발한 후 국공 량당은 재차 협력하여 항일전쟁의 승리를 취득하였으며 중국의 국제적 지위도 제고되었다. 항일전쟁이 결속된 후 량당 관계가 파렬되였다. 국민당은 내전을 발동하였으나 생각과는 달리 실패를 당하자 장개석집단은 대만으로 도망갔다.

국민당시기의 경제는 외국의 침략과 통제로 하여 기형적으로 발전하였는바 중국은 렬강들의 원료 공급지와 상품 판매시장으로 되였다. 하지만 민족공상업은 어렵게 성장하여 아주 큰 발전을 가져왔으므로 민족자산계급은 홀시할 수 없는 사회력량으로 되였고 로동계급도 점차 장대해져 자신의 권리를 위하여 굴함없이 투쟁하였다. 하지만 총적으로 말할 때 당시의 재부가 소수인의 수중에 장악되였기에 생산이 극히 발달하지 못하였고 광대한 대중의 생활수준도 아주 낮은 상태에 처하여있었다.

민국시기 중국의 국문이 열려지자 국가의 운명은 세계정세와 련결되였다. 여러가지 사상과 문화가 중국에 전해 들어왔고 한차례 신문화운동을 거쳐 사상 대론쟁과 대해방이 초래되였다. 가장 돌출한 것은 맑스주의의 전파인데 많은 혁명자를 육성하였을 뿐만 아니라 일후에 집권당으로 된 중국공산당의 출현을 촉진하였다. 국민당시기의 과학, 교육도 아주 큰 진보를 가져왔다. 지질, 고고, 수학, 물리 및 화공, 건축 등 분야에서도 다 중대한 발전을 가져왔고 돌출한 성과를 이룩하였다. 서방으로 류학을 가고 국내에 대학을 꾸리는 것이 사회기풍으로 되였는바 금후 새 중국의 과학기술발전을 위한 조건을 마련해주었다. 문학예술면에서 신문화운동이 현대문학의 행정을 개척하였으므로 우수한 문학작품들이 나타났고 외래의 예술형식 이를테면 화극, 영화, 음악, 무도와 회화, 조각 등이 이미 주도지위를 차지하였는바 각기 자체의 성과가 돌출하고 전통적인 경극, 중국화 등도 진보를 가져왔다.

민국시기는 사회가 불안정하고 국가가 내우외환에 직면한 동시에 인재가 배출되는 시대이기도 하였다. 혁명운동이 끊임없이 흥기되고 심입되였으며 신흥 실업과 사업의 창립, 발전은 대량의 우수한 인물과 신형의 인재를 수요하였는바 이는 사람들의 사상을 활발하게 하였고 분분히 구국사업에 투입하는 운동과 여러가지 창립적 의의가 있는 사업에 뛰여들게 하였다. 이 시기 많은 걸출한 혁명가, 정치가, 군사가, 사회활동가, 교육가 및 우수한 문학가, 예술가 등이 용솟음쳐나왔다.

중화민국 중국통사이야기

472
두 림시대총통

1911년 12월, 중국혁명의 수령 손중산이 중화민국 림시대총통으로 당선되였다. 당시 외국에서 돌아온 지 얼마 되지 않은 손중산은 상해에서 이 소식을 듣고 남경에 있는 각 성(各省)의 대표들에게 전보를 보내여 "봉기의 승리를 이룩시킨 것은 여러분의 공로입니다. 해외에서 귀국하자 대총통으로 당선되였지만 실로 마땅하지 않습니다. 하지만 북방이 아직도 청나라의 수중에 있고 혁명과업 또한 간고하므로 여러분이 저를 신임한다면 제가 모든 노력을 기울이고 훌륭한 공복(公仆)역할을 하여 절대로 여러분의 기대를 저버리지 않겠습니다."라고 말하였다.

중국인은 '천자(天子)', '군부(君夫)', '만세나으리(万岁爷)' 따위의 호칭에 습관되여있었는데 지금 국가원수가 '공복'으로 자칭하자 보다 새롭게 여겨졌고 손중산이 대단한 인물로 느껴졌다. 손중산이 1912년 원단에 상해를 떠나 남경에 취임하러 갈 때 상해 각계 인사들이 대렬을 지어 배웅하였고 례포소리와 환호성이 우렁찼다. 그가 소주, 무석, 상주, 진강 각지를 지날 때 당지의 군중들도 거리에 떨쳐나와 영송하였는데 '공화 만세'의 환호성이 여기저기에서 터져나왔다. 남경에 이르렀을 때 례포소리가 한결같이 울려퍼지고 군악이 소리높게 연주되였으며 거리마다 군중들로 가득 찼고 웃음이 그치질 않았다. 그날 저녁에 대총통 취임

중국 통사 이야기 | 중화민국

의식이 거행되였다. 손중산은 의식에서 "청나라 전제정부를 뒤엎고 중화민국을 공고히 하며 민중의 행복을 도모하는 것이 여러분의 념원이므로 저는 꼭 지켜 집행할 것입니다. 저는 국가에 충성하고 민중을 위해 봉사할 것입니다. 청나라 전제정부를 뒤엎고 국내의 변란을 없애고 중화민국이 세계 각국의 공인을 받을 때 저는 사직할 것입니다."고 장엄하게 맹세사를 선독하였다. 동시에 또 〈림시 대총통 선언서〉〈전국동포들에게 고하는 글〉을 발표하는 것으로 중화민국의 탄생과 림시정부의 정식 창립을 선고하였다. 이 정부의 과업은 "전제의 여독을 깨끗이 쓸어버리고 공화를 확정하는 것이였다." 대내방침은 민족을 통일하고 령토를 통일하고 군정을 통일하고 재정을 통일하는 것이고 대외방침은 외국의 치욕을 접수하지 않을 뿐더러 외국을 배타하지도 않고 평화수호를 견지하며 각국과 친선적으로 거래하는 것이였다. 이 정부에서는 무창봉기의 령도자인 려원홍(黎元洪)을 부총통으로 하고 동맹회의 령도자인 황흥(黃興)을 륙군총장 겸 참모총장으로 하였다.

중화민국은 국제적으로 통용하는 양력기년을 사용하는 동시에 중화민국기년도 함께 사용하였는데 기원 1912년을 민국 원년으로 하였다. 오색(홍색, 황색, 남색, 백색, 흑색)기를 국기로 하였는데 한족, 만족, 몽골족, 회족, 장족 5개 민족의 공동 화합을 상징하였다. 림시참의원을 건립하고 〈중화민국 림시약법〉을 제정하였는데 이 〈림시약법〉에서는 중화민국의 주권은 전체 인민에게 속한다고 규정하였으며 인민은 종족, 계급과 종교신앙을 불문하고 일률로 평등하고 선거, 참정의 '공권(公权)'과 거주, 언론, 출판, 집회, 신교의 '사권(私权)'을 향유하며 인신과 재산안전은 법률의 보호를 받고 비법적으로 체포, 심문, 처벌할 수 없으며 개인재산을 침범하고 수사할 수 없으며 관원의 '큰어른(大人)', '나으리(老爷)' 따위의 칭호를 취소하며 법관은 독립적으로 심판하고 상급 관원의 간섭을 받지 않는다고 규정하였다. 이 〈림시약법〉은 후에 봉건황제제도를 반대하는 여러차례의 투쟁 가운데서 아주 큰 작용을 일으켰다.

손중산은 〈림시약법〉을 준수하는 모범이였다. 그에게는 대총통의 직위로 사람을 억누르는 것이 없었고 어떤 특수한 면도 없었다. 한번은 그가 우화대(雨花台)에 가 포대(炮台)를 시찰하게 되였는데 소식을 들은 군중들이 기발을 들고 중화문에서 그를 환영하려고 준비하고 있었다. 손중산은 "저로 하여 군중들에게 페를 끼쳐서는 안됩니다."라고 말하였다. 그는 중화문을 거치지 않고 길을 에돌아 조용히 총통부로 돌아왔다. 또 한번은 그가 례당에 가 연설하게 되였는데 례당문어구의 위병이 그를 알아보지 못하고 가로막고 들어가지 못하게 하면서 "오늘은 손대총통이 오심으로 다른 사람은 들어가지 못하게 합니다."고 말하자 손중산이 "총통도 보통 사람과 같소! 그는 백성들의 공복이오."라고 말하면서 명함장을 꺼내보였다. 위병은 깜짝 놀라 말을 하지 못하였고 손중산은 머리를 끄덕이고 미소를 지으며 걸어 들어갔다. 레닌(列宁)이 일찍 손중산을 찬양하여 "공화국의 림시 대총통은 숭고한 정신과 영웅기개로 충만된 혁명적 민주주의자"라고 말하였다.

청나라 황제는 1912년 2월 12일에 퇴위를 선포하였다. 이튿날, 실권을 장악한 원세개는 남경 림시정부에 전보를 보내여 "공화는 가장 좋은 국체입니다. 나는 그것을 위해 노력할 것이며 군주정체가 영원히 중국에서 재현하지 못하게 할 것입니다."라고 말하였다. 원세개의 전보를 받은 후 손중산이 13일에 사직을 제출하고 원세개를 추천하여 림시 대총통에 취임하게 하였다. 그러나 그는 원세개에 대하여 경계심이 있었으므로 원세개가 〈림시약법〉을 파괴하는 것을 방지하기 위해 사직을 제출할 때 또 세가지 조건을 부가하였다. 첫째, 림시정부는 남경에 설치하되 변경하지 말아야 한다. 둘째, 신임 대총통이 남경에서 취임할 때 나는 비로소 직무를 사직한다. 셋째, 신임 대총통은 반드시 〈림시약법〉의 모든 규약을 준수해야 한다.

　2월 14일, 림시 참의원은 원세개를 림시 대총통으로 선거하였다. 많은 사람들이 원세개가 최고 지도자로 되면 중국혁명의 일이 원만하게 해결된 것이라고 여겼다. 림시 참의원에서 보낸 통전에는 뜻밖에도 그를 "세계 제2워싱톤(华盛顿), 중국 제1워싱톤"이라고 하였다. 손중산은 채원배(蔡元培), 송교인(宋教仁), 왕정위(汪精卫) 등 특사를 북경에 파견하여 원세개를 영접하고 남하하여 취직하도록 하였다.

　북경은 원세개의 세력중심이였기에 그는 당연히 이곳을 떠나 남경에 가서 제약을 받으려 하지 않았다. 손중산이 남경을 수도로 정할 것을 견지한 것은 혁명성과의 변질을 방비하고 원세개의 권력을 제한하기 위한 것이였지만 원세개도 이미 타산이 있었다. 그는 겉으로 채원배 등을 환영하는 표정을 지으며 "나는 남경에 가서 취임하기를 오래전부터 기대하여 왔다."고 말하면서 암암리에서는 부하 조곤(曹锟)에게 지시하여 '군사반란'을 조작하게 하였다. 사신들이 북경에 도착한 후 며칠 지나지 않아 밤중에 갑자기 사면에서 총소리가 울리고 병사들은 도처에서 불을 지르고 강탈하였으며 사신들의 거처마저도 략탈당하였다. 채원배 등 사신들이 알아보니 원세개의 부하들은 군대들이 원세개가 북경을 떠나 남경에서 부임하는 것을 반대하여 소동을 일으켰다고 말하였다. 잇달아 천진, 보정에서도 군사반란이 일어났고 일본 군대도 진황도에 상륙하였다. 원세개를 옹호하는 사람들은 또 이 기회를 빌어 "원세개는 북경을 떠날 수 없고 떠나기만 하면 변란이 일어날 것이오. 림시정부는 반드시 북경에 설치해야 하오."라고 말하였다. 채원배 등은 속아넘어갔고 남경림시정부와 손중산에게 전보를 보내여 원세개가 남하하여 취직하는 결정을 취소하고 북경에서 선서하고 취임하게 하자고 하였다. 혁명에 투기한 려원홍도 계속하여 부총통으로 되기 위해 반드시 북방으로 옮겨가야 한다는 주장을 하였다. 손중산은 반대해도 소용없다는 것을 보아내고 재차 양보하였고 림시 대총통의 도장을 담은 붉은 주머니를 넘겨주었으며 원세개가 북경에서 취임하고 림시정부를 북경에로 옮기는 데 동의하였다.

 3월 10일에 원세개는 북경에서 림시 대총통에 취임하였다. 그 후 남방의 세력은 뚜렷하게 약화되였고 이미 전국의 국면을 좌우지할 방법이 없게 되였다. 4월 2일에 이르러 림시 참의원은 원세개의 념원에 따라 수도를 북경으로 옮긴다고 결정하였다. 이리하여 신해혁명의 성과는 완전히 원세개의 수중에로 넘어갔고 이로부터 북양군벌의 통치가 시작되였다.

 표면상에서 볼 때 원세개가 정권을 잡고 전국이 통일되였다. 실제상 당시의 각지 군벌과 정객들은 각 자가 정치를 하고 행동하였으며 대립과 의심 정서가 아주 컸다. 이는 민국 초기 정국의 혼란을 형성하였다. 남방의 강서, 광동, 안휘 3성의 권력은 혁명당인이 장악하였고 도독(都督)은 각기 리렬균(李烈钧), 호한민(胡汉民), 백문위(柏文蔚)이였다. 그들은 원세개에게 경계심을 품고 3성을 극력 동맹회의 기지로 하려 하였다. 그들은 자기의 지반에서 지방의 경제를 발전시켜 사회에 새로운 기상이 나타나게 하였고 후일에 원세개와 대항할 수 있는 력량을 축적하기도 하였다. 강소, 호남의 동맹회세력도 우세를 차지하였다. 호북, 광서, 귀주, 운남 등 성은 원래의 립헌파 관료들이 통제하고 있었다. 그들은 청정부와 봉건군벌과의 관계가 밀접하였고 관심하는 것은 주로 어떻게 하면 자기 집단의 지위와 이미 얻은 리익을 유지하고 지방세력을 수호하는가 하는 것이였다. 그리고 절강, 사천, 복건 등 성의 동맹회와 옛 관료들의 세력은 막상막하였다. 북방의 직예, 하남, 산동 3성은 의심할 바 없는 원세개의 세력범위였으나 산서와 서북, 동북 각 성은 본래 북양군벌의 지반이 아니였으며 민국 이후 형식은 변했지만 내용은 변하지 않았기에 여전히 봉건세력이 통치하였다.

 원세개는 청조시기에 비록 신군(新军)을 편성하고 유신사상도 접촉하였으나 반봉건이요, 정치민주요 하는 것에 대하여서는 아무런 흥취가 없었지만 음모를 꾸미고 측근을 양성하고 자기와 견해가 다른 사람을 배제하고 대권을 총람하는 일련의 정치수단에 대하여서는 아주 숙달하였다. 림시 대총통이 된 후 원세개가 가장 먼저 하고 싶은 것은 중앙과 각 성의 실권을 수중에 넣는 것이였다. 이리하여 그는 측근인 풍국장(冯国

璋), 장진방(张镇芳) 등을 직예, 하남, 산동에 파견하여 도독으로 임명하였는데 이런 사람들은 민국의 의회를 거들떠보지도 않았고 민주개혁을 진행한다는 것은 더 말할 나위도 없었다. 북양집단이 아닌 산서와 서북 각 성 및 동북의 지방세력에 대하여 원세개는 롱락수매의 방법으로 그들에게 거액의 돈과 재부를 주었고 높은 벼슬과 많은 봉록을 주었다. 결과 염석산(阎锡山), 장작림(张作霖) 등과 같은 실권파들은 모두 급기야 그에게 빌붙었고 그의 옹호자로 되였다. 이리하여 북방은 완전히 원세개의 세력범위로 되였다. 동시에 남방 각 성의 군정인물에 대하여 원세개는 부동한 정황에 따라 수매, 롱락, 도발, 배제, 전근, 살해와 군사타격 등 수단을 리용하여 자기의 세력을 확대시키고 혁명당의 력량이 커지는 것을 엄밀하게 방비하였다.

　　원세개는 전국에서 손중산과 황흥 이 두 혁명수령의 영향을 잘 알고 있었기에 그들에 대하여서도 온갖 롱락하는 수법을 다 피웠다. 1912년 8월, 그는 손중산을 북경으로 성대하게 요청하여 국가원수의 대우를 주었다. 두 사람은 여러차례 회담을 하였고 원세개는 매우 공손하고 겸손하였으며 공화에 대하여 옹호하고 충성함을 표시하였다. 본래 그는 손중산에게 국가 최고 고문을 하게 하였으나 거절을 당하였다. 손중산은 자기는 더는 정치에 참여하지 않고 전력을 다하여 철도건설에 종사하겠다고 하였다. 원세개는 즉각 그에게 '전국철도감독'의 직위를 맡기였다. 얼마후 남경에 머무르고 있던 황흥도 초청에 응하여 북경에 왔는데 원세개의 열정적인 접대를 받았다. 손중산과 황흥은 원세개의 표현에 대하여 매우 만족하고 그가 민국의 최고 수령으로 된 것을 지지하였다. 손중산은 원세개에게 십년간 총통을 하면서 민국을 령도할 것을 희망한다고 표시하였다. 상해로 돌아온 후 그는 또 연설에서 원세개를 칭찬하였다. "나는 원세개의 됨됨이를 믿는다. 그는 포부가 있고 두뇌가 명석하고 천하의 일을 명확하게 처리할수 있으며 사상도 아주 새롭다… 그러므로 그가 총통이 되는 것은 아주 마땅하다."

　　손중산 본인은 확실히 일심정력으로 국가를 진흥시키는 실력면에서 성과가 있었다. 민국 초기에 그는 첨천우(詹天佑) 등 전문가의 수행하에 각지에 가서 철도공사를 고찰하였고 아주 많은 정력을 들여 전국의 철도건설에 대하여 계획을 작성하였는데 십년내 20만리 철도를 수축할 것을 제출하였으며 중국 교통운수의 락후한 면모를 개변시키겠다고 하였다. 그의 기획은 비록 전란으로 하여 실현되지 못하였지만 그중에는 매우 보귀한 구상들이 아주 많았는바 후에 중국 철도건설에 대하여 지도와 계시의 작용을 하였다. 손중산은 민국 초기에 또 전국의 경제건설에 대하여 깊게 사고하고 연구하여 《건국방략(建国方略)》등 전문 저서를 써내였다. 《건국방략》에서 그는 중국의 철도, 수리, 항구, 강철, 제련, 광업, 조림 등 실업에 대하여 상세하게 설계하고 정확하고 투철한 견해를 많이 제출하였다. 그는 또 서장, 신강, 몽골과 동북 개발의 미래 전망에 대하여서도 기획을 하였는데 이런 구상도 마찬가지로 심원한 의의를 가지고 있었다.

 중화민국 최초의 이 두 림시 대총통은 어느 면에서나 모두 천양지차였다. 손중산의 활동은 그가 진정한 애국자이고 위대한 혁명가라는 것을 설명해준다. 그러나 정치면에서 확실히 경험과 수단이 결핍한 탓으로 정직과 진실로 매우 교활하고 간사한 원세개를 대처한 결과 필연적으로 꾐수에 넘어갈 수 밖에 없었다. 그러나 력사는 가장 공정하였다. 손중산은 궁극적으로 자기의 공헌과 품행으로 인민의 애대를 받았고 일대 위인으로 되였다. 그러나 원세개는 한때 권력에 빠져 득의양양했지만 나쁜 짓을 하도 많이 하였기에 결국 인민들에게 버림을 당하였고 력사의 죄인으로 되였다.

중국 통사 이야기 중화민국

473

송교인이 암살당하다

　　1913년 3월 20일 저녁 10시가 넘어 국민당 대리 리사장 송교인이 상해에서 기차를 타고 북경으로 갈 때 황흥, 료중개(廖仲愷) 등 국민당 지도자들이 모두 상해 북역에 나와 그를 바래주었다. 그가 검표소에 이르렀을 때 갑자기 "땅" 하는 총소리가 울렸다. 검은 나사군복 차림의 남자가 그를 향해 총을 쏘고 사람들 속으로 종적을 감추었다. 총알은 송교인의 오른쪽 허리를 명중하였는데 그는 비틀거리다 의자에 쓰러져 정신을 잃었다. 황흥 등이 황망히 그를 부근의 철도병원으로 데려갔다. 의사가 수술집게로 탄알을 꺼내보니 탄두에 독약이 발렸고 이미 응급처치할 방법이 없었다.

　　송교인은 혼미 속에서 깨여나 황흥에게 힘겹게 말하였다. "난 아직 많은 할 일들을 미처 하지 못하였는데 이젠 안될 것 같소. 종이와 필을 가져와 나를 대신하여 원대총통에게 보내는 전보를 쓰시오." 황흥은 급히 종이와 필을 가져와 송교인이 한 말 몇마디를 기록하였다. "원세개총통이 성심으로 정의를 주장하고 인민의 권리를 보장하며 헌법을 준수할 것을 희망합니다. 정말 이렇게 해주신다면 난 죽음도 달갑게 받아드리겠습니다." 말을 마친 그는 또 혼미하였고 이튿날 세상을 떠났다.

　　북경에 있는 원세개는 송교인이 암살당하여 죽었다는 소식을 듣고 중화민국 중국 통사 이야기

매우 놀라 눈을 크게 부릅뜨고 "정말 이런 일이 있는가? 빨리 전보를 보여주라."고 말하였다. 그는 비서의 손에서 전보를 받아보고 또 보면서 길게 한숨을 쉬였다. "확실하군! 어떻게 하면 좋을가? 국민당이 송교인을 잃으면 수령 한명이 적어져 이후의 일들이 더 어려워질 텐데." 그는 또 얼굴을 돌려 정색한 표정을 지으며 비서에게 말하였다. "빨리 상해에 전보를 보내여 서둘러 흉수를 잡고 철저하게 추궁하여 법률에 따라 엄격하게 징벌하도록 하오."

얼핏 보기에 원세개는 얼마나 공정한가! 기실 그는 벌써 송교인을 몹시 미워하고 있었다. 원세개가 림시 대총통으로 된 후 많은 동맹회 회원들은 열심히 의회투쟁을 하기 시작하였다. 동맹회와 몇개의 작은 당들은 합병하여 국민당으로 재편성하고 손중산을 수령으로 추대하였으며 일상 사무는 송교인이 주관하였다. 국회선거에서 승리를 이룩하고 국민당이 국회를 통제하는 제일 큰 당으로 되게 하기 위해 송교인은 고생을 마다하지 않고 사방을 뛰여다녔다. 그는 비록 원세개에게 환상을 품고 있었지만 호감은 없었으며 경선연설에서 여러 차례 이름을 짚어가며 원세개를 비평하였고 또 원세개의 뢰물을 거절하였다. 이로 하여 원세개는 가슴 가득히 울화가 차 있었던 것이다. 송교인의 죽음은 마침 적수를 하나 없애버린 셈이였다. 그러나 국민당이 선거에서 이미 뚜렷하게 다수를 차지하자 그는 어쩔 수 없이 송교인의 죽음에 대하여 조사하라고 명령을 내렸다.

상해에서는 송교인을 암살한 흉수를 붙잡는 데 대하여 매우 적극이였다. 신문에 소식과 송교인의 사진을 기재하고 여러 사람들에게 신고할 것을 호소하였다. 신문에 기재한 지 삼일째 되던 날 왕아발(王阿发)이라는 골동품상인이 영국조계지 경찰서에 와서 사건을 신고하였다. "열흘 전에 제가 문원방에 있는 응계형(应桂馨)의 집에 가서 골동품을 팔았는데 응계형이 사진 한장을 꺼내 보이며 모일 모시 모 지점에서 이 사람을 죽이라고 하였다. 일이 성사되면 사례금 천원을 주겠다고 하였다. 하지만 나는 장사나 할 줄 알았지 종래로 사람을 죽인 적이 없으므로 응하지 않았다. 오늘 신문에서 송선생의 사진을 봤는데 응계형이 나더러 죽이라는 사람과 일치하다."고 말하였다.

조계지 경찰서에서는 왕아발이 제공한 단서에 근거하여 사람을 파견해 기생 호비운(胡翡云)집에서 상해의 류망 두목 응계형을 붙잡았고 또 응계형의 집에서 자객 무사영(武士英)을 붙잡았으며 응계형과 국무총리 조병균(赵秉钧)의 비서 홍술조(洪述祖)와의 비밀전화기록책자와 많은 편지, 전보우편물, 그리고 권총 한자루도 수사해냈다. 확실한 증거는 총으로 송교인을 암살한 직접적인 흉수는 건달인 악질 고참병 무사영이라는 것을 증명하였고 구체적으로 수매하여 살인을 포치한 사람은 응계형과 홍술조이며 모살을 주모한 자는 조병균이라는 것을 증명하였다. 그리고 조병균의 배후 조종자는 바로 다른 사람이 아닌 원세개였다.

사건의 내막이 드러나자 전국인민들은 격분하였고 원세개에 대하여 아주 불만족해 하였다. 조병균은 초조하여 원세개에게 말하였다. "사람들이 모두 나를 의심하오니 내가 사직해야겠소!" 조병균보다 더 교활한 원세개는 "한 사람이 혐의를 회피하려고 하면 할수록 혐의를 더 제거할 수 없소. 지금 사직하면 자신이 모살의 주모범이라는 것을 승인하는 것과 같지 않소? 사직을 휴가로 고쳐 신청하시오."라고 말하였다. 이리하여 원세개는 조병균의 긴 휴가를 허락하였다. 한편 그는 비밀리에 동원령을 내려 한차례 큰 싸움을 준비하여 감히 그에 반항하는 력량을 소멸하려고 하였다. 그는 또 영국, 프랑스, 독일, 일본, 로씨야 5국 은행에서 거액의 대출을 내여 경비로 하였다.

일본에서 고찰하고 있던 손중산은 송교인이 암살당하였다는 소식을 듣고 즉각 상해로 돌아왔다. 그는 이미 원세개의 면목을 똑똑히 보아냈고 "원세개를 제거하지 않으면 안된다"는 것을 느끼였으며 원세개를 토벌할 것을 견결히 주장하고 '2차혁명'을 진행하였다. 황흥 등은 부동한 의견을 제출하였다. "국제상에서 지금 아직 어느 한개 나라도 중화민국을 승인하는 나라가 없는데 만약 내전이 또 일어난다면 사람들은 더 승인하지 않을 것이고 중국은 렬강들에게 분할될 위험이 있소. 뿐만 아니라 국민당의 군사력과 원세개의 북양군을 비교해도 적수가 안되니 그래도 법률절차를 통하여 해결합시다!" 국민당내의 대다수 사람들도 황

중화민국 중국통사이야기

홍의 의견을 찬성하였다. 그리하여 북경정부에 건의하여 송교인안건을 처리하는 특별법정을 조직하고 국민당인 황부(黃郛) 등이 주관하게 결정하였다.

　　원세개는 국민당이 주관하는 특별법정이 자신에게 불리하다는 것을 알고 암암리에 사법총장 허세영(许世英)이 나서서 반대하도록 부추기면서 말하였다. "특별법정은 편제가 부당하니 응당 범인을 북경에 압송해 일반 법원에서 심판해야 하오." 황흥 등은 또 원세개에게 통전을 보내여 반박하였다. "조병균은 살인의 주모범이고 허세영은 조씨 내각의 성원이므로 마땅히 련대사직을 해야 하는데 또 무슨 자격으로 법률을 론하고 있소? 송교인사건을 그가 좌우지하는 법원에서 심사하고 처리한다는 것은 천하의 웃음거리가 아니요!" 원세개는 반대할 수 없게 되자 할 수 없이 표면상 특별법정에서 심판하게 하고 암암리에서 계속하여 교란하였다.

　　특별법정에서 심판을 시작할 무렵 원세개는 부하를 부추겨 무사영을 죽임으로써 법정에서 증거를 찾지 못하게 하였다. 그는 또 부하를 시켜 홍술조를 숨겨 보호하고 대외로는 "홍술조가 실종하였는데 조사해 본 결과 행방이 없다."고 말하였다. 상해에서는 혐의범 응계형도 죽일가 두려워 그에 대하여 엄하게 보호하는 한편 소환장을 띄워 조병균더러 출정하여 밝힐 것을 요구하였다. 원세개는 또 녀건달 주여경(周玉儆)을 수매하였는데 그는 자칭 '혈광단 단장'이라 하면서 북경 지방검찰청에 달려와 '자수'하였다. "나는 황흥의 명령을 받고 북경에 와서 정치 암살을 하였다." 이리하여 검찰청은 주여경의 소위 "증언"에 근거하여 소환장을 띄워 황흥이 법정에 와서 대질하게 하는 것을 국민당이 조병균을 소환하게 한 것과 대등하게 하여 혼란을 조성하였다. 황흥은 소환되자 즉시 달려왔는데 법정에서는 그와 주여경이 련계되는 그 어떤 증거도 찾아낼 수 없었다. 이때 원세개는 이미 남방의 국민당인에 향하여 진공할 준비를 끝마쳤다. 그는 국민당 당원이 담임한 3개 성의 도독을 해임시키고 또 출병하여 남하하였다.

　　송교인사건이 중간에서 흐지부지해지자 국민당은 비로소 일떠나 응전하였다. 손중산의 령도하에 강서 도독 리렬균이 먼저 독립을 선포하였고 상해, 강소, 안휘, 복건, 광동, 호남, 사천 등지의 국민당인들도 련이어 독립을 선포하면서 원세개가 송교인을 암살하고 대량의 외채를 내여 내전을 도발한 죄행을 성토하였다. 황흥은 남경에 와서 원세개를 토벌하는 군대의 총사령을 담임하였다. 이것이 바로 근대사상에서 말하는 '2차혁명'이다. 그러나 이 혁명은 국민당 내부조직이 해이되고 보조가 일치하지 않은 탓으로 원세개의 군사타격과 분렬, 수매하에 재빨리 실패하였다.

'2차혁명'이 실패한 후 상해의 한무리 건달들이 감옥에서 응계형을 탈출시켰는데 그는 북경에 와서 송교인을 암살한 사례금을 요구하였다. 원세개는 비밀의 루설을 막기 위해 사람을 파견하여 응계형을 살해하였다. 이미 직예총독으로 전임되여 온 조병균은 이 소식을 듣고 원세개에게 전화로 "응계형의 이와 같은 끝장에 금후 누가 총통을 위해 일을 하려고 하겠습니까?"라고 하였다. 이에 원세개는 또 사람을 파견하여 조병균도 독살하였다. 그는 내친 김에 홍술조까지 교살하였다.

중화민국 중국 통사 이야기

474

심라회의

중국 내부의 모순이 복잡하고 혼전으로 뒤엉켜진 시기를 타 영제국은 서장에서 음모를 꾸미였다. 영국은 인도를 점령한 후부터 줄곧 우리나라 서장에 대하여 야심을 품고 있었다. 청나라 광서(光绪) 30년(기원 1904년), 영국은 서슴없이 군사를 파견하여 서장에 침입하였는데 당지 인민들의 견결한 반격으로 부득불 물러날 수 밖에 없었다.

신해혁명 후에 영국인은 또 서장의 상층인들에게 뢰물을 먹이고 한 개 친영집단을 부식하여 키웠는데 내외결탁을 시도하고 '서장독립'을 획책함으로써 서장을 중국으로부터 분렬시켜 영국의 세력범위로 되게 하려 하였다. 얼마 후 이 집단은 무장반란을 발동하고 사천 서부지역까지 쳐나아갔다. 하지만 이 행위는 서장 각 계층 인민들의 반대를 받았고 반란은 곧 실패하였다.

영국침략자는 이 방법이 실패하자 직접 나섰다. 그들은 중국정부에 각서를 보내 중국이 서장의 내정을 '간섭'하는 것을 허락할 수 없고 서장에 한족병사를 무제한으로 주둔시키는 것을 허락하지 않는다고 위협하였다. 만약 이런 요구에 응하지 않는다면 중화민국을 승인하지 않겠다고 하였다. 당시 중국정부 외교부는 "서장은 중국의 령토이며 오직 중국정부만이 그 내정을 관리할 수 있다. 기타 각국은 모두 간섭할 권리가 없다. 이는 영국이 이전의 조약 가운데서 승인한 바 있다. 중화민국을 승인하는가 승인하지 않는가 하는 것은 다른 별개의 문제로 서장문제와 동일시해서는 안된다."고 답복하였다.

영국정부의 무리한 각서가 반박당하자 그들은 또 서장문제에 대하여 '조정'해야 한다고 떠벌이면서 영국이 나서서 중국정부와 서장 지방당국간의 '분쟁'을 해결한다고 하였다. 이는 분명 중국내정을 간섭하는 것이였다. 중국정부 외교부는 변통방법을 제출하면서 "설령 영국의 '조정'을 접수한다 하더라도 우리가 서장과 협의한 후에야 영국과 협의할 것이지 3자가 모여 회의할 문제가 아니다."고 하였다. 영국은 또 막무가내로 "우리는 이미 인도의 심라(西姆拉)에서 회의를 하기로 결정하였다. 만약 중국이 대표를 파견하여 참가하지 않는다면 영국은 직접 서장과 조약을 체결하겠다."고 제출하였다. 집권한 지 얼마 되지 않은 원세개는 다른 나라들이 자기를 승인하지 않을가 두려워 영국제국주의의 압력에 굴복하여 중국주권을 파괴하는 '중국, 영국, 서장 3자' 회의를 거행하는데 동의하였으며 진이범(陈贻范)을 대표로 파견하여 심라회의에 참가하게 하였다.

서장의 매국 친영집단 대표가 심라에 갈 때 영국은 상무관 베르(白尔)를 파견하여 강제(江孜)까지 가서 '영접'하는 한편 또 광서 정서(靖西)에서 3여개월 함께 숙박하면서 어떻게 하면 중국에서 서장을 분렬시켜 내올 것인가, 어떻게 중국대표를 대처할 것인가 등 문제를 매일 상의하였다. 중국대표 진이범이 인도에 도착한 후 영국은 또 그가 서장 매국 친영집단 대표와 접촉하지 못하게 하였다. 소위 이 "서장대표"의 모든 거동은 다 영국인이 동반하였다. 명의상에서는 보살핀다고 하였지만 실제로는 엄밀한 감시를 하였다.

심라회의는 1913년 10월부터 1914년 7월까지 거행되였다. 회의에서 서장 매국 친영집단 대표는 자기와 영국침략자가 일찍 상의해놓은 규정을 제기하였다. 즉 서장은 '독립'해야 하고 서장에는 응당 청해와 사천 서부의 바탕(巴塘), 리탕(理塘), 타전로(打箭炉) 지역이 포함되여야 한다는 것이였다. 그들은 또 중앙정부의 관원이 서장에 주재할 수 없고 서장과 인도(당시는 영국의 식민지)의 통상규정은 영국과 서장만이 수정할 수 있으며 중국정부는 관여할 수 없다는 것을 제기하였다.

중국대표 진이범은 즉시 반박하여 말하였다. "서장은 중국령토의 일부분으로서 독립할 수 없다. 중국정부가 자기의 령토인 서장에 상주관원을 파견하는 것은 당연한 일이다. 서장 주재관원이 인솔한 위병대는 라싸 주재를 제외하고 또 정황을 고려하여 각지에 나누어 주재하게 한다. 서장의 외교와 군정사무는 모두 중국 중앙정부의 지시에 따라 행동해야 하며 중앙정부의 비준을 거치지 않고서는 외국과 그 어떤 조약도 체결하지 못한다. 만약 서장문제에 관하여 이전에 체결한 조약을 개정하려면 반드시 중국과 영국 량국이 개정하여야 하며 서장 지방당국은 나설 수 없다."

영국대표는 대치국면이 나타나자 나서서 '조정'하였다. 그들은 미리 준비해놓은 〈심라조약〉초고와 소위의 〈서장지도〉를 꺼내면서 "서장의 지리적 위치가 특별하므로 마땅히 '외장(外藏)'과 '내장(內藏)'으로 획분해야 한다."고 말하였다. 이어 영국대표는 지도상 지금의 서장지구를 가리키며 "이것은 '외장'이다"고 말하였다. 그리고 지도상의 청해와 사천 등 지역에 하나의 큰 원을 그리면서 "이것은 '내장'이다. '외장'의 사무는 라싸정부(매국 친영집단을 가리킴)에서 장악해야지 중국은 간섭할 수 없다. 실력 있는 서장정부를 건립하기 위해 중국은 '외장'에 군대를 파견할수 없고 관원도 주재할 수 없다."고 말하였다.

진이범은 영국이 먼저 '외장'을 점령하고 후에 '내장'을 점령하려는 시도를 감지하고 즉시 영국대표의 의견에 동의할 수 없다고 하면서 〈심라조약〉초고와 소위의 〈서장지도〉를 회수할 것을 요구하였다. 영국대표는 무지막지하게 중국측에 한주일내에 답복할 것을 제한하였으며 동의하지 않으면 회의파렬을 선포하고 서장 지방당국과 직접 협의를 체결하겠다고 하였다. 영국대표와 서장 매국 친영집단의 대표는 먼저 서명하였다.

그러나 중국정부 대표가 서명하지 않으면 소위의 〈심라조약〉은 한 장의 백지에 불과하게 된다. 영국정부는 또 중국정부에 각서를 보내여 "〈심라조약〉은 서장문제를 해결하는 유일한 방법이다. 만약 중국대표가 서명하지 않는다면 서장문제를 해결하려 하지 않는 것이므로 조약에 규정된 권리와 리익을 향수할 수 없다."고 위협하였다.

중국정부는 서장문제에서 양보하지 않았다. 진이범은 중국정부의 지시에 따라 조약의 정식 서명을 거절하였을 뿐만 아니라 회의에서 엄숙하게 성명하였다. "무릇 영국과 서장이 현재 혹은 이후에 체결하는 모든 조약 혹은 류사한 문건에 대하여 중국정부는 일률로 승인할 수 없다." 동시에 중국 외교부는 또 중국 주재 영국공사에 령을 내려 영국정부에 두 차례나 각서를 보내게 하였는바 중국정부는 령토를 할양할 수 없고 중국정부의 동의를 거치지 않은, 영국과 서장의 일부 사람들이 중국정부 몰래 체결한 조약 혹은 류사한 그 어떤 문건도 승인할 수 없다고 표시하였다. 이후 중국의 력대 정부도 모두 〈심라조약〉을 승인하지 않았고 이 조약은 물론 어떠한 효력도 발휘하지 못하였다. 조약은 영제국주의의 침략 야심을 표명하였을 뿐 어떠한 문제도 설명하지 못하였다. 당시의 영국정부는 "심라회의는 체약국 일방으로서의 중국정부가 어떤 협정도 산생시키지 못하였다."고 부득불 승인하지 않으면 안되였다. 영국대표 매크마흔(麦克马洪)도 "내가 인도를 떠나기 전에 중국정부로 하여금 3자 협정에 정식으로 서명하도록 하지 못한 것을 매우 유감스럽게 생각한다."고 말하였다.

그러나 영국침략자는 아주 교활하였는바 회의에서 목적을 달성하지 못하자 또 음모를 꾸미였다. 심라회의기간에 영국대표 매크마흔은 중국정부 대표 몰래 서장 매국 친영집단 대표와 비밀리에 문건교환의 방식으로 음흉하게 중국과 인도의 동쪽 변계선을 획분하였는데 이것이 바로 '매크마흔선'이다. 즉 중국 서장의 동남부 9만평방킬로메터(거의 한개 절강성에 상당함)의 령토를 영국령 인도제국에 획분해주었다. 이 '매크마흔선'은 '심라회의'에서도 전혀 토론되지 않았고 중국정부도 종래로 승인한 적이 없으며 서장 지방당국도 종래로 승인한 적이 없었기 때문에 당연히 비법적이고 무효적인 것이였다.

몇십년래 일부 외국세력들은 늘 서장을 중국령토에서 분렬시키려고 반란을 부추기고 변계분쟁을 조성하였지만 그 목적을 영원히 달성할 수 없었다.

475

'21개조'를 반대하다

　　1913년 10월 6일, 북경의 국회 문 앞이 떠들썩하였는데 아침부터 저녁까지 수천명이 집결되여 마구 웨쳐댔다. "우리는 공민 청원단인데 대총통 선거하는 것을 보러 왔다!" "오늘 마음에 드는 사람을 대총통으로 선거해내지 못한다면 의원들은 돌아갈 생각을 하지 말라!" 국회에서 대총통 선거에 참가하는 의원들은 벌써 이 반복되는 웨침소리에 머리가 어질어질하였다. 그들은 '공민 청원단'이란 실제상 원세개 부하들이 파견하여 온 사복특무, 군경과 건달배라는 것을 매우 잘 알고 있었기 때문이였다. 이들의 미움을 사게 되면 대총통으로 되려는 원세개의 미움을 사는 것으로 부득이 울분을 참고 배를 곯으면서도 련이어 세번이나 투표하였다. 저녁 10시에 이르러서야 대총통이 '선거'되였는데 바로 원세개였다.
　　본래 국회 선거법과 조직법에 따르면 응당 먼저 헌법을 제정하고 후에 헌법의 유관 규정에 근거하여 선거를 진행해야 한다. 헌법도 아직 제정하지 않았고 총통을 두는지 두지 않는지, 총통은 어떻게 산생되는지 모두 아직 정하지 못하였는데 어떻게 선거를 하겠는가? 그러나 원세개는 이런 것을 관계할리 만무하였다. 그는 정식 대총통으로 되는 데만 급급하여 그의 도당들이 련합하여 통전을 발표하게 함으로써 먼저 총통을 선거하고 후에 헌법을 제정하도록 하였다. 의원들은 원세개의 압력에 굴복하여 울며 겨자 먹기로 욕지거리 속에서 이번 선거에 참가하였다.

　　원세개는 정식 대총통으로 된 후 즉시 의원들에 대하여 태도를 바꾸었다. 그는 명령을 내려 국민당을 해산하였고 국민당 당원의 의원자격을 철소하였다. 국회에서 대다수 의석을 차지하는 국민당 의원은 면직되였고 국회는 법정인수가 부족하게 되자 더는 회의를 열 수 없게 되였다. 원세개는 명령을 내려 국회를 해산하고 또 사람을 시켜 새 〈대총통 선거법〉을 조작하였는바 총통의 임기를 10년으로 하고 무제한으로 련이어 당선되고 련임할 수 있도록 하였으며 총통 계승자는 현임 총통이 추천한다고 규정하였다. 실제상 원세개는 종신 총통으로 되였고 그의 자손도 총통의 계승인으로 추천될 수 있었기에 그야말로 봉건황제나 다름없었다. 이로써 공화국을 가족천하로 만들려는 원세개의 야심도 폭로되였다.

　　이 모든 것을 보아낸 일본제국주의는 좋은 기회라고 여기고 천방백계로 원세개와 친근해졌다. 수개월 후 1914년 8월에 제1차세계대전이 폭발하였다. 영국, 로씨야, 프랑스, 독일 등 국가들이 유럽전장에서 싸우느라 중국을 돌볼 틈이 없는 시기를 타서 일본은 중국에 대한 침략을 다그쳤다. 독일에 대한 선전포고를 빌어 산동에서의 독일의 세력범위를 인수하여 관할하려 하였고 군사를 파견하여 교제(胶济)철도 연선지구와 청도를 강점하였다.

　　원세개정부가 여러차례 서면항의를 하였으나 일본정부는 거들떠보지도 않았고 군대도 철수하지 않았을 뿐더러 계속하여 서쪽으로 밀고 나아갔다. 중국 주재 일본공사 히오키마스(日置益)는 일본수상의 비밀지시에 근거하여 원세개와 면회할 때 말하였다. "우리는 중국에 응당 황제가 있어야 한다고 생각한다!" 원세개는 정색하여 "나는 황제로 되려는 생각이 없다."고 말하였다. 히오키마스는 또 "무엇 때문에 황제로 될 수 없는가? 관건은 바로 우리 일본과 친선적이여야 한다."고 암시하였는데 원세개도 당연히 알아차렸다.

　　1915년 1월 18일, 히오키마스는 원세개에게 일본이 제기한 21개조를 넘겨주면서 "대총통이 이 '21개조'를 승인한다면 일본정부는 대총통이 한층 더 승진할 것을 바란다."라고 하였다. 대총통이 한층 더 승진하

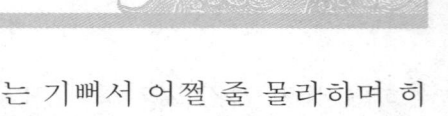

면 황제로 되는 것이 아니겠는가? 원세개는 기뻐서 어쩔 줄 몰라하며 히오키마스 수중에서 '21개조'를 받아 조금 번져보고 "귀공사와 외교부에서 구체적으로 의론해보시오."라고 말하였다.

외교총장 륙치상(陆徵祥)과 차장 조여림(曹汝霖)은 원세개의 명령에 따라 일본과 비밀담판을 시작하였다. '21개조'는 도합 다섯가지 큰 내용으로 나누었다. 첫째, 일본이 산동에서 독일이 향유하던 특권을 승계하고 확대하는 것을 승인한다. 둘째, 일본이 동북3성 남부, 동부와 내몽골에서 토지를 조차(租借)하고 철도를 수건하며 광산을 채굴할 수 있다. 셋째, 한양철공장, 대야철광, 평향탄광 등을 중일 합작경영으로 고친다. 넷째, 중국연해의 항만, 도서(岛屿)들은 타국에 양도하거나 조차하지 못한다. 다섯째, 중국정부는 반드시 일본인을 군사, 정치, 재정 등 고문으로 초빙해야 한다. 이런 내용은 전패국에 대한 요구와 다름이 없었기에 이것을 접수하면 중국이 일본의 식민지로 되는 것을 승인하는 것과 다름없었다. 륙치상과 조여림은 굽신거리며 일본측에 너그럽게 양보할 것을 청구할 수 밖에 없었다. 원세개가 양보를 하고 또 하였지만 일본은 그래도 만족하지 않았다. 같은 해 5월 7일, 일본은 최후 통첩을 보냈고 중국정부가 48시간내에 답복할 것을 요구하였다. 원세개는 제5조의 부분 내용에 대하여 "후에 협상하기로" 한 외에 그외 조건은 완전히 접수하였다.

원세개가 '21개조'를 접수하였다는 소식이 전해지자 전국인민은 분노하였고 즉시 대규모적인 반일 애국 운동을 일으켰다. 상해의 부두로동자들이 먼저 파업을 단행하고 삐라를 뿌리며 일제히 일본상품을 배척할 것을 결심하였다. 잇따라 각 계층 인민들도 모두 일떠나 '애국대일동지회(爱国对日同志会)'를 조직하였고 전국인민들에게 호소하여 국가의 치욕을 잊지 말고 모두가 일본상품을 구매하지 말고 사용하지 말라고 하였다. 기타 도시의 인민들도 모두 분분히 각종 애국반일조직을 성립하고 각종 선전물을 뿌리면서 계속하여 일본상품을 판매하는 소수의 상인들과 투쟁하였다. 활동경비가 부족하면 구국저금운동을 일으키고 기부금을 모았다. 생활이 빈곤한 많은 로동자, 점원, 학생, 하녀, 인력거부 모두가 입고 먹는 것을 아끼면서 앞을 다투어 기부하였다. 지어는 거지들도 굶주림을 참으며 구걸해온 몇개 동전을 애국 조직에 바쳤다. 해외 화교들도 분분히 국내로 돈을 보내며 국내동포들의 애국투쟁을 성원하였다. 일본에 류학한 학생들은 귀국청원단을 조직하였는데 북경 등 대도시에 돌아와 집회연설을 하고 청원을 조직하면서 국민대회를 소집하고 항일 구국계획을 토론할 것을 건의하였다.

일본제국주의는 이런 반일활동에 대하여 몹시 분노하였고 원세개를 핍박하여 무력으로 진압하게 하였다. 원세개는 한면으로는 일본을 반대하고 일본상품을 배척하는 것은 반역자와 깡패들이 부추긴 것이라고 떠들어대면서 만약 어떤 사람이 계속 이렇게 한다면 사회치안을 교란시켰다는 죄로 엄하게 징벌할 것이라고 하였다. 또 다른 한면으로는 중국주재 일본공사더러 륙종여(陆宗舆)에게 전보를 보내여 그가 반드시 방법을 대여 중국의 재일류학생총회를 해산시키고 회의 소집을 금지시켜야지 그렇지 않으면 관비를 정지시키고 강제로 귀국시키겠다고 하였다.

원세개의 이런 수작은 전국인민들의 보다 큰 분노를 자아냈다. 상해의 로동자, 학생과 광범한 대중들은 또 성세호대한 시위행진을 거행하였다. 한구(汉口)의 일본인들도 낮에는 '경축회'를 거행하고 저녁에는 제등시위(提灯示威)를 준비하였다. 중국의 애국청년들은 날카롭게 맞서 반일 시위행진을 거행하였다. 저녁이 되면 한구시의 상점들이 문을 닫고 불을 끄고 야시장을 정지시켰다. 북경, 장사, 연태, 복주, 하문 등 도시의 인민들도 시위와 집회를 조직하였고 조여림 등 매국역적을 호되게 꾸짖었으며 그들을 사형에 처하여 천하의 백성들에게 사과할 것을 청구하였다. 륙치상과 조여림은 살해될가봐 두려워 서둘러 공개 전보를 내여 사직하였다.

인민대중들의 투쟁은 일본침략자와 원세개를 심중하게 타격하였다. '21개조'는 일본제국주의가 중국을 병탄하기 위해 중국에 강요한 일방적인 '조약'이였다. 사후에 원세개도 부득불 이 조약은 일본의 최후 통첩으로 할 수 없이 동의한 것이라고 성명하였다. 후에 이 조약은 실행되지 못하고 무효를 선고하였다.

476

'홍헌' 추태극

전국의 통치대권을 탈취한 원세개는 '황제꿈'을 꾸기 시작하였다. 그는 먼저 국무원을 정사당이라 고치고 그의 심복 서세창(徐世昌)더러 주관하게 하였는데 사람들은 그를 '서상국(徐相国)'이라 불렀으며 또 각 성의 도독을 장군이라 고치고 민정장관은 순안사(巡按使)라고 개명하였다. 기타 관명도 청나라 시기의 호칭을 적지 않게 사용하였다. 일본신문은 소식이 빨라 제일 먼저 원세개가 황제제도를 실행할 것이라는 뉴스를 루설하였다.

일본신문을 본 원세개는 급기야 부인하며 말하였다. "황제로 되려는 것은 가장 어리석은 짓이다. 자고이래 제왕의 자손들이 다 좋은 끝장이 없었다. 나는 이미 자신을 희생하였기에 자손들이 또 희생하는 것을 바라지 않는다." 원세개수하의 대장(大将) 풍국장(冯国璋)이 남경에서 북경에 와 그에게 물었다. "밖에서는 대총통이 황제제도를 실행하려 한다고 전하고들 있는데 정말 황제로 되려는 생각이 있는 것입니까?" 원세개는 "나는 총통마저도 하기 싫은데 또 무슨 황제노릇을 하겠는가! 나의 아들들은 패장을 시켜도 걱정이 되는데 어떻게 국가의 중임을 그들에게 맡기겠는가?"고 말하였다. 풍국장은 "만약 사람들이 분분히 청원하여 때가 되면 아마 거절할래도 할 수 없게 될 것입니다."고 말하였다. 원세개는 안색이 굳어지며 "사람들이 청원해도 그런 바보 같은 짓은 하지 않는다! 내 아들이 런던에서 공부하고 있는데 내가 그 곳에서 자그마한 부동산을 사라고 하였다. 만약 사람들이 억지로 황제가 되라고 한다면 런던으로 도망가서 다시는 국사를 묻지 않을 것이다."고 말하였다. 이 교활한 늙은이는 말은 이렇게 해도 암암리에서는 부하를 시켜 부정을 저지르고 황제제도를 복벽하는 여론을 조작하게 하였다.

첫번째로 나선 사람은 그의 정치 고문인 미국사람 구드나우(古德诺)였다. 그는 〈공화와 군주론〉이란 글을 발표하였다. 글에서 그는 "중국사람은 지력이 너무 낮아 정치에 참여할 수 없고 독재에서 공화에로 단번에 전변되는 것은 매우 돌연적이다. 때문에 목전에는 공화제 실행이 적합하지 않고 군주제 실행이 적합하며 황제가 통치해야 한다."고 하였다. 원세개의 일본 고문인 아리가나가오(有贺长雄)도 글을 써 "중국사람은 공화정체(政体)에 적응하지 못하기에 반드시 권력을 한사람에게 집중시켜야만이 국가의 분렬을 피면할 수 있다."고 말하였다. 투기정객(投机政客) 서부소(徐佛苏)와 정세역(丁世峄)은 원세개의 의도를 간파하고 "미국은 공화제를 실행한 선진국가인데 미국학자까지도 공화제도는 중국의 국정에 적합하지 않다고 하니 중국은 황제제도로 고칠 필요가 있다. 대담하게 고치라!"라고 말하였다. 원세개는 부하를 시켜 빨리 이 뜻을 당시의 사회명류 손육균(孙毓筠), 호영(胡瑛), 리섭화(李燮和) 등에게 알리라고 하였다. 이들은 모두가 일찍 동맹회에 참가한 적이 있고 사회상에서 일정한 영향이 있었는바 원세개의 뜻에 따라 '치안회'를 조직하고 학술단체로 가장하여 선언을 발표하였다. "신해혁명시기 전국인민들이 정감에 젖어 창졸하게 공화국체를 창건하였는데 지금 보면 공화제가 좋지 않을 뿐만 아니라 군주제를 실행하는 것보다 못하다." 그들은 또 글을 발표하여 일부러 사람들이 놀라고 두렵게 말하였다. "현재 민족위기가 엄중하기에 만약 군주가 없으면 중국은 가능하게 망하게 될 것이다."

'치안회'의 선동하에 일부 정치 투기분자와 원세개의 부하들은 이른바 각 성의 '공민단'을 조직하였고 참의원에 청원하였다. "우리는 '민의'

를 대표하여 즉시 황제제도를 회복할 것을 요구한다." 그들은 또 거지와 기생을 기편하고 수매하여 '거지청원단'과 '기생청원단'을 성립함으로써 원세개가 황제로 되는 것을 응원하였다.

여론을 크게 조성한 후 원세개는 또 허세를 부리면서 말하였다. "국체를 개변시키는 일은 중대한 일이므로 마땅히 국민이 결정해야 한다." 그의 부하들은 알아차리고 소위 '국민대표'회의를 다급히 소집하였으며 각 성의 '대표'들을 강박하여 군주제로 고치는 것을 찬성하고 원세개를 황제로 '선거'하게 하였다. 각 성 "대표"들은 원세개 도당들이 이미 기초해놓은 내용으로 원세개에게 "추대서"를 헌상하면서 말하였다. "우리는 국민의 공익으로 현재의 대총통 원세개를 추대하여 중화제국의 황제로 한다. 금후의 모든 권력은 다 황제에게 귀속되고 제위는 만세에 전해진다."

'추대서'를 원세개에게 주었는데 그는 우물쭈물하다가 되돌려주며 말하였다. "내가 대총통으로 취임할 때 공화를 발양한다고 하였었는데 지금 만약 황제로 된다면 선언을 어기는 것이다. 그 밖에 본인의 공로와 도덕 모두가 황제로서의 자격이 부족하오니 국민들이 다른 고명한 사람을 선거하도록 하시오." 부하들은 그의 성격을 꿰뚫고 있었기에 그가 이렇게 말하는 것은 민주국가를 배반하는 죄명을 씻으려는 생각이라는 것을 잘 알고 있었다. 이리하여 손육균 등은 또 재차 추대서를 올려 원세개를 한바탕 칭송하면서 그가 황제로 되는 것은 "민주국가를 저버리는 것이 아니다."고 말하였다. 원세개는 그제서야 전혀 개의치 않고 "천하의 흥망은 필부에게도 책임이 있다. 전 국민이 나더러 황제로 되라고 하는 만큼 나라를 위해 나는 접수할 수 밖에 없다."고 말하였다.

1915년 12월 12일, 원세개는 황제로 되였고 국호를 "중화제국"으로 하였다. 이튿날, 북경 중남해 거인당(居仁堂)에서 원세개는 봉건황제의 례의에 따라 문무백관의 조하(朝贺)를 접수하였고 령을 내려 총통부를 신화궁(新华宫)으로 개명하였다. 1916년부터 시작하여 민국 년호를 폐지하고 '홍헌(洪宪)' 원년으로 하였다. 또 봉건 작위에 따라 려원홍을 무의친왕(武义亲王), 풍국장 등을 1등 공작, 리순(李纯) 등을 1등 후작,

장명기(张鸣岐) 등을 1등 백작, 주경란(朱庆澜) 등을 1등 자작, 허세영 등을 1등 남작으로 봉함으로써 봉건사회의 낡은 방식을 완전히 회복하였다. 또한 '황제의식 준비처'를 성립하고 1916년 원단에 정식으로 등극의식을 거행할 준비를 하였다. 이리하여 원세개의 황제로 되려는 꿈은 가장 득의할 지경에 이르렀다.

그러나 황홀한 꿈은 오래 가지 못하였다. 전국인민들이 원세개를 반대하는 고조를 일으켰다. 섬서, 산동, 하북의 인민들이 납세를 거부하는 투쟁을 발동하여 원세개가 등극의식 준비를 위해 과중한 세금을 수탈하는 것을 반대하였다. 기타 각지의 인민들도 분분히 편지와 전보를 띄워 인민의 대적이고 국가의 원흉인 원세개를 처벌하고 '치안회'의 사람들을 목을 베어 그들의 머리를 성문에 걸어놓을 것을 요구하였다.

12월 15일, 운남 도독 채악(蔡锷)이 운남의 독립을 선포하고 호국군을 조직하여 원세개를 토벌하였는바 한차례 "호국운동"이 시작되였다. 채악은 군사를 두갈래로 나누어 한갈래는 사천을 치고 다른 한갈래는 광동을 쳤다. 원세개를 토벌하는 호국군의 력량은 크지 않았으나 인민들의 지지를 받아 진전이 매우 빨랐다. 손중산을 수반으로 하는 혁명당인들도 각지에서 원세개를 토벌하는 투쟁을 조직하고 호국군과 유력하게 배합하였다. 호국군과 혁명당인들의 타격하에 원세개의 군대는 련이어 패배하였다. 대세가 순식간에 기울어지자 어떤 지방은 원세개를 반대하고 독립을 선포하였다.

채악은 자가 송파(松坡)이고 호남 보경(宝庆, 오늘의 소양)에서 태여났다. 15세 되던 해에 그는 유명한 시무학당(时务学堂)에 입학하였다. 시무학당은 유신(维新)인사 량계초(梁启超), 담사동(谭嗣同)이 주최하였는데 유신변법사상을 선양하여 유명해졌다. 채악은 여기에서 일부 새로운 사상을 접수하였을 뿐만 아니라 량계초와 두터운 우의를 맺었다. 무술변법(戊戌变法)이 실패한 후 채악은 일본에 류학하여 선후로 정치철학과 상업을 학습하였는데 이때 그는 이미 반청(反清)의식을 갖게 되였다. 비록 손중산이 령도한 혁명당의 주장과 완전히 일치하지 않았지만 그는 봉건전제를 제거하기 위해 헌신하려고 결심하였다.

중화민국 | 중국통사 이야기

무창봉기가 폭발한 이후 운남신군(新军)의 군관인 채악이 령도하여 발동한 봉기가 성공하였고 그는 중화민국의 운남도독으로 되였다. 1913년, 원세개는 채악을 북경으로 전근시키고 롱락하여 자기를 지지하게 하려고 하였는데 채악이 일본침략을 반격하는 작전계획을 제기하자 무시하면서 상대하지 않았다. 채악은 크게 실망하였고 얼마 후에 원세개가 황제제도를 회복하려고 한다는 것을 알고는 공화를 보위하기 위해 끝까지 투쟁할 것을 결심하였다.

1915년 가을, 채악은 비밀리에 천진에 와서 스승 량계초를 회견하였다. 량계초도 원세개의 흉악한 야심을 보아내고 원세개를 반대하는 채악을 지지하였다. 그들은 정세를 진지하게 분석하였는바 오직 무력을 써야만이 공화를 보위할 수 있다고 의식하고 채악이 운남으로 돌아가 호국전쟁을 발동할 계획을 짜도록 하였다. 채악은 격동되여 "우리는 력량의 한계가 있는 것도 분명 알고 있지만 4억명의 인격을 위하여 목숨을 걸고 꼭 한번 해보지 않으면 안된다!"고 말하였다.

원세개는 채악이 자기와 한마음이 아니고 또한 운남에서 위망이 높

다는 것도 깊이 알고 있었기 때문에 다그쳐 사람을 파견하여 채악의 일거일동을 감시하게 하였다.

이리하여 채악은 겉으로는 내색을 하지 않고 비밀리에 계획하는 방법으로 원세개를 미혹시키며 다그쳐 준비를 하였다. 그 시기에 그는 매일 술을 마시고 연극을 보고 골동품을 사고 서화를 흠상하고 도처에 놀러 다니였으며 지어는 기생집에서 기생들과 즐기였는데 마치 정치도 모르고 포부도 없이 그저 먹고 마시고 노는 사람 같았다.

11월의 어느 아침, 채악은 평소와 같이 일찍 사무소로 출근하여 서명부에 자신의 이름을 써놓고 일이 있어 가봐야 한다는 구실을 대고 서둘러 정거장으로 가 북경을 떠나 바로 천진으로 갔고 또 빠르게 일본으로 가는 배에 올랐다. 그제서야 그는 원세개에게 전보를 보내여 병치료 때문에 휴가를 신청한다고 하였다. 원래 채악은 확실히 인후염을 앓고 있었기에 경상적으로 목이 아파 말을 하지 못하군 하였다. 일본에 가서 병을 치료한다는 것은 리유가 정당하였다.

일본에 도착한 채악은 즉시 분장하고 향항으로 가는 배에 올랐고 또 웰남을 거쳐 다시 운남으로 돌아왔다. 이때 원세개의 밀령도 그가 있는 운남의 심복에게 떨어졌는데 그는 그들에게 꼭 채악을 붙잡거나 죽이라고 하였다. 기차가 벽색(碧色)역에 멈춰섰을 때 한 관원이 즉시 올라와 맞이하면서 풍성한 주연을 준비해놓고 그를 영접한다고 하자 채악은 응답하지 않았다. 역에 또 한무리의 사람들이 들이닥쳤는데 '농민대표'들이 채장군을 만나려고 차문을 가로 막았다고 하였다. 위병대가 즉시 총을 뽑아들고 이 사람들을 핍박하여 물러나게 하였다. 사후에 안 일이지만 술에는 발열성 독약을 넣었고 밥점 부근에는 자객이 매복해있었는데 그 사람들은 암살을 준비한 폭도들이였다고 한다. 다행인 것은 채악과 위병대들은 속임수에 걸려들지 않았다. 게다가 운남 도독 당계요(唐继尧)의 군대가 보호하고 있었기에 암살계획은 물거품이 되고 말았다.

채악은 안전하게 운남으로 돌아왔다. 이때 원세개는 이미 황제제도의 실행을 선포하였다. 채악은 즉시 통전을 발표하여 원세개는 "중화민국을 배반한 죄인"이라고 날카롭고 엄숙하게 지적하고 원세개가 황제제도를 꼭 취소할 것을 요구하였다. 그는 군사회의를 소집하여 나라를 보위하고 원세개를 토벌하는 기치를 들 것을 결정짓고 전국에 통전을 내여 운남독립을 선포하고 호국군을 건립하며 원세개를 토벌한다고 하였다. 채악은 몸소 호국군 제1군 총사령을 담임하고 전군의 장병들을 거느리고 선서하였다. "군사를 동원하여 봉기하며 국적(国贼)을 소멸할 것을 맹세한다. 아무리 힘들더라도 목숨을 걸고 싸운다." 그는 엄중한 병환에도 아랑곳하지 않고 호국군 제1군을 거느리고 사천으로 출정하였다.

당시 사천에 원세개의 군사력이 15,000여명이나 되였지만 채악의 호국군은 5,000명 밖에 안되였다. 군사력 차이가 현저하였기에 처음부터 출병하여 싸우는데 불리하였다. 게다가 채악은 병이 악화되여 말을 할 수 없었고 얼굴이 몹시 여위였다. 하지만 국가의 전도를 위해 개인의 안위를 꺼리지 않고 병사들과 함께 간고한 생활을 하면서 비오듯 쏟아지는 탄알을 무릅쓰고 전선에서 작전을 지휘하였다. 채악의 호국군은 사천의 북양군을 격파함으로써 전국 각지에서 원세개를 반대하는 지사들을 고무하였다. 각지에서 분분히 호응하여 원세개를 반대하고 독립을 선포하였다.

1916년 원단, 원세개는 인민들의 반대에도 불구하고 "황제등극의식"을 거행하였다. 그러나 이때 원세개를 반대하는 기세는 이미 막을 수 없었다. 원세개는 속수무책이였고 진퇴량난에 빠졌다. 그가 일본에 도움을 구걸하였으나 일본정부는 그가 이미 완전히 고립되였음을 보아내고 태도를 바꾸어 말하였다. "우리는 종래로 그대가 황제로 되는 것을 찬성한 적이 없다!" 원세개는 또 부하 단기서(段祺瑞)와 풍국장이 도와줄 것을 바랐지만 단기서는 한쪽에서 랭담하게 바라만 보았고 풍국장은 아예 호국군과 암암리에 련계하면서 황제제도를 취소할 것을 요구하였다.

고립국면에 처하게 된 원세개는 1916년 3월 22일에 할 수 없이 황제제도를 취소한다고 선포하였다. 그는 83일간 '황제'노릇을 하면서 만세에 악명을 남기였다. 황제제도를 취소한 후에도 그는 그냥 대총통으로 자처하였다. 이렇게 되자 전국인민들은 더욱 분노하였고 모두가 원세개는 천고의 죄인으로 더는 총통으로 될 자격이 없으니 마땅히 당장 물러나야 한다고 하였다. 해외 화교들도 전보를 보내여 "전국에서는 마땅히 일치하게 원세개를 거꾸러뜨리고 특별법정을 조직하여 원세개를 심판해야 한다."고 말하였다.

전국에서 일치하게 반대하자 원세개는 수치심으로 부아가 나서 병에 걸렸고 1916년 6월 6일 질책 속에서 죽었다. 원세개는 일관적으로 정치투기에 능하였으며 불패의 자리에 서려고 시도하고 계략도 꾸밀 대로 꾸몄지만 결국에는 여전히 멸망을 자초하였다.

477

장훈의 복벽

원세개가 죽은 후 원래의 부총통 려원홍이 대총통으로 되였고 원세개가 폐지했던 〈림시약법〉과 국회를 회복하였다. 국회는 풍국장을 부총통으로 보궐 선거하였고 단기서를 국무총리로 임명하였다. 풍국장과 단기서는 모두 북양군벌의 수령으로서 비록 야심만만하였지만 원세개와 같은 실력과 권술은 없었기에 대세를 지배할 수 없었다. 이리하여 북양군벌은 아주 빨리 분렬되였고 각자 할거하여 패권을 잡고 군사를 보유하여 자립하였다. 중국은 이때로부터 또 군벌혼전의 국면에 빠져들었다.

당시 크고 작은 군벌들이 소털같이 많았는데 북양계통도 있었고 지방에서 군대를 보유하여 할거한 것도 있었다. 그중에서 세력이 가장 큰 것은 북양계통의 직계(直系), 환계(皖系)와 봉계(奉系)군벌이였다. 그리고 당계요를 수반으로 하는 전계(滇系)군벌이 운남, 귀주를 차지하였고 륙영정(陆荣廷)을 수반으로 하는 계계(桂系)군벌은 광동, 광서와 호남을 차지하였으며 또 산서에 도사리고 있는 염석산(阎锡山), 서주(徐州)에 할거하여 있는 장훈(张勋) 등이 있었다.

직계군벌은 풍국장을 수령으로 하였다. 풍국장은 직예(直隶) 하간(河间)사람이였기에 그를 수반으로 하는 군벌집단을 "직계"라고 하였다. 직계는 직예, 강소, 강서, 호북 등 성을 통제하면서 영국, 미국 제국주의에 의거하였다. 환계군벌은 단기서를 수령으로 하였다. 단기서는 안휘 합비(合肥)사람이였기에 그의 군벌집단을 "환계"라고 하였다. 환계군벌은 안휘, 산동, 절강, 복건 등 성의 지반을 장악하였으며 또 총통 려원홍이 군대를 장악하지 않은 조건을 리용하여 북경정부의 실권을 조종하였으며 일본제국주의에 의거하였다. 봉계군벌은 장작림(张作霖)을 수반으로 하여 동북을 통제하였는데 친일파였다.

　　직계와 환계는 중앙정권을 장악하고 아귀다툼을 하였기에 국내 정국이 혼란하였다. 얼마 후 그들간의 모순이 공개되였는데 진상은 참전문제로 야기된 것이였다.

　　당시 일본은 중국을 통제하기 위해 중국이 제1차세계대전에 참가할 것을 꼬드기면서 독일을 반대하였고 단기서도 적극적으로 참전할 것을 주장하였다. 그러나 미국은 이렇게 되면 일본에 유리할가봐 아주 불쾌해 하였고 친영미파인 풍국장도 참전을 반대하였다. 총통 려원홍은 비록 북양계통의 사람이 아니였지만 이때는 직계의 켠에 섰다. 이리하여 려원홍, 풍국장의 총통부와 단기서의 국무원 간의 투쟁이 일어났는데 '부원지쟁(府院之争)'이라고 하였다. 풍국장은 당시 북경에 있지 않았기에 부원지쟁은 려원홍과 단기서간의 투쟁으로 되였다.

　　1917년 3월, 단기서는 중국과 독일의 절교를 선포하고 려원홍에게 독일에 대한 선전포고를 비준할 것을 요구하였는데 려원홍에게 거절당하였다. 4월에 단기서는 북경에서 각 성 독군(督军, 군사장관)회의를 소집하고 환계군벌을 위주로 하는 '독군단'을 구성하고 려원홍을 강박하여 참전에 동의하게 하고 선전포고 공문에 서명하도록 요구하였다. 려원홍은 "이 일은 매우 중대하기에 국회 중의원에서 토론해야 한다."고 핑게를 대며 거절하였다. 많은 의원들이 반대하였기에 독일에 대한 선전포고안(宣战布告案)이 통과되지 못하였을 뿐만 아니라 단기서도 외토리 총리로 되였고 사람들은 그의 내각을 '독뿔내각(独角内阁)'이라 불렀다.

　　이번에는 또 단기서가 노하였다. 그는 각 성의 독군들을 부추겨 련명으로 려원홍을 강박하여 국회를 해산하게 하고 만약 국회를 해산하지 않으면 그들은 지방치안 책임을 지지 않는다고 하였다. 소식이 려원홍한 중화민국 중국통사이야기

테 전해지자 그도 노하여 명령을 내려 단기서를 파면하고 오정방(伍廷芳)을 대리 국무총리로 임명하였다. 단기서는 당연히 가만 있으려 하지 않았다. 면직당한 그날에 그는 기차를 타고 천진에 갔는데 가기 직전에 통전을 발표하여 "려원홍의 면직령에 내가 서명하지 않았기에 무효이다. 이로부터 생기는 모든 후과를 나는 책임지지 않는다."고 하였다. 이어 그는 환계와 봉계 독군을 부추겨 독립을 선포하게 하고 총통의 령도를 떠나 천진에서 '각 성 독립 총참모처'를 성립하였고 "군사를 출동하여 북벌하고 북경을 진공하겠다."고 떠벌리면서 려원홍에게 압력을 가하였다. 려원홍의 수중에는 군사가 없어 아무런 대책도 세울 수 없게 되자 할 수 없이 서주에 도사리고 있는 군벌 장훈에게 나서서 화해시켜줄 것을 청들었다. 그런데 그것이 큰 화를 불러올 줄을 몰랐다.

장훈은 본래 청나라의 군관이고 보황파이며 청나라에 대하여 매우 충성하였다. 신해혁명이 청나라를 뒤엎은 후 전국인민들이 매우 기껍게 머리태를 잘라버렸는데 장훈은 자르지 않겠다고 맹세하였을 뿐만 아니라 부하들도 자르지 못하게 하였다. 그의 군대는 중화민국 군대의 복장을 입고 중화민국 군대의 모자를 썼지만 뒤통수에는 한갈래 긴 머리태를 따 드리웠기에 사람들은 그들을 '머리태(辮子)군대'라고 불렀고 장훈을 '머리태원수(辮帥)'라고 불렀다.

장훈은 독일에 대한 선전포고를 반대할 뿐만 아니라 또 국회를 해산할 것을 주장하였는데 유일한 목적은 뒤엎어진 청나라 선통(宣统)황제를 도와 다시 등극시키려는 것이였다. 때문에 그는 한편으로 려원홍의 대표에게 "가령 총통께서 내가 필요하시다면 나는 전력을 다하여 그를 위할 것이다."고 말하였다. 다른 한편으로 또 단기서의 대표에게 "만약 총리께서 선통의 복위를 동의한다면 나 장훈은 반드시 책임지고 국회를 해산시키고 려원홍 이 늙은이를 몰아내겠다."고 말하였다.

려원홍의 요청을 받은 장훈은 기뻐서 어쩔 줄 몰라하였다. 그는 즉시 심복인 류정심(刘廷深)을 먼저 북경에 파견하여 청나라 복벽세력과 비밀리에 내통하게 하였다. 그리고 나서 그는 5,000명의 '머리태군대'를 거느리고 서주에서 출발하여 이튿날 천진에 도착하였고 려원홍의 파견을 받고 그를 영접한 총통부 비서 하수강(夏壽康)에게 "려원홍이 3일 내에 국회를 해산시켜야지 그렇지 않으면 나는 화해하는 것을 책임지지 못한다."고 말하였다. 하수강은 재빨리 려원홍에게 보고하였다. 3일도 기다리지 못하고 려원홍이 미처 회답할 새도 없이 장훈은 '머리태군대'의 선견부대를 파견하여 북경에 진입하여 천단(天坛)과 선농단(先农坛) 일대에 주둔하였다. 방법이 없게 된 려원홍은 국회를 해산할 수 밖에 없었다. 이어 장훈도 북경으로 왔다.

이튿날 아침, 려원홍이 사람을 파견하여 장훈을 총통부에 청해 왔는데 그는 더는 려원홍을 "어르신님"이라 부르지 않았으며 득의양양하여 말하였다. "청나라 조정을 우대하는 조건(황제칭호를 보류하고 매년 400만원을 지급하고 여전히 자금성에 거주하는 등)을 헌법에 써넣고 나의 군대를 20개 대대(营)로 증가시켜야 합니다." 려원홍은 어찌할 방법이 없어 일일이 머리를 끄덕여 동의하였다. 잇따라 장훈은 부하를 불러 각 성 독군에게 전보를 보내여 독립을 취소하게 하였고 천진의 '각 성 독립 총참모처'도 취소하게 하였다. 그 자신은 청나라 시기의 관복을 입고 홍정화령모(红顶花翎, 청나라 때 황족이나 고관들이 쓰는 모자)를 쓰고 자금성에 가서 부의에게 '문안을 드리였다.' 11세의 부의는 그에게 많은 것을 하사하였고 장훈도 매우 감격하여 복벽의 발걸음을 다그쳐야겠다고 결심하였다.

얼마 지나지 않아 보황당 수령 강유위(康有为)와 청나라 유신들도 모두 북경에 집중하였다. 그들은 장훈과 함께 비밀리에 복벽계획을 상의하고 결정하였다. 첫째, 돌연습격을 해야 하지 이것저것 우려하고 두려워해서는 안된다. 두번째, 성패를 따지지 말고 최후의 승부를 걸며 실패하면 내몽골에 철퇴하여 계속 해나간다. 세번째, 7월 1일 새벽에 시작한다.

1917년 6월 30일 저녁에 장훈은 아무런 일도 없는 사람처럼 강서회관에 극을 보러 가서 12시가 되서야 집에 돌아왔다. 집문에 들어서자 즉시 사람을 불러 '상의'할 일이 있다고 하면서 북경군대와 경위를 장악한 강조종(江朝宗), 왕사진(王士珍), 오병상(吴炳湘), 진광원(陈光远)을 찾았다. 그들이 장공관(张公馆)에 와보니 문 안팎으로 전신무장한 머

리태병사들이 가득하였기에 깜짝 놀랐는데 객실에 들어서니 장훈의 노발대발한 말소리가 들리였다. "오늘 저녁에 청나라를 회복하려고 하는데 자네들은 찬성하는가?" 뭇사람들의 회답도 기다리지 않고 그는 또 위엄있게 말하였다. "내가 이번에 상경한 것은 청나라를 회복하기 위해서이다. 누가 감히 반항하면 군법으로 처리할 것이다! 자네들이 서명하여 찬성하지 않으면 살아서 이 문을 나갈 생각을 말게!" 말을 마치고 눈알을 부라리며 강조종 등 네 사람에게 서명하라고 하였다. 강조종 등이 서명한 후 장훈은 또 그들을 불러 수성(守城) 위병에게 명령하여 성문을 열고 성밖의 머리태군대들을 들어오게 하였다.

성문이 열리자 머리태군들이 벌떼처럼 붐비며 들어와 즉시 요충지를 점령하였고 계엄을 실행하고 전 북경성을 통제하였다. 장훈은 또 사람을 파견하여 려원홍을 찾아가 그의 대권을 청나라 조정에 넘겨주라고 하였다. 려원홍은 권력을 넘겨주는 것을 거절하였고 급히 일본공사관으로 달아나 피난하였다.

7월 1일 이른아침에 장훈은 남색 비단두루마기에 누런 마고자를 입고 홍정화령모를 쓰고 목걸이를 걸고 강유위, 왕사진 등 50여명을 거느리고 자금성으로 왔다. 이미 단정하게 옷차림을 한 부의가 출궁하고 입궐하여 '룡좌'에 앉았는데 계단 아래의 머리태병사들이 "만세! 만만세!"를 큰소리로 웨쳤고 장훈 등은 반으로 나누어 땅에 엎드려 부의에게 무릎을 꿇고 머리가 땅에 닿도록 하는 절을 세번 반복하면서 입으로 노비라고 자칭하였다. 례식이 끝나고 장훈이 더듬더듬하면서 〈복벽 청원서(吁请复辟折)〉를 한번 읽는 것으로 '조하(朝贺)'의 례의 연극이 끝났다.

잇따라 복벽한 청나라 작은 조정은 강유위가 써놓은 '유지(谕旨)'들을 련속 반포하였는데 중화민국을 '대청제국'으로 선포하고 이 해를 선통(宣统) 9년으로 하고 오색기를 황룡기(黃龙旗)로 바꾸고 부의가 "조정에 나와 정무를 보고 대권을 회수(临朝听政, 收回大权)"하는 등이였다. 그리고 나서 복벽 '공신'을 봉해주었는데 장훈의 '공로'가 가장 컸음으로 내각의정대신, 직예총독 겸 북양대신으로 봉하였다. 강유위 등도 각기 봉해주었다.

청나라 유신들은 이미 복벽하였다는 말을 듣고 분분히 상자 속에서 청나라 때의 복장을 꺼내였다. 어떤 사람은 청나라 때의 복장과 모자가 없어 고물점에 가서 고가로 구매하고 지어 공연할 때 입는 복장과 죽은 사람을 입관시킬 때 입히는 수의(寿衣)마저도 다투어 구매하였다. 어떤 사람은 이미 머리태를 잘라버렸는지라 말꼬리로 만든 가짜 머리태를 달고 좌우로 흔들며 온갖 추태를 다 부렸다. 그들은 기포와 마고자를 입고 뒤통수에는 말꼬리를 늘어뜨리고 자금성(紫禁城)에 가서 사은(谢恩)하거나 서로 축하를 하였다. 장훈은 명령을 내려 집집마다 문 앞에 황룡기를 내걸라고 하였는데 미처 만들지 못한 사람들은 누런 종이에 룡인지 뱀인지 모르는 괴물을 그려 내걸었다. 사람들은 그것을 보고 "기발에 그린 괴물은 장훈과 같이 괴상하다."고 말하였고 또 어떤 사람은 "종이에 그린 룡기는 쿡 찌르면 찢어지지 오래 가겠는가!"고 말하였다.

장훈 자신도 복벽이 인심을 얻지 못하는 것을 알고 령을 내려 "누구든 복벽을 담론하는 것은 좋지 않으니 때려 죽여도 무방하다."고 하였다. 기생집, 다방의 벽에는 모두 "국사를 담론하는 것을 허락하지 않는다."는 큰 표어가 나붙어있었다. 그는 또 대량의 군경과 특무를 파견하여 국사를 의론하는 사람들을 잔혹하게 진압하였다. 두 령감이 신문사에서 담화할 때 복벽에 대한 불만을 무의식중에 드러냈는데 즉시 잡히워 갔다. 어떤 사람이 전화를 할 때 무의식간에 복벽이 시대에 맞지 않다고 말하여 머리태병사에게 맞아죽었다. 북경성은 공포스러운 분위기에 뒤덮였다.

그러나 장훈의 무력은 인민의 반항과 분노를 억누를 수 없었다. 복벽을 선포한 당일 북경의 《신종(晨钟)》, 《민언》, 《국민공보》 등 신문은 항의를 표시하기 위해 전부 휴간하였다. 상해 각계 인사들은 집결하여 공개적으로 장훈이 복벽한 죄행을 성토하였다. 장훈의 고향 강서 인민들은 그를 '화근'이라 하면서 강서의 치욕이라고 질책하였다. 호남 장사(长沙)에서는 만인대회를 소집하고 출병하여 북벌할 것을 요구하였다. 기타 각지 인민들도 모두 한결같이 장훈의 복벽에 항의하였다. 손중산은 상해에서 혁명당인을 소집하여 회의를 열고 복벽세력을 철천지원쑤라

고 선포하였다.

　북양군벌의 수령들도 복벽을 반대하는 기발을 들었다. 직계의 풍국장은 통전을 내여 장훈이 "앙심을 품었다"고 질책하고 "중화민국과 함께 존망"해야 한다고 말하였다. 환계의 단기서는 이미 장훈을 통하여 국회를 해산하고 려원홍을 몰아내는 목적에 달성하였지만 태도를 바꾸어 복벽을 반대하는 '선봉'으로 되였다. 그는 "공화국을 재건"한다는 기발을 걸고 천진에서 총사령으로 자임하고 '토역군(讨逆军)'을 조직하였다. 단기서의 토역군은 각기 천진과 보정에서 출발하여 북경을 진공하였는데 장군의 머리태군은 번마다 패배하여 후퇴하였다. 일본공사관에 숨어 있던 려원홍은 잘못된 일을 저질렀기에 창피하여 더는 대총통을 하지 못하고 명령을 발표하여 풍국장이 총통직권을 대행하고 단기서를 총리로 임명하는 동시에 사람을 파견하여 총통의 국새를 단기서에게 넘겨주라고 하였다. 단기서가 북경으로 쳐들어가자 유신들은 또 기포, 마고자, 관모를 벗어버리고 땋은 머리를 틀어얹고 뿔뿔이 흩어져 도망쳤다. 대세가 기울어지자 장훈은 할 수 없이 네덜란드(荷兰)공사관에 가서 숨었다. 부의는 재차 퇴위한다고 선포하였다. 떠들썩했던 12일간의 장훈의 복벽추태극은 철저한 실패로 종말을 고하였다.

478

호법전쟁

장훈의 복벽이 실패하고 려원홍이 정권을 넘겨주었다. 풍국장이 대리 총통으로 되고 단기서가 또 국무총리로 되여 군정대권을 장악하였다. 손중산은 단기서에게 전보를 보내여 〈림시약법〉과 국회를 회복할 것을 요구하였다. 그러나 단기서는 손중산의 건의를 아랑곳하지 않았다. 그는 이전의 중화민국은 이미 뒤엎였고 해산된 낡은 국회도 더는 소집할 수 없고 〈림시약법〉도 이미 무효라고 하였다. 또 지금은 림시 참의원을 조직하고 국회조직법과 의원선거법을 수개하고 또 새법에 근거하여 새국회를 성립해야 한다고 하였다. 그의 목적은 그가 조종할 수 있는 하나의 완전한 기구와 자기의 권력을 확대할 수 있는 약법을 제정하는 것이고 그런 후에 무력으로 전국을 통일하는 것이였다. 이는 일부 남방군벌의 반대를 불러일으켰다.

남방군벌은 장훈이 복벽을 할 때 토역을 선포하고 기회를 타 북쪽으로 지반을 확대하였다. 풍국장, 단기서가 정권을 장악한 후에 그들에게 명령하여 자신의 지반에서 떠나지 못하게 함으로써 그들의 확장을 제한하였는데 만약 단기서가 다시 대권을 장악한다면 그들에게 더욱 불리하게 될 것이다. 때문에 운남군벌 수령 당계요가 먼저 항의를 하면서 말하였다. "장훈의 복벽은 단기서가 국회를 뒤엎기 위해 려원홍과 함께 쓴 속

중화민국 중국통사이야기

임수였다. 지금 장훈이 실패하였는데 그가 또 어떻게 총리로 되겠는가? 우리는 그의 명령을 듣지 않을 뿐만 아니라 자신이 봉한 이 총리를 성토하고 〈림시약법〉을 수호할 것이다." 이리하여 남방군벌은 북방군벌과 대항하기 시작하였는데 낡은 국회를 회복할 것을 주장하고 또 손중산이 일찍 제출한 '호법(护法)'의 기발을 내걸었다.

'호법'은 바로 손중산이 1912년에 반포한 〈림시약법〉을 수호하고 1913년에 각 당파들이 선거하여 산생된 국회를 회복하는 것이었다. 손중산은 〈림시약법〉과 국회는 "민주국가"의 표징이고 공화국의 명맥이라고 하였다. 만약 국회를 해산하고 〈림시약법〉을 폐지한다면 신해혁명의 성과를 전부 말살하는 것과 같으며 용인할 수 없는 것이다. 때문에 장훈이 복벽하여 국회를 해산할 때 손중산은 상해에서 혁명당인과 각계 인사들을 소집하여 회의를 열고 호법운동을 일으켰는데 북양군벌에 불만을 품고 있는 해군총장 정벽광(程璧光)의 지지를 받았다. 남방군벌 가운데도 호법을 주장하는 사람이 있다는 것을 듣고 손중산은 상해에서 계계군벌 수령 륙영정에게 전보를 보내였다. 전보에서는 "단기서는 장훈의 의발(衣钵)을 완전히 계승하고 공화의 명의를 빌어 진정한 복벽을 실행하였다. 비록 민주국가의 패말은 걸었지만 실제상에서는 새로운 재난과 변란의 시작이였다."고 썼다. 잇따라 광동, 광서, 호남, 사천 등 성의 도독들에게 전보를 보냈는데 그들도 일떠나서 가짜 공화를 타도하고 진정한 공화를 건립하며 림시 민주국가정부를 협상하여 성립할 것을 희망하였다.

륙영정은 즉시 호응하면서 전보를 보내 손중산을 광주로 초청하였다. 손중산은 자신이 이전에 수중에 군대가 없어 쓴맛을 보았음으로 지금 혼자 광주에 가면 같은 대우를 당할 것이라고 생각하였다. 그는 무장력량이 있어야겠다고 생각하고 정벽광을 찾아 의론하였다. 정벽광은 "귀하께서 가시면 제가 지지하겠습니다."라고 말하였다. 그는 손중산에게 군비를 건네주어 사용하게 하고 해군 제1함대를 지휘하게 하였다. 이리하여 손중산은 한개 해군함대가 있게 되였고 1917년 7월에 광주로 왔다.

광주 각계의 환영회에서 손중산은 감명깊게 말하였다. "중국은 6년간 공화를 하였지만 인민들은 공화의 리익을 얻지 못하였다. 이것은 공화가 나쁜 것이 아니라 정권을 장악한 사람이 나쁘기 때문이며 그들이 공화의 기발을 걸고 진정한 독재를 실행하여 조성한 것이다. 우리가 지금 약법을 수호하고 국회를 회복하려는 것은 가짜 공화를 타도하고 진정한 공화를 실행하기 위해서이다."

　　이때 일부 국회의원들이 북경에서 남하하여 광주에 와 호법운동에 참가하였다. 법정인수에 도달하지 못하였기에 손중산은 '비상회의'라는 명칭을 사용하였다. 1917년 8월에 회의를 열고 중화민국 군정부 창립을 결정하고 북양군벌정부와 대항하면서 호법전쟁을 진행하였다. 손중산은 대원수로 추대되였고 당계요와 륙영정은 원수로 되였다.

　　사실 륙영정과 당계요는 비록 단기서와 모순은 있었지만 자기의 지반을 확보하고 확대하며 단기서와의 흥정 편리를 위해 '호법'의 기발을 내걸었다. 때문에 그들은 처음부터 손중산과 거리를 두었는바 륙영정은 다른 정부를 조직하는 것을 반대하였고 당계요는 군정부 원수의 직무를 거절하였다. 손중산은 그들의 지지를 얻기 위해 그들에게 거듭 양보하였다. 게다가 단기서도 협박을 가하였기에 륙영정과 당계요는 비로소 호법전쟁에 참가하기로 결정하였다.

　　단기서는 손중산이 호법전쟁을 발동하려고 한다는 소식을 듣고 즉시 령을 내려 그를 지명 수배하라고 하는 한편 군대를 파견하여 호남에서 광동, 광서를 향하여 진공하라고 하였다. 그러나 장강 중하류 각 성은 풍국장 직계군벌의 세력범위였으므로 호남에서 남쪽으로 쳐나가려면 반드시 직계의 지반을 확대하게 될 것이고 직계는 가능하게 남방군벌과 련합하여 환계를 대처하게 될 것이다. 진퇴량난에 빠진 단기서는 최후로 심복인 부량좌(傅良佐)를 호남 독군으로 파견하여 군대를 거느리고 장사에 가 원래의 성장 겸 독군 담연개(谭延闓)를 몰아내기로 결정하였다. 담연개는 워낙 계계로 기울었기에 단기서를 반대한다고 선포하고 륙영정, 당계요에게 전보를 보내 파병하여 원조할 것을 청구하였으며 자신도 분장하고 호남을 빠져나왔다. 호남 지방세력 수령 림수매(林修梅), 류건번(刘建藩)도 '자주'를 선포하였지만 그들의 군대력량은 강하지 못하였다.

중화민국 | 중국 통사 이야기

　　류영정은 북양군이 일단 호남을 점령한다면 진일보 광동, 광서를 진공할 것이고 자기를 병탄할 것이라고 걱정하면서 서둘러 남녕회의를 소집하였다. 회의에서는 국회를 회복하고 려원홍을 영접하여 다시 총통으로 하고 단기서를 파면하고 부량좌를 소환하는 등 4가지 주장을 제기하였으며 광서 독군 담호명(谭浩明)을 호법군 총사령으로 추대하고 군사를 파견하여 호남을 추가 지원하기로 하였다.

　　그런데 뜻밖에 북양군 내부에서 먼저 알륵이 생기였다. 직계의 왕여현(王汝贤), 범국장(范国璋)의 두개 사는 단기서를 위해 힘을 다하려 하지 않았기에 작전에 소극적이였다. 형양, 보경 등 지역에서 호법군과 소규모 전쟁을 한 후 왕여현, 범국장은 전보를 보내여 내전을 하지 말고 "평화적으로 해결"할 것을 주장하였다. 단기서가 파견한 호남 독군 부량좌는 정세가 불리하게 되자 황망히 도망쳤다. 호남 인민들은 자발적으로 조직되여 북양군을 몰아냈고 호법군은 기회를 타 북진하였다. 왕여현, 범국장도 호남에서 퇴출하였다. 호법전쟁은 기발을 내걸자마자 승리를 거두었다.

　　단기서는 호남에서 실패하였다는 소식을 듣고 화가 났지만 부득불 '인책(引咎)' 사직할 수 밖에 없었다. 풍국장은 단기서의 사표를 접수하고 직계편인 왕사진을 총리로 임명하여 새 내각을 구성하였다. 이는 또 단기서의 지지세력인 일본의 불만을 불러일으켰다. 환계군벌도 련합하여 떠들어대면서 단기서를 다시 등용할 것을 요구하고 재차 호남으로 출병하였다. 풍국장은 일본과 환계군벌의 압력하에 할 수 없이 단기서를 재차 국무총리로 임명하고 부하인 직예 독군 조곤(曹锟) 등을 호남에 파견하여 호법군과 작전하게 하였다. 얼마후 조곤의 유능한 장병 오패부(吴佩孚)가 호남에서 싸워 이겼으므로 그가 호남 독군의 두령이 되리라 생각하였는데 뜻밖에 단기서는 환계의 장경요(张敬尧)를 임명하였다. 화가 난 오패부는 심한 욕을 퍼부었다. 이때로부터 그는 '평화적 해결'을 부르짖으면서 형양(衡阳)에 자리잡고 움직이지 않았다. 조곤도 한구에서 천진으로 돌아왔다.

　　직계와 환계가 파렬되였다. 단기서는 전선의 각 군에 령을 내려 호법군에 대한 진공을 잠시 멈추고 같은 북양군벌인 직계세력을 타격하라고 하였다. 1918년 8월, 단기서는 새 '국회'를 주최하여 만들었다. 풍국장은 할 수 없이 사직하였다. 잇따라 단계 국회는 청나라의 오랜 관료 서세창(徐世昌)을 선거하여 총통으로 하였으나 실권은 줄곧 단기서 수중에 있었다. 직계군벌은 고립을 피면하기 위해 남방군벌과 화해하고 밀접히 왕래하면서 토벌에 관한 말을 더는 하지 않았다.

남방군벌은 전선에서 위협이 없어지자 호법에 대한 흥취도 없어졌다. 그들은 손중산의 세력을 배척하면서 손중산이 무장을 장악하지 못하게 하였다. 손중산을 옹호하는 해군총장 정벽광은 광주에서 암살되고 손중산의 경위부대 관병들도 종종 암살되였다. 손중산이 령도한 군정부의 경비, 군사가 모두 곤난에 부딪쳤다. '정부'는 있지만 '군대'가 없었고 대권은 완전히 륙영정과 당계요의 수중에 조종되였다. 1918년 5월에 륙영정과 당계요는 비상국회를 조종하여 대원수제를 취소하고 7총재 합의제로 고치여 오랜 관료 잠춘훤(岑春煊)을 주석과 총재로 하고 손중산은 7총재 가운데의 한사람으로 되게 하려 하였다. 손중산은 분개하여 대원수직을 사직하고 공개 전보를 보내여 "우리 나라의 가장 큰 화근은 군벌들이 권리를 쟁탈하는 것이다. 남과 북은 다 한통속이다(一丘之貉)."고 하였다.

손중산이 광주를 떠나 상해에 돌아온 후 남북군벌은 평화담판을 하였고 호법운동은 실패하였다. 중국의 정국은 각파 군벌의 분쟁속에서 여전히 불안정하였다.

중화민국 중국 통사 이야기

479

"경극곡조를 모르거든 담흠배를 따라하지 말라"

1917년 봄에 계계군벌 륙영정이 북경에 왔다. 대총통 려원홍은 령을 내려 잘 초대하라고 하면서 특별히 축하연을 베풀었고 륙영정을 청하여 극을 보았는데 북경에 있는 경극 명배우는 모두 참가하여 공연하였다.

당시 제일 유명한 배우 담흠배(谭鑫培)도 통지를 받고 참가하였다. 담흠배는 이미 71세가 되였고 게다가 감기로 열이 나서 참가하려고 하지 않았다. 려원홍의 부하들이 이 일을 알고 이 축하연에 담흠배가 없으면 안된다고 하면서 여러차례 사람을 파견하여 "그대와 려원홍은 한고향(다 호북인)사람인데 어떻게 가지 않겠다고 하는가?"고 재촉하였다. 또 "그대가 가지 않으면 사람을 불러 잡아가겠다!"고 위협하였다. 담흠배는 할 수 없이 아픈 몸으로 가서 공연할 수 밖에 없었다.

담흠배가 그날 공연한 것은《홍양동(洪羊洞)》이였다. 양가장(杨家将)에 관한 이 극은 양연소(杨延昭)가 적들이 부친 양계업(杨继业)의 유골을 홍양동에 숨겨놓았다는 것을 알고 대장 맹량(孟良)을 파견하여 유골을 훔쳐오게 하는 것이였다. 맹량의 의형제 초찬(焦赞)은 불복하여 공로를 빼앗기 위해 혼자 갔다. 맹량은 유골을 훔친 다음 뒤에 사람이 있는 것을 발견하고 도끼로 내리쳐 죽이고 보니 뜻밖에도 의형제 초찬이였다. 잘못 죽인 것이였다. 후회가 막심한 그는 유골은 부하를 시켜 가져가게 하고 초찬 옆에서 자살하였다. 양연소는 자기의 유력한 조수 초찬, 맹량이 다 죽자 너무 비통하여 중병에 걸렸고 얼마 가지 않아 세상을 떠났다. 이 극은 담흠배의 뛰여난 특기로 사람들을 감동시켰다. 그날 간신히 이 비극을 공연한 후 담흠배도 병이 가중해졌다. 며칠 지나지 않아 5월에 한때를 풍미했던 이 명배우도 병사하였다.

경극은 청조 말기, 중화민국 초년에 아주 빠르게 발전하였다. 력사가 그리 길지 않은 이 연극의 종류는 이미 전국에서 가장 큰 연극의 종류로 되였다. 건륭(乾隆) 55년(기원 1790년), 안휘의 저명한 배우 고랑정(高郞亭)이 유명한 휘극(徽剧) 극단 삼경반(三庆班)을 거느리고 북경에 왔다. 휘극의 극본 내용은 풍부하고 이야기가 굴곡적이고 생동하다. 노래하는 '이황(二黄)' 가락은 음조가 부드럽고 가사가 통속적이여 알아듣기 쉬우며 연기 동작도 아름답고 감동적이며 무술기교도 출중하였다. 삼경반의 공연은 단번에 북경관중을 끌어당기였다. 삼경반이 북경에서 자리를 잡게 되자 이어서 안휘의 연예인들로 무어진 사희(四喜), 춘대(春台), 화춘(和春) 등 휘극 극단이 북경으로 왔다. 이들은 통칭하여 "4대휘반(四大徽班)"이라 불렀다.

도광 년간에 이르러 호북의 연예인 리륙(李六), 왕홍귀(王洪贵) 등이 한극(汉剧) 극단을 거느리고 북경으로 왔다. 그들이 부른 것은 중국 전통극 곡조의 하나인 서피곡(西皮调)이였는데 격양되고 명쾌하고 활발하였다. 한극단과 휘극단이 때로는 함께 무대에서 공연하였는데 서피도 부르고 이황도 불렀으므로 또 "피황(皮黄)"이라고도 하였다. 북경에서 장기적으로 공연하였기에 그들의 곡조는 점차 북경말씨의 영향을 받았다. 후에 사람들은 그것도 "경조(京调)"라고 하였다. 경조는 여러 극의 장점을 받아들이고 곤곡(昆曲), 진강(秦腔), 산서곡조(山西梆子)의 정수와 융합하고 또 북경의 언어와 풍속습관과 결부하여 변혁을 진행하여 창법, 대사, 동작, 격투와 같은 일련의 완정한 공연격식이 형성되였다. 광대한 인민대중들이 좋아하는 경극이 이때로부터 탄생되였다.

경극(京剧)은 많은 지방의 여러가지 연극의 종류가 융합되여 산생되였다. 여러가지 연극의 우점을 받아들였기에 보다 보편성을 띠고 있

고 널리 빠르게 전해졌다. 동치(同治), 광서 년간에 이르러 경극은 진일보 발전하였다. 상해, 천진, 한구, 장사, 제남 등 대도시들에서 모두 경극단이 출현하였을 뿐만 아니라 생(生, 남자배역), 단(旦, 녀자배역), 정(净, 호방한 남자배역), 추(丑, 어리광대)와 같은 여러 배역에서 모두 우수한 배우들이 용솟음쳐 나왔으며 각자의 독특한 풍격을 지닌 예술류파가 형성되었다. 정장경(程长庚) 등과 같은 저명한 배우들을 이어 청조말기 중화민국 초년에 가장 이름 있는 배우로는 바로 담흠배였다.

담흠배는 호북 강하(江夏, 지금의 호북무창)현 사람이다. 그의 부친 담지도(谭志道)는 한극(汉剧)배우이며 주로 늙은 아낙네역을 하였다. 목소리가 가늘고 음조가 매우 높아 '종달새' 울음소리와 흡사하였기에 사람들은 그를 '담종달새'라고 불렀는데 그 본인도 묵인하였고 '종달새'를 예명으로 하였다. 담흠배는 부친의 영향하에서 어려서부터 연극을 배웠는데 사람들은 그를 '종달새아들' 혹은 '꼬마종달새'라고 불렀다. '꼬마종달새'는 어려서부터 총명하고 령리하여 '닥치는 대로 배웠고' 또 여러 연극의 장점을 받아들이고 개조하고 창조하여 자신의 예술연기와 융합시켰다. 때문에 그의 배역의 폭이 매우 넓었는바 학문과 무예, 노래와 동작에 정통하지 않은 것이 없었다. 처음에 그는 로인역을 하였는데 그것은 연극을 하다 목소리가 나빠지면 남자 무사역을 할 수 있었고 후에 나이가 들어 다리가 민첩하지 못하고 목소리도 회복되면 다시 로인역을 할 수 있었기 때문이였다. 어떤 배역의 극이든 무엇을 공연하든 진실하게 연기하였기에 그는 관중들의 사랑을 듬뿍 받았다.

그때 배우의 사회적 지위가 아주 낮았고 생활도 매우 어려웠다. 담흠배는 젊었을 때 북경에서 살아갈 수 없었기에 부근의 현성과 농촌에 가서 극단에 림시로 들어가 공연하였는데 사람들은 그가 있는 극단을 '생계극단(粥班)'이라고 불렀다. 이런 극단의 수입으로는 죽밖에 마실 수 없다는 뜻이다. 그러나 공연생활에서 담흠배는 끊임없이 연기를 사색하고 실력을 키워 점차 뛰여난 배우로 되였고 '생계극단'에서 북경성내 삼경반으로 들어갔으며 후에는 또 사회반으로 들어갔다. 이때 그의 연기예술은 이미 광대한 관중을 정복하였는바 어른이나 아이들 할 것 없이 사람마다 그의 극을 즐겨 보았고 북경성에서는 '누구나 다투어 종달새아들을 부르는' 정경이 나타났다. 경극의 남자배우들은 거의 다 담흠배를 본보기로 하였기에 "경극곡조를 모르거든 담흠배를 따라하지 말라." 하는 말이 있게 되였다.

　　담흠배의 뛰여난 연기는 자연히 청조 황실, 귀족과 대신들의 관심을 끌었다. 그는 경상적으로 황궁, 왕부 혹은 대신들의 집에 가서 연극을 공연하였다. 한번은 담흠배가 황궁에 가서 공연하게 되였는데 일이 있어 늦게 도착하였다. 자희태후(慈禧太后)는 굳은 표정을 지으며 말하였다. "내가 불러 공연하라는데 감히 늦을 수가 있는가! 정말 게으른 저팔계 같네. 너는 오늘 저팔계의 극을 연기하라!" 담흠배는 어쩔 수 없이 《저팔계도혼령(猪八戒盗魂铃)》을 연기할 수 밖에 없었다. 또 어느 한번 공연할 때는 협반대학사(协办大学士, 부재상에 해당함) 나동(那桐)이 그더러 한단락 더 추가 공연하라고 하였다. 담흠배는 원래부터 하기 싫었지만 또 감히 마주보고 거절하지 못하여 퉁담어린 어조로 진지하게 말하였다. "나더러 한번 더 공연하게 하려면 어르신이 나에게 문안을 하시오." 그는 직위가 높은 청나라의 고관인 나동이 대왕이나 패러(贝勒, 청조 귀족의 작명), 패자(贝子, 청조 귀족의 작명) 등 소수인에게만 하는 문안을 나와 같은 '광대'에게 하겠는가고 생각하였다. 담흠배의 연기를 미친 듯이 좋아하는 연극광인 나동은 이 말을 듣자마자 왼쪽 무릎을 굽히고 오른 손을 내밀며 "담주인께 문안을 드린다!"고 말하였는데 정말 뜻밖이였다. 난감해진 담흠배는 할 수 없이 한번 더 공연할 수 밖에 없었다. 이때로부터 연극계 사람들은 그에게 '담패러(谭贝勒)'라는 별명을 지어주었고 그를 또 '연극계대왕'이라고 불렀다.

　　원세개는 대총통으로 된 후 여전히 경상적으로 배우들을 총통부로 불러들여 연극을 보면서 한가한 시간을 보내였다. 어떤 연극을 하는가, 누가 어떤 배역을 하는가 하는 것들은 모두 그가 마음대로 지정하였다. 어느 한번은 담흠배더러 청년배우의 조연을 하라고 하였는데 담흠배가 하려 하지 않자 원세개의 큰아들 원극정(袁克定)이 갑자기 대노하면서 부하에게 명령하였다. "즉시 담흠배를 경찰청으로 넘겨 엄하게 처벌하도

록 하라!" 기타 배우들이 급히 다가가서 애걸하였고 또 지위가 있는 사람이 나서서 달래도록 하였다. 그제서야 원극정은 "자네들을 보아서 경찰청에 보내지는 않겠다. 그러나 담흠배를 꼭 혼내여 일년 동안 공연하지 못하게 하라."고 말하였다. 담흠배는 가족식구가 많았고 경제부담이 아주 컸다. 일년간 공연하지 않으면 온 가족이 무엇을 먹고 살겠는가? 그는 하는 수 없이 도처로 다니며 남에게 부탁하고 통사정을 해서야 겨우 무대에 올라 다시 공연할 수 있게 되였다.

　　이 사건은 당시 담흠배와 같은 명배우들이 제왕, 군벌, 관료들의 눈에는 그들에게 심심풀이를 제공하는 노리개 밖에 지나지 않는다는 것을 설명하였다.

중국 통사 이야기 중화민국

480
로서개의 강점을 반대하다

　1916년 10월 20일 저녁, 한무리의 프랑스 병사, 상인과 경찰관들이 천진 로서개(老西开) 해하일구(海河一区)의 중국경찰 거처에 와서 울타리를 부수고 실내에 뛰여들었다. 그들은 먼저 전화선을 절단하고 중국경찰에게 말하였다. "당신들 정부에서는 로서개를 프랑스 조계지에 편입시키는데 이미 동의했다. 당신들은 반드시 여기서 즉시 나가야 한다!" 중국경찰들은 "우리 나라 정부에서 이미 동의하였다면 어떤 증거가 있는가? 우리는 장관의 명령이 있어야만 이사할 것이다."고 쟁론하였다. 프랑스 병사들은 증거를 내놓지 못하고 성만 내면서 왁자지껄 떠들며 벌떼처럼 달려들어 중국경찰의 총대를 빼앗았다. 그리고는 9명의 경찰을 묶어서 프랑스 조계지 공부국(工部局)으로 끌고 가 구류시켰다. 그들의 침구, 옷과 일상용품도 가져갔다. 프랑스 침략자는 이렇게 로서개를 강점하였다.

　일찍 청조 함풍(咸丰) 10년(기원 1860년)에 천진이 개항장으로 개방된 후 프랑스 침략자들은 천진 해하 서안에 조계지를 개척하였다. 프랑스 조계지는 처음에 동쪽 해하에서 시작하여 서쪽으로 해대도(海大道, 지금의 대고로)에 이르기까지 360무를 차지하였다. 의화단운동 기간에 그들은 기회를 타 조계지를 장자하(墙子河)까지 확장시켜 1,740무의

지반을 차지하였으나 그들은 여전히 만족해하지 않고 프랑스 조계지와 접근한 로서개도 강점해버렸다. 그들은 먼저 여기에 토지를 구매하여 교회를 세우고 후에는 놀랍게도 제멋대로 조계지 경찰서를 설치하였다. 1916년 10월에 이르러 그들은 북양군벌정부에 각서를 보내 중국경찰이 철수해 갈 것을 요구하였다. 이 목적에 달성하지 못하자 그들은 또 공공연히 로서개로 뛰여든 것이다.

"프랑스인이 로서개를 점령하였다!"는 소식이 천진시에 신속히 전해졌고 천진 시민들을 놀래웠다. 그들은 수십년 전 망해루(望海楼)를 불태우던 투쟁장면을 잊을 수 없었고 쌓이고 쌓인 원한이 울컥 치솟았다. 거리에는 시위 대오가 나타났고 항의의 함성이 여기저기에서 터져나왔다. 사람들은 약속이나 한 듯이 북마로(北马路) 상무총회에 모여들어 '국권국토유지회(维持国权国土会)'가 즉시 회의를 열고 대책을 강구할 것을 요구하였다.

회의에서 회장 변월정(卞月庭)이 먼저 프랑스가 로서개를 강점한 경과를 보고하였다. 뒤이어 애국 인사 류준경(刘俊卿)이 무대에 올라 연설하였다. 그는 "프랑스인이 중국땅에서 중국경찰을 구류한 것은 우리 나라에 대한 막대한 모욕이다. 그들은 우리를 망국노 대하듯 하는데 절대로 용납할 수 없다. 우리들은 먼저 정부에서 나서서 교섭할 것을 요구한다. 만약 교섭이 무효라면 목숨을 걸고 견결히 침략자와 끝까지 싸울 것이다!"라고 말하였다. 무대 아래 사람들은 벌써 실성통곡하였고 모두가 목숨을 걸고 조국의 존엄을 수호하겠다고 표시하였다. 사람들은 즉시 성공서(省公署), 교섭서(交涉署)와 의회에 가서 청원하기로 결정하였다.

청원하러 가는 길에서 사람들은 팔을 휘두르며 높은 소리로 "프랑스의 로서개 강점을 반대한다!" "중국경찰 구류를 반대한다!" "중국에 대한 모욕을 반대한다!"는 구호를 웨쳤다. 연도의 많은 대중들이 자동적으로 대오에 가입하였다. 수천명의 청원대오가 성공서에 도착하자 성장 주가보(朱家宝)가 나와 접견하였다. 인민대중들의 울부짖는 소리가 천지를 뒤흔드는 것을 목격한 그는 "민중의 의견을 꼭 중앙정부에 반영하고 목숨을 걸고 힘을 다할 것이다."고 말할 수 밖에 없었다. 대중들은 또 교섭원 왕린각(王麟閣)을 찾아갔다. 왕린각은 청원대중들을 성의회로 데리고 갔고 그들 앞에서 "나도 목숨을 걸고 힘을 다하겠다."고 선포하였다. 성의회에서는 긴급회의를 소집하고 대표를 파견하여 '국권국토유지회'의 4명 대표와 함께 북경에 가서 중앙정부와 국회와 협상할 것을 결정하였다.

대표들이 출발한 후 천진 각계는 상무총회에서 회의를 열고 프랑스은행의 지폐를 사용하지 않기로 결정하고 프랑스 제품을 배척하며 정부에서 프랑스에 전보를 보내여 중국주재 프랑스공사와 천진주재 프랑스령사를 바꿀 것을 요구하였다. 잇따라 또 남시(南市) 대무대에서 공민대회를 소집하였다. 대회에서는 전국에 통전을 내여 천진 대중의 투쟁을 성원하고 프랑스와의 무역을 단절하고 프랑스가 중국인 로동자를 모집하는 것을 허락하지 않으며 누가 감히 프랑스 침략자를 위해 정탐으로 된다면 엄하게 처벌할 것을 제기하였다.

얼마 후 대리 외교총장 하이정(夏诒霆)이 천진에 왔다. 대중들은 '국권국토유지회'의 왕백진(王伯辰), 양효림(杨晓林) 등을 대표로 파견하여 하이정을 만나도록 하였다. 대표들은 하이정을 만나 당면에서 프랑스와의 교섭 상황과 그 개인의 태도를 물었다. 하이정은 벼슬아치 티를 내며 빈말만 잔뜩 하였다. 급해난 대표들은 그에게 단도직입적으로 물었다. "당신은 구경 교섭을 하겠는가 하지 않겠는가? 어떤 목적에 달성하려고 하는가?" 뜻밖에 하이정은 오만하게 "힘껏 대처하면 되지 않는가. 만약 해낼 수 없다면 하지 않는 것이 좋을 것이고 목적 같은 것은 없다."고 말하였다.

천진의 대중들은 대표들이 전달한 하이정과의 회견 상황을 듣고 격분하여 이를 갈았고 많은 사람들이 즉시 교섭서에 와서 하이정을 찾아 도리를 따지였다. 하이정은 교섭서의 계단에 서서 대중들에게 "당신들은 소란을 피우지 마시오. 정부에서 곧 방법을 강구할 것이오."라고 말하였다. 대중들은 큰소리로 질문하였다. "이 사건은 당신이 외교총장을 대리하는 직책인데 어떻게 할 타산인가?" 하이정은 계속하여 "내가 해낼 중화민국 중국 통사 이야기

수 있으면 하고 해낼 수 없으면 하지 않겠다."고 말하였다. 교섭서 위원 왕량신(王良臣)은 "로서개사건을 처리하는 것은 관리들의 일인데 당신네 백성들이 뭘 어떻게 하겠는가?"고 불난 집에 부채질하였다. 대중들은 더는 화를 참지 못하고 "쳐라!" 하는 함성과 함께 달려들어 왕량신을 호되게 두들겨 패려 하였다. 왕린각이 급히 엄호하여 왕량신은 하이정과 함께 벽을 뛰여넘어 도망쳤다. 하이정은 뺑소니쳐 북경으로 돌아갔고 왕량신은 조계지로 도망쳤다. 대중들은 교섭서에 밀려들어가 그들을 찾았지만 찾아내지 못하자 객실의 문, 창문과 장식을 때려 부수었다. 왕린각은 민분을 평정하기 위해 왕량신을 해고시키고 체포하여 징벌하겠다고 선포하였다. 천진 대중들은 또 총통부와 국무원에 전보를 보내 하이정 등이 프랑스와 교섭하지 않고 대중을 압제하는 죄행을 폭로하였다. 북양정부는 보다 큰 동란을 야기시킬가봐 두려워 그들의 직무를 해임하는 수 밖에 없었다.

대중들은 북양정부에 의거하여 로서개를 회수한다는 것은 불가능한 일이라는 것을 알게 되였다. 한차례 대규모적인 반프랑스 애국운동이 시작되였다. 프한(法汉)학교의 학생들이 먼저 동맹휴학을 하고 포고를 내였다. "프랑스인이 꾸린 우리 학교는 로서개에 있다. 지금 프랑스가 로서개를 강점하였으므로 우리는 이 끔찍한 곳에 오는 것을 참을 수 없고 더는 적들의 교육을 받고 싶지 않다." 학생들이 학교를 떠난 후 천진 공민대회에서는 상무총회 회장 변월정 등을 추대하여 중프(中法)학교를 세웠는데 동맹휴학한 애국학생들을 모집하여 면비로 학교에 오게 하였다. 련이어 로서개의 기타 학교들에서도 "프랑스인이 로서개를 강점한 것에 대해 혈기있는 중국인이라면 다 몹시 분노한다. 우리도 교실에 조용히 앉아있을 수 없어 동맹휴학을 결정한다. 이 땅 우에서 절대로 프랑스침략자와 병립하지 않겠다."는 통지를 발포하였다.

이때 로동자들도 일떠나섰다. 젊은 로동계급은 평소 프랑스 침략자의 잔혹한 압박과 착취를 당하여 일찍부터 가슴속에 가득찬 분노를 품고 소규모적인 투쟁을 수없이 전개하여 왔다. 로서개사건이 발생한 후 그들은 의분에 차 분분히 파업을 단행하였다. 전등(电灯)회사의 로동자

중국통사 이야기 | 중화민국

파업은 조계지를 암흑하게 만들었다. 프랑스인이 창설한 의품(仪品)회사, 의선실업제철공장(义善实业铁厂), 보리(溥利)자동차공장 등 상점, 기업들이 중국 로동자들의 파업으로 영업이 정지되였다. 프랑스인이 경영하는 려관, 밥점에서 일하는 사람과 프랑스인을 위해 복무하는 마차부, 료리사, 청소부와 가내의 하녀들도 더는 그들을 시중들지 않겠다고 표시하고 전체가 파업하였다. 침략자들은 조계지에 숨어서 불안하여 밥도 먹을 수 없고 잠도 잘 수 없어 하루도 지탱하기 어려웠다. 밤에 전등을 켜기 위해 그들은 웰남 병사를 시켜 발전하게 하였다. 프랑스인이 천진에 데려온 웰남 병사들은 발전기를 조작할 줄 몰랐기에 전구를 밝히지 못하였을 뿐더러 여럿이 감전되여 죽었다. 급해난 프랑스 침략자는 매달 200원의 높은 로임으로 발전기 조작공을 고용한다는 포고를 내붙였으나 한사람도 응하지 않았다. 모집을 못하자 그들은 또 영국 전등회사에 가서 중국 장인을 차용하려 하였으나 누구도 가려고 하지 않았다. 프랑스인은 파업에 참가한 한 녀공에게 "매달 로임을 40원 올려주겠으니 남아달라."고 하였다. 이에 녀공은 쓴웃음을 지으며 "우리 경찰을 구류하고 우리 땅을 점령하고 중국을 가치없게 보는 너희들을 위해 우리는 견결히 일하지 않을 것이다. 40원이 아니라 400원을 준대도 나는 하지 않는다." 고 태연하게 말하였다.

얼마 후 조계지내의 중국 주민, 상점과 파업로동자들이 분분히 조계지에서 나왔다. 조계지 밖의 대중들은 집세를 내려주고 생활이 곤난한 사람에게 식품, 의복 및 기부금을 증여해주고 새로운 일자리를 소개해주며 열정적으로 지지해주었다. 파업로동자들은 진일보로 공단(工团), 애국단(爱国团), 보위사(保卫社) 등 단체를 조직하였다. 천진 인민이 로서개의 강점을 반대하는 투쟁은 절정에 달하였다.

천진 인민의 반제투쟁은 전국 인민의 지지를 받았다. 북경 시민은 공민대회를 열고 정부에서 기한내에 프랑스와 교섭하고 각 성에 전보를 보내 프랑스 제품을 배척하고 중국 로동자를 모집하는 것을 중지할 것을 요구하는 한편 즉석에서 기부금 5,000원을 천진 인민에게 지원하였다. 북경 프랑스신문, 프랑스은행, 프랑스사관의 중국 로동자들도 파업을 거행하였다. 전국 각지의 로동자들은 대량의 물자와 현금을 모아 천진 프랑스 조계지의 로동자들을 지원하였다.

북양정부는 비록 매국정책을 시행하였지만 로서개를 공개적으로 감히 팔아먹지 못하였다. 결국에는 영국공사 주르덴(朱尔典)의 조정하에 쌍방은 로서개가 프랑스 강점 전의 상태를 유지하고 중국과 프랑스가 공동으로 관리한다고 결정하였다.

천진 인민의 투쟁은 일정한 승리를 이룩하였다. 투쟁 가운데서의 로동자들의 관건적인 작용은 중국 로동계급이 정치무대에 등장하여 참신한 자태로 나타나기 시작하였다는 것을 설명하였다.

481

신문화운동

　신구 세력의 투쟁 속에서 일부 사상이 선진적인 지식분자들도 중국의 전도가 도대체 어디에 있는지 응당히 어느 길로 가야 하는지를 적극적으로 탐색하였다. 신해혁명은 중국으로 하여금 제국주의 침략과 봉건주의의 통치에서 벗어나게 하지 못하였고 북양군벌은 또 전국을 혼전 속에 빠져들게 하였다. 한순간 봉건복고사상이 전 사회에 넘쳐났다. 마치 봉건시대의 모든 것이 좋아보였다. 이런 부패한 사상이 사람들의 령혼에 독을 끼쳤고 정신적으로 사람들의 해방을 속박하였다.

　바로 봉건사상이 마구 만연할 때 1915년 9월에《청년》이란 잡지가 상해에서 출판되었다. 1년 후《신청년》이라고 이름을 고쳤다. 암흑 속의 한줄기 불빛처럼《신청년》은 참신한 면모와 용맹한 자태로 낡은 사상의 속박을 타파하였고 낡은 습속에 얽매이는 부패한 사조에 향하여 진공을 발동하였다. 이로부터 한차례 력사적 의의가 있는 신문화운동이 시작되였다.

　초기 신문화운동은 주로 민주와 과학을 제창하였다. 민주를 요구하고 봉건적인 낡은 례교와 낡은 도덕을 반대하고 군주전제와 군벌정치를 반대하며 과학을 선전하고 미신을 맹종하는 것을 반대하고 우상숭배를 반대하며 문학혁명을 주장하여 신문학과 백화문을 제창하고 구문학(旧

文学)과 교조적인 팔고(八股)를 반대하였다.

　《신청년》을 창간한 진독수(陈独秀)는 안휘 회녕(怀宁)사람으로 청나라의 수재로 있었다. 후에 그는 신해혁명에 참가하였고 '2차혁명' 후에는 일본에 망명하였다가 1915년에 귀국하였다. 이 시기의 진독수는 이미 매우 급진적인 민주주의자로 되였다. 그는 《청년》잡지 제1권 제1기의 발간사 〈청년들에게 삼가 고하노라〉는 글에서 중국사회는 도처에 암흑으로 충만되였는바 우선 각성하고 용감하게 분투하는 청년들이 반드시 복잡한 문제를 명쾌하게 처리하는 정신으로 낡고 부패한 사상과 결렬해야만 중국사회의 전진을 추동할 수 있다고 썼다. 이런 사상은 당시 사람들을 깨우쳐주는 작용이 있었기에 《신청년》은 출판되자마자 진보적인 청년들의 좋은 스승과 유익한 친구로 되여 열렬한 환영을 받았다. 그러나 반동파들은 그것을 홍수와 맹수로 보면서 '사설(邪说)', '괴물'이라고 하였으며 례법을 파괴하고 문학을 파괴하고 정치를 파괴하는 등 죄상을 렬거하면서 공격을 가하였다.

　반동파들의 공격에 대처하여 진독수는 도리가 있게, 유력하게 답변을 하였다. 그는 "너희들이 렬거한 이런 '죄상'을 우리는 조금도 숨기지 않고 다 승인한다. 우리가 '죄를 범한 것은' 민주와 과학을 옹호했기 때문이다. 우리는 지금 오직 민주와 과학만이 중국을 구할 수 있고 오직 민주와 과학만이 정치상, 도덕상, 사상상, 학술상에서의 중국의 암흑한 상황을 개변시킬 수 있다고 굳게 믿는다. 민주와 과학을 옹호한 것으로 하여 너희들에게 공격을 받는다면 우리는 자랑스럽게 여긴다. 이것으로 하여 피를 흘리고 목이 떨어져도 우리는 절대로 거절하지 않는다." 민주와 과학을 제창하기 위해 《신청년》은 집중하여 공자학설을 비판하였다. 이 때로부터 "공가점을 타도하자", "더선생, 사이선생을 환영한다."('민주'의 영문 역음은 '데모크라스'이고 '과학'의 영문 역음은 '사이언스'이다)는 구호가 전국에 퍼지였다. 《신청년》은 후에 진독수와 리대소(李大钊), 호적(胡适) 등 사람들이 돌아가면서 주필을 잡았는데 신사상, 신문화를 선전하는 운동 가운데서 아주 큰 작용을 일으켰다. 그들의 주위에는 진보를 절박히 요구하고 중국의 현상태를 개변시킬 것을 요구하는 지식분자들이 아주 빨리 모여들었다.

　　1917년 11월 7일에 로씨야에서 10월혁명이 폭발하였다. 레닌과 볼쉐비크(布尔什维克)가 령도한 이 혁명은 로동계급으로 하여금 국가의 주인으로 되게 하였고 전 세계를 진동하였다. 소식이 중국에 전해지자 많은 사람들이 놀랐는데 특별히 레닌이 령도한 쏘베트정부가 중국에 대한 불평등 조약을 페지한다고 선포한 소식은 중국 사람을 기쁘게 하였다. 손중산은 일찍 쏘베트정부와 레닌에게 전보를 보내 축하를 표시하였다. 그리고 제일 먼저 10월혁명의 의의를 인식한 사람은 리대소이다.

　　리대소는 하북 락정(乐亭)사람이고 자는 수상(守常)이다. 그는 일찍 일본에 류학하였고 후에 귀국하여 원세개를 반대하는 투쟁에 참가하였으며 간행물의 편집을 담임하였다. 그는 진독수와 친분을 맺고《신청년》의 편집을 주관하였으며 또 북경대학 교수와 도서관 주임을 담임하였다. 리대소는 중국인민에게 최초로 10월혁명을 소개하고 열정적으로 찬송한 사람이다. 1918년 7월에 그는〈프랑스와 로씨야혁명의 비교관〉을 발표하여 로씨야혁명과 프랑스혁명의 부동한 성질을 지적하고 그것이 20세기에 대해 심원한 영향을 산생시킨다는 것을 예언하였다. 11월에 그는 또〈서민의 승리〉와〈볼쉐비즘의 승리〉두편의 저명한 문장을 발표하여

10월혁명의 위대한 승리를 열정적으로 구가하였다. 그는 이 혁명이 '세계 신문명의 서광'이라고 환호하였고 중국과 북경에서도 "마치 한줄기 서광을 나누어 받은 듯하였다."고 하였다. 그는 "보라, 장래의 세계는 반드시 붉은기의 세계로 될 것이다."고 자신만만하게 말하였다.

　　10월혁명의 승리는 중국에 맑스주의를 신속하게 전파시켰다. 이전에 맑스와 그의 저작들이 이미 중국에 소개되여왔지만 계통적이지 못하였고 소량적이고 단편적이여서 중시를 받지 못하였다. 지금 맑스주의의 지도하에서 로씨야 10월혁명이 승리하였고 선진적인 중국 사람들이 맑스주의를 접수하기 시작하였다. 리대소가 바로 제일 먼저 자발적으로 맑스주의를 전파한 지식분자이다. 1918년 겨울에 그는 북경대학에서 '맑스학설연구회'를 조직하여 부분적 교수들과 함께 맑스주의를 연구하고 선전하였다. 동시에 그는 또 진독수와 함께 《매주평론(每周评论)》을 창간하여 맑스주의를 소개하고 선전하는 문장을 게재하였다.

　　저명한 학자 호적도 신문화운동에 참가하였고 문학개혁을 제창하고 사람들이 일상 생활 속에서 사용하는 통속적인 언어로 습작할 것을 주장하였다. 그러나 그는 제국주의를 반대하는 사상이 없었기 때문에 비록 백화문과 현대시가의 습작과 소설 고증 등 면에서 일부 성과를 이룩하였지만 신문화운동이 앞으로 발전할 때 특별히 맑스주의를 선전할 때 그는 소극적으로 변하였다.

　　선진적인 지식분자들이 사상전선에서 낡은 사상의 속박을 타파함으로써 전국의 지식계에 새로운 기상이 나타났고 문학전선에서도 새로운 성적을 이룩하였다. 문학가 로신은 1918년 5월에 중국의 첫 현대백화소설《광인일기(狂人日记)》를 발표하였다.

　　로신(鲁迅)은 절강 소흥(绍兴)사람으로서 원명은 주수인(周树人)이며 자는 예재(豫才)이다. 청나라 광서 28년(기원 1902년)에 그는 일본에 가서 의학을 배워 의학으로 고통 속에 허덕이는 동포들을 구출하고 나아가 자기의 조국을 구하려고 하였다. 일본 센다이(仙台) 의학전문학교에서 공부할 때 어느 하루 교실에서 시사(时事)환등을 방영하였다. 일로전쟁기간 로씨야군대의 정탐으로 된 한 중국인이 일본군대에 잡혀 살해된 것을 방영하였다. 이 중국 사람을 살해할 때 많은 중국 사람들이 둘러서서 아무런 느낌없이 바라보고만 있었다. 이 사건은 로신에게 자극이 아주 컸다. 그는 둘러싸고 구경하던 사람들 모두가 체격이 건장한데 무엇 때문에 자기의 동포가 살해되는 것을 보고도 감각이 없이 와자지껄하기만 하는가고 생각하였다. 사상각오가 없이 건장한 신체만 있어서는 중국을 구할 수 없다는 것을 볼 수 있었다. 중국을 구하려면 중국인의 사상상의 병을 먼저 치료해야 한다. 그리하여 그는 의학공부를 멈추고 문학활동에 종사하여 문학이란 무기로 중국인의 정신면모를 치료하고 개변시키며 암흑통치에 대한 인민들의 반항을 불러일으키겠다고 결심하였다. 얼마 지나지 않아《광인일기》가 발표되었다.

《광인일기》가운데의 '나'는 정신병을 앓고 있는 '광인'이다. 그가 '발광'하는 원인은 고구(古久)선생의 오랜 낡은 장부(봉건제도를 암시함)를 차버린 연고로 통치계급에게 '미치광이', '광인'으로 보여 감시당하기 때문이였다. 그는 주위 환경과 사람에 대하여 자세히 관찰하고 반복적으로 생각해본 결과 사람들이 그의 자유를 견제하는 것은 그를 '잡아먹기' 위해서일 뿐만 아니라 수천년래의 중국 봉건사회가 바로 사람이 사람을 잡아먹는 사회이기 때문이라는 것을 깨닫게 되였다. 그는 이렇게 말하였다.

　　내가 력사를 찾아 뒤져보니 이 력사는 년대가 적혀있지 않고 페지마다 '인의도덕'이라는 몇자가 삐뚤삐뚤하게 씌여져있었다. 나는 아무리 애써도 잠이 들지 못했는데 한밤중까지 자세히 뜯어보아서야 글틈에 쓰인 '식인'이란 두 글자가 온 책에 가득 박혀있는 것을 보아냈다!

"사람이 사람을 잡아먹는다"는 것은 사람을 잡아먹는 사람과 사람에게 잡혀 먹히는 사람이 있다는 것이다. 로신이 말하는 사람을 잡아먹는 사람은 착취자, 통치계급이고 사람에게 잡아먹히는 사람은 피착취자, 피통치계급이다. 그는 또 '광인'의 입을 빌어 "장래는 사람을 잡아먹는 사람을 용납할 수 없을 것이다."고 긍정적으로 말하였다. 즉 착취계급은 반드시 소멸된다는 것이다. 동시에 또 "아이들을 구하라"고 부르짖어 희망을 다음 세대에 기탁하였다.

《광인일기》는 봉건사회와 봉건례교에 대한 설명서이고 고소장이며 선전서와 비판서이기도 하다. 그 후 로신은 내용이 풍부하고 인물형상이 감동적인 많은 소설을 썼을 뿐만 아니라 전투성을 부여한 잡문도 적지 않게 써서 예봉을 봉건군벌과 반동파에게로 돌렸다.

신문화운동은 사람들의 사상해방을 촉진하였다. 이는 중국력사상에서 전례없는 위대한 의의를 가진다. 이로부터 일반 민중들은 자기의 길을 선택하고 자기의 주장을 발표하는 권리를 갖게 되였으며 수천년간 사람들의 사상을 속박하던 봉건의식에 큰 돌파구가 뚫린 것이다. 소수인이 국가운명을 주재하던 현상은 이미 인심을 얻지 못하게 되였고 인민대중의 힘은 화산이 폭발하듯 그 위대한 작용을 과시하였다. 멀지 않아 발생한 5.4운동은 이 점을 실증하였다.

중국 통사 이야기 중화민국

482

5.4운동

　1919년에 우리 나라에서는 중대한 전환이 일어났다. 이 해에 5.4애국운동이 폭발하였다. '5.4'운동 전에 흥기한 신문화운동은 이 위대한 사건을 위하여 사상적 기초를 마련하였다. 5.4운동의 도화선은 제국주의렬강들이 장물을 나누는 회의——빠리평화회의였다.

　1914년 가을에 제1차세계대전이 구라파에서 폭발하여 영국, 프랑스, 독일, 로씨야 등 나라들이 서로 싸우느라 중국의 일에 돌볼 겨를이 없게 되자 동방의 일본은 이 기회를 타서 중국에 대한 침략을 다그쳤다. 일본은 독일에 선전포고를 하였다는 것을 구실로 군사를 파견하여 독일 통제하에서의 교제(胶济)철도 연선 지구와 청도를 강점하였다. 산동 인민의 앞문으로 독일이라는 승냥이가 지나가자 뒤문으로 일본이라는 범이 찾아들었다.

　당시의 대총통 원세개는 산동에서의 일본의 확장에 대하여 몇부의 서면 항의를 보냈을 뿐이다. 일본은 그의 항의를 근본적으로 안중에 두지 않았고 또 북경정부에 악명높은 '21개조'를 제출하였는데 원세개가 접수하였다. 중국정부를 대표하여 일본과 담판한 것은 외교차장 조여림이였다. 1917년 8월에 친일파인 단기서정부가 일본제국주의의 교사(唆使)하에 독일에 대하여 선전포고를 내는 한편 비밀리에 일본에서 수억엔

을 차관하였다. 일본은 이 기회에 또 산동을 독점하는 〈산동선후협정〉을 제출하는 것을 차관의 조건으로 하였다. 단기서는 일본 주재 공사 장종상(章宗祥)을 파견하여 일본측과 담판을 하게 하였다. 장종상도 친일분자로서 뜻밖에 일본인의 분부에 따라 일본측에 보내는 각서에 '흔연동의(欣然同意)'라는 네글자를 씀으로써 화근을 심어놓았다.

1919년 1월, 제1차세계대전이 결속된 후 영국, 미국, 프랑스, 일본 등 27개 전승국들이 빠리에서 전패국에 대한 협약회의를 소집하였다. 중국도 '전승국'의 신분으로 대표를 파견하였고 우리 나라 산동에서의 독일의 모든 특권을 회수할 것을 제출하였다. 그러나 제국주의렬강들은 중국을 무시하여 중국의 요구는 거들떠보지도 않았고 도리여 전패국 독일의 산동에서의 모든 특권을 "모두 일본이 획득하고 계속하여 그들의 소유로 한다."고 결정하였다. 이런 주권을 상실한 치욕스러운 조약에 대하여 우매한 북양군벌정부는 뜻밖에도 중국 대표에게 밀령을 내려 서명을 준비하라고 하였다.

이 소식이 국내에 전해지자 전국 인민을 놀래웠고 이미 각성한 청년 지식분자들이 먼저 항의의 물결을 일으켰다.

5월 3일 저녁, 북경 여러 학교의 학생대표들이 북경대학(지금의 북경사탄홍루, 沙滩红楼)에서 회의를 열고 5월 7일에 국치기념회(5월 7일은 1915년에 일본이 '21개조'의 최후 통첩을 발포한 날)의 거행을 준비하였다. 빠리평화회의에서 중국 대표가 서명하려 한다는 소식은 학생 대표들을 더욱 분개하게 하였고 모두가 일치하게 3일을 앞당겨 바로 이튿날―5월 4일에 천안문 앞에서 시위행진을 거행하기로 결정하였다.

5월 4일은 일요일이였다. 오후 2시가 넘어 북경대학 등 십여개 학교의 3,000여명 학생이 천안문 앞에 모였다. 학생들은 "필사적으로 청도를 되찾자", "산동을 반환하라", "매국역적 조여림, 장종상, 륙종여(陆宗舆)를 타도하자"(조여림, 장종상, 륙종여는 '21개조'를 체결할 때 일본 주재 공사임) 등 표어를 높이 추켜들었다. 어떤 사람은 연설을 하고 어떤 사람은 구호를 웨치고 어떤 사람은 삐라를 뿌리였다. 삐라에는 "중국의 땅은 정복당할 수는 있어도 내줄 수는 없다. 중국 인민은 죽일 수는 있어도 굴복시킬 수는 없다!"라는 글이 씌여져 있었다. 전국 동포들에게 떨쳐 일어나 "밖으로는 국가주권을 찾고 안으로는 매국역적을 제거하자!"고 호소하였다. 그들은 "중국의 존망이 달려있다!", "동포들아, 일어나라!"고 대성질호하였다.

학생들의 행동은 오가는 많은 행인들을 흡인하였고 서울의 정부와 민간 각 계층을 놀라게 하였다. 북양정부는 군경을 파견하여 '권고', '경고'하면서 시위를 못하게 하였지만 학생들은 거들떠보지도 않았다.

2시 45분, 시위대오가 남으로 동교민항(东交民巷)에 이르러 여러 나라 사관에 〈의견진술서〉를 넘겨주어 서방 국가들이 '정의를 지지'해주기를 기대하였다. 그런데 뜻밖에도 조계지 경찰들이 막아나섰다. 대중의 감정은 더욱 격분되어 매국역적을 찾아가 심문하기로 하였다. 시위대오는 호호탕탕하게 왕부정(王府井), 동단(东单)을 지나 곧추 조여림이 살고 있는 동성(东城) 조가루(赵家楼)로 향하였다.

조여림 주택의 검은 대문은 꼭 닫겨져 있었다. 시위에 나선 학생들은 분노를 참지 못하였다. 몇명 용감한 학생들이 높은 담장을 뛰여넘어 안에서 대문을 열자 모두가 한꺼번에 밀려들어갔다. 조여림은 정세가 불리하다는 것을 알고 뒤문으로 도망쳤다. 마침 장종상이 조여림의 집에 놀러 왔는데 학생들이 그를 발견하고 객실에 달려들어가 두들겨 패고 이어 조가루에 불을 놓았다. 줄곧 학생들의 뒤를 따르던 군경들이 조여림의 집에 불난 틈을 타서 시위대오의 뒤에 선 32명의 학생과 시민들을 체포하였다.

북경 학생들의 애국운동은 신속히 전국에 파급되였다. 천진, 상해, 한구, 서안, 제남 등 지구의 학생들도 동맹휴학을 하고 시위를 단행하였다. 6월 3일 이후 상해의 로동자들이 파업을 하고 상인들은 철시를 하였다. 각지에서도 륙속 호응하여 한차례 보다 큰 규모의 항의활동이 전국에서 전개되였다.

6월 상순에 각 성의 학생 대표와 북경의 학생 대표들은 북경대학 홍루에서 회의를 열고 총통부에 가서 청원하기로 결정하였다. 그날 오전, 2만여명의 대학생, 중학생들이 신화문 앞에 모여 구호를 웨치면서 당시

의 총통 서세창이 접견할 것을 요구하였다. 서세창은 본래 청나라의 유신으로서 줄곧 '문치(文治)'로 자기를 표방하였는데 이 정세를 보고는 감히 나서지도 못하고 급히 경찰총감을 파견하여 "총통이 없으니 청원서를 놓고 돌아가서 휴식하라!"고 하였다.

학생들은 믿지 않았고 "총통을 만나지 못한다면 절대 학교로 돌아가지 않겠다!"고 높이 웨쳤다. 날은 어두워졌지만 사람들은 갈수록 많아졌고 인력거를 끄는 일부 로동자들도 돈을 내여 구운 빵과 차물을 사서 학생들을 위문하였다.

서세창은 마지못해 그제서야 10명의 대표를 파견하도록 말을 전하였다. 이리하여 북경대학의 단석붕(段錫朋), 서안 성덕(成德)중학교의 굴무(屈武) 등이 대표로 선발되여 중남해 근정전(勤政殿)에 들어가 서세창을 만났다. 북경대학 대표가 먼저 말하였다. 그는 빠리평화회의에서 서명하는 것을 거절하고 매국역적을 징벌하고 체포한 학생들을 석방할 것을 요구하였다. 서세창은 대인물의 틀거지를 차리고 "너희 학생들은 젊고 세상물정을 잘 모른다. 중국이 매우 약하기에 너무 성급하게 일을 처리하면 안된다. 많은 사람이 모여 소동을 일으키면 좋지 않으니 학생들은 공부를 잘하면 되고 국가의 대사는 자연히 정부에서 처리할 것이다."고 훈계하였다.

서세창의 말은 대표들의 불만을 자아냈다. 그들은 분분히 나서서 변론하고 반박하였다. 서세창은 눈을 가느스름하게 뜨고 전혀 무관심한 태도를 보였다. 섬서 대표 굴무는 격동되여 한걸음 나서서 눈물을 머금고 큰소리로 말하였다. "지금 국가가 멸망되여 가고 우리가 망국노로 되려고 합니다. 오늘은 청도를 잃고 래일은 산동을 잃으면 모레는 전 화북을 잃을 것입니다! 정부에서 우리의 요구를 접수하지 않는다면 우리는 목숨을 걸고 싸우겠습니다!" 말을 마친 그는 급히 달려가 머리를 벽에 들이박았다. 삽시에 온 얼굴이 피투성이 되였다. 대표들이 급기야 그를 부추겼고 자리에 있던 관원들은 놀라 아연실색하였다. 서세창은 벌떡 일어나 안방으로 들어갔다.

굴무가 총통부에서 피 흘린 소식이 신화문 밖에 전해지자 학생들의 감정이 극도로 격앙되였다. 그들은 총통부로 밀려들어가 서세창과 도리를 따지겠다고 하였다. 군경들이 급히 나서서 제지시키자 쌍방은 충돌이 일어났다. 순식간에 일이 점점 크게 번져갔다. 밤 한시가 넘어 서세창은 끝내 내무총장을 파견하여 학생들에게 "방금 긴급 내각회의를 열고 여러분의 요구를 접수하기로 결정하였다. 전보를 보내여 빠리평화회의의 대표에게 서명을 거절하라고 명령하였고 학생을 석방하기로 하고 조여림, 장종상, 류종여의 '사직'을 비준하였다."고 말하였다.

전국 인민들의 적극적인 참여와 상호 지지하에 5.4애국운동은 최후의 승리를 이룩하였다. 이것은 중국인민이 아편전쟁 이후 반제투쟁 가운데서 처음으로 이룩한 승리이다. 중국의 사회발전과정을 놓고 말할 때 이 애국운동은 사람들의 사상해방을 추동하였고 사람들의 투쟁신심을 증강시켰다. 5.4운동 이후 중국은 새로운 혁명단계에로 들어섰다.

483
중국공산당의 창건

　5.4운동 전후로 여러가지 새로운 사상, 신문화가 흥기됨에 따라 많은 청년들이 진리를 추구하는 열정에 고무되였고 구국의 길을 적극적으로 찾는 학습의 열조가 일어났다. 각지에서 적지 않은 우수한 인재들이 배출되여 나왔고 또 적지 않은 청년들이 프랑스 등 유럽국가에 가서 고학을 하였다. 그 시대에 한패의 청년지식분자들이 두각을 나타냈고 맑스주의를 접수하였다. 그들은 진독수, 리대소 등과 함께 최초의 공산주의자로 되었다. 그들은 간행물을 창간하고 혁명사상을 선전하였다. 리대소는 북경의《신보》에 '맑스연구'란 특별란을 개척하였고 진독수, 리달(李达)은 상해에서《공산당》월간을 창간하였고 모택동(毛泽东) 등은 호남에서《상강(湘江)평론》을 주최하였고 주은래(周恩来) 등은 천진에서 각오사(觉悟社)를 조직하고《각오》잡지를 편집하였다.

　맑스주의가 광범위하게 전파됨에 따라 1920년부터 1921년초에 이르기까지 중국의 첫 공산주의자들이 정당을 건립하는 준비사업을 시작하였다. 진독수와 리대소가 주요 조직자였다.

　1921년 7월 23일 저녁 8시, 중국공산당 제1차 전국대표대회가 상해 프랑스 조계지 망지로(望志路) 106호에서 소집되였다. 회의에 참가한 13명 대표로는 상해 대표 리달과 리한준(李汉俊), 북경 대표 장국도

(张国焘)와 류인정(刘仁静), 호남 대표 모택동과 하숙형(何叔衡), 호북 대표 동필무(董必武)와 진담추(陈潭秋), 산동 대표 왕진미(王烬美)와 등은명(邓恩铭), 광동 대표 진공박(陈公博)과 도꾜 대표 주불해(周佛海), 그리고 진독수의 대표 포혜승(包惠僧)이 있었다. 국제공산당 대표 마린(马林) 및 적색(赤色)직공 국제대표 니꼴스끼(尼科尔斯基)도 대회에 출석하였다.

대회가 7월 30일 저녁까지 열리였는데 갑자기 한 낯선 사람이 뛰여들어왔다가 총망히 퇴장하였다. 모두가 경계심을 갖고 즉시 휴회하고 자리를 떴다가 이튿날 아침 절강 가흥(嘉兴) 남호의 한 유람선에 옮겨 계속하였다. 대회에서는 당의 강령을 통과하고 당의 령도기구를 선거하고 진독수를 중앙국 서기로 선거하였다. 이때로부터 중국은 맑스주의를 지도사상으로 하는 한개 무산계급정당이 있게 되였다.

중국공산당은 창건되자 로동계급을 령도하여 제국주의와 봉건주의를 향하여 투쟁을 전개하였다. 1922년부터 1923년까지 각지에서 로동운동이 성세호대하게 일어났다.

향항(香港)의 중국 해원들이 먼저 대규모적인 파업투쟁을 일으켜 직접 영국식민주의 통치를 타격하였다. 향항이 영국의 식민지로 전락된 이후 중국 로동인민과 외국 통치자 사이에 심각한 모순이 존재하였다. 같은 해원이라도 중국 해원들은 대우가 낮고 로임이 적고 끊임없이 기시를 받았으나 백인 해원은 한층 우월하였다. 중국 해원들은 일찍부터 불만을 가지고 있었으므로 1922년 1월에 자본가의 착취압박을 반대하고 로임인상을 요구하는 파업을 거행하기로 결정하였다.

향항은 한개 작은 섬으로서 량식과 많은 일용품을 륜선에 의거하여 대륙에서 운반해와야 했다. 해원들이 파업하여 륜선운행이 정지되고 물자래원이 중단되면서 량식이 떨어지자 향항의 영국 당국은 즉시 당황해났다. 그들은 군사를 파견하여 해원공회에 대한 봉쇄를 강행하였고 6명의 로동자를 때려죽임으로써 로동자들을 핍박하여 다시 일을 시작하게 하였다. 이렇게 되자 내지의 해원들도 격노하였다. 그들은 분분히 일떠나 향항 해원을 성원하고 향항에 대하여 진일보 봉쇄를 실행하면서 이

식민지에 쌀 한톨 들어가지 못하게 하였다. 향항의 중국 해원들도 륙속 광주로 돌아왔다. 향항의 영국 당국은 방법이 없어 부득이 공회에서 제출한 조건을 접수하고 공회를 봉쇄한 명령도 취소하였다.

해원들의 투쟁은 승리하였다. 이것은 향항 해원들을 매우 기쁘게 하였을 뿐만 아니라 전국 로동자들로 하여금 자기의 력량을 느끼게 하였고 고무를 받게 하였다. 같은 해 5월 1일에 중국공산당의 령도하에서 제1차 전국로동대회가 광주에서 거행되고 전국 총공회의 성립을 계획하였다. 이때로부터 로동자들은 살길을 찾고 권익을 쟁취하기 위하여 투쟁의 고조를 일으켰다. 장신점(长辛店)철도로동자, 월한(粤汉)철도로동자, 안원(安源)철도광산로동자, 산해관(山海关)철도로동자, 개란(开滦)탄광로동자들이 잇따라 파업을 하였다.

전국 로동운동의 고조 속에서 경한철도(京汉铁路, 북경에서 한구까지)로동자들이 아주 활약하였다. 1923년 1월말, 전 구간의 각 역전에서 대표를 파견하여 정주(郑州)에서 회의를 열고 총공회의 성립을 준비하였다. 이 지구를 통제하고 있던 직계군벌 오패부는 소식을 듣고 즉시 금지령을 내렸다.

2월 1일에 300여명의 로동자 대표들이 붉은기를 들고 즐겁게 정주시 중심의 보락(普乐)극장으로 모여왔다. 바로 이곳에서 총공회 성립대회를 소집하는 것이였다. 갑자기 경적이 울리더니 시경찰국 국장이 령솔한 군경들이 총을 들고 극장을 포위하였고 각 길목을 지키면서 로동자 대표를 통과하지 못하게 하였다. 로동자 대표들은 아랑곳하지 않고 경찰의 봉쇄를 돌파하고 회장으로 들어갔다. 대회는 계획 대로 거행되여 경한철도총공회의 성립을 선고하였다.

오패부는 화가 나서 즉시 대량의 군경을 파견하여 극장에 뛰여들어 회장과 공회사무소를 때려 부수었다. 군경들은 축하편액과 붉은기를 거리바닥에 버렸고 대표들의 거주지도 차압하였다. 소식은 아주 빨리 경한철도의 전 구간에 퍼지였다. 로동자들은 극도로 분노하였다. "우리는 자유를 요구한다! 우리는 인권을 요구한다!" 총공회는 로동자들의 마음의 소리를 웨치였다. 2월 4일부터 시작하여 전 구간의 로동자들이 파업을 실행하고 군벌의 박해에 항의하였다. 정주의 회의장소가 파괴되자 총공회는 한구(汉口) 부근의 강안에 옮겨와 사무를 보았다.

경한철도는 전국 철도의 대동맥이며 오패부가 생존하는 생명의 근원이기도 하였다. 로동자들이 파업을 하였기에 철도운영이 정지되였다. 하루만 정지되더라도 그 손실을 예측할 수 없는데 며칠만 더 정지되면 돈줄이 끊어지는 것이 아닌가? 오패부는 몹시 허둥거리며 호북 독군 소요남(萧耀南)에게 령을 내려 진압하라고 하였다. 이리하여 류혈참안이 발생하였다.

2월 7일 오후 5시, 강안역의 로동자파업지휘부는 두개 대대의 군경이 세갈래로 나뉘여 강안으로 접근해오고 있어 로동자들의 처지가 매우 위험하다는 보고를 받았다. 경한철도총공회 강안분회 위원장 림상겸(林祥谦)은 과감하게 로동자규찰대를 지휘하여 방위를 준비하였다. 이때 총성이 크게 울리며 군경들이 이미 충격해왔다. 규찰대로동자들은 조금도 두려워하는 기색이 없이 몽둥이, 철봉을 들고 맞받아 나가 군경들과 박투를 벌이였다. 군경들은 수중의 무기를 믿고 로동자들에게 무자비하게 덮치였다. 순간 강안에 참상이 벌어졌다. 어떤 로동자는 총에 맞아 쓰러지고 어떤 로동자는 피투성이가 되였다. 40여명의 로동자들이 당장에서 희생되고 300여명이 부상당하였다. 군경이 덮쳐들어 70여명의 로동자들을 붙잡았는데 그 속에 림상겸도 있었다.

날이 저물어가고 찬바람이 살을 에이였다. 림상겸 등 로동자들은 강안역 플래트홈의 전선대에 묶이워 있었다. 한구진 수사서(汉口镇守使署) 참모장 장후생(张厚生)은 손에 군도를 들고 림상겸의 곁으로 가 랭소를 지으며 말하였다. "림상겸, 고통스럽겠소!" 림상겸은 쌀쌀하게 그를 바라보았다. 장후생은 "작업회복명령만 내리면 아무 일도 없을 것이요." 하고 말하였다. 림상겸이 여전히 말이 없자 그는 화가 나서 "대체 일을 다시 시작할 텐가 안할 텐가?"고 큰 소리로 물었다.

"안할 테다!" 림상겸은 결단성 있고 단호하게 말하였다. 장후생은 갑자기 군도를 휘둘러 그의 왼쪽 어깨를 내리 찍었는데 선혈이 즉시로 흘러나왔다. "일을 다시 시작할 텐가 안할 텐가?" 장후생은 또 련이어 몇

번 내리찍었다. 림상겸은 견결하게 대답하였다. "작업을 회복하자면 총공회의 명령이 있어야 한다. 명령이 없으면 절대로 할 수 없다!"

"네가 담이 굉장히 크구나!"

"내 머리가 잘리워도 작업은 회복할 수 없다!" 림상겸의 말은 견결하였다.

장후생은 명령을 내려 군경에게 림상겸에 대하여 잔혹한 수단을 쓰라고 하였다. 림상겸을 련이어 몇번 내리찍자 몸과 머리가 분리되였다. 로동계급의 우수한 아들이 영용하게 희생되였다.

2월 7일 이날, 경한철도의 기타 각 역전인 장신점, 정주, 주마점(驻马店), 신양(信阳), 광수(广水) 등지의 로동자들이 모두 군벌의 피비린 진압을 당하였다. '2.7참안'은 전국과 전 세계를 놀라게 하였다. 국내 각지의 로동자들은 분분히 집회를 하고 군벌의 폭행에 항의하였고 국제로동조직에서도 성명을 발표하여 경한철도로동자들의 투쟁을 성원하였다. 로동계급은 자기의 실제행동으로 손색이 없는 가장 투쟁성이 있는 대오라는 것을 증명하였다.

피의 교훈은 중국공산당으로 하여금 강대한 적들 앞에서 적수공권의 로동계급에만 의거해서는 혁명의 승리를 이룩할 수 없다는 것을 인식하게 하였다. 혁명자는 반드시 전국인민과 련합하고 기타 혁명정당과도 련합하여 통일전선을 결성해야 한다.

484

국민당의 재조직

당시의 정치무대에서 손중산이 령도한 국민당은 한개 실력있는 혁명 정당이였다. 그러나 내부에 아주 많은 결점이 존재하였기에 개변시키지 않으면 혁명의 중임을 감당할 수가 없었다.

손중산은 이로 하여 크게 번민하였다. 그것은 그의 혁명로정이 많은 곡절과 실패를 경과하였기 때문이였다. 1918년 5월, 제1차 호법투쟁이 실패한 후 그는 핍박에 광주를 떠나 상해로 와서 한면으로 책을 저술하여 주장을 내놓았고 다른 한면으로는 남북군벌의 동향을 주시하였다. 그리고 1919년 10월에 중화혁명당을 중국국민당으로 이름을 고치였다.

1920년 7월, 북방에서 직계와 환계 군벌 간의 전쟁이 폭발하였다. 광동을 지키던 계계군벌은 직계를 지지하면서 기회를 타 복건에 출병하여 그 곳을 지키던 월군(粤军)을 소멸하려고 하였다. 이 '월군'은 본래 1917년 손중산이 창건한 것인데 그의 오랜 부하 진형명(陈炯明)이 통솔하였다. 손중산은 월군에 대하여 큰 기대를 가지고 장래 북벌의 주력으로 삼으려 하였기에 줄곧 실력을 보존해왔다. 지금 계계가 쳐들어오자 손중산은 진형명더러 출병하여 적을 맞받아치라고 하였다. 진형명은 환계의 원조를 받아 순리롭게 싸워 계군을 격파하였을 뿐만 아니라 반격하여 광동을 되찾고 10월에 광주성을 점령하였다.

중화민국 중국 통사 이야기

　　손중산은 매우 기뻐하였고 즉시 상해를 떠나 광주에 도착하여 군정부를 새롭게 조직하였으며 제2차 호법투쟁을 시작하였다. 1921년 4월, 손중산은 비상 대총통직을 맡았다. 공을 세운 진형명은 손중산의 중용을 받아 군권을 장악하였다.

　　뜻밖에도 진형명은 야심만만한 사람으로 줄곧 량광(两广)을 할거하고 한 지방을 제패하는 군벌이 되려고 하였다. 그는 손중산의 북벌주장에 대하여 매우 큰 반감을 가지고 있었다. 손중산이 사처로 뛰여다니며 북벌군을 조직하고 친히 군사를 거느리고 북상을 준비하고 있을 때, 1922년 6월 16일에 진형명은 뜻밖에 반란을 발동하여 손중산을 살해하고 군사를 보유하여 자립하려 하였다. 손중산은 밤도와 도망쳐 '영풍'호(후에 '중산'호로 고침)군함에 올랐고 해상에서 50여일을 견지하였다. 그러나 반격할 힘이 없었기에 실망하여 다시 상해로 갈 수 밖에 없었다. 그를 가장 상심하게 한 것은 혁명대업을 망친 사람이 다름 아닌 자신이 손수 배양한 진형명이였다는 것이였다. 금후에 어떻게 할 것인가? 누구에게 의거하여 혁명할 것인가? 손중산은 사색에 잠겼다.

　　이때 중국공산당의 리대소가 그를 찾았고 국제공산당 대표 마린도 그를 찾았다. 그들은 손중산의 혁명정신에 대하여 탄복을 표시하는 한편 그에게 군벌에 의거하여 군벌을 치는 착오를 지적해주었고 국민당조직이 혼란하고 강령이 명확하지 못하며 작풍이 바르지 못한 결점도 지적해주었다. 손중산은 깊은 감동을 받았다. 그는 리대소와 늘 무릎을 맞대고 흉금을 터놓으며 침식마저 잊었다. 심사숙고를 거쳐 그는 공산당의 건의를 접수하여 량당의 합작을 환영하였다. 그는 혁명에서 성공을 이룩하려면 반드시 광대한 인민, 특히는 로농대중에 의거해야 하며 국제적으로도 쏘련처럼 진심으로 중국혁명을 지지하는 국가의 원조도 필요하다는 것을 인식하게 되였다. 손중산은 국민당을 재조직할 것을 결심하였다. 1923년 원단, 그는 〈중국국민당선언〉을 발표하여 혁명사업은 "민중들이 발기하고 민중들이 창립해야 한다."고 명확히 표시하였다.

　　같은 해 1월, 광주에 도사리고 있던 진형명은 전군(滇军)과 계군(桂军) 가운데의 일부분 혁명을 옹호하는 대오로부터 광주에서 쫓겨났다.

손중산은 재차 광주로 돌아와 대원수부를 건립하였다. 쏘련에서 파견한 고문 보로딘(鮑羅廷)도 광주로 왔고 많은 공산당원들도 남방의 이 요충지에 운집하여 광동은 혁명의 대본영으로 되였다. 11월에 손중산은 국민당을 재조직한다는 결정을 선포하였다. 손중산은 지나간 10년의 실제 성적을 돌이켜보면 실패를 인정하지 않을 수가 없다고 하면서 용감하게 자아비평을 하였다. 국민당이 성공을 취득하려면 반드시 재조직을 하여 선명한 주의와 확실한 정책이 있어야 하고 민중의 지지를 쟁취해야 하며 조직상에서 나쁜 것을 버리고 좋은 것을 남기며 부패현상을 극복해야 하였다. 이리하여 국민당은 당원 등록을 다시 시작하였고 각급 조직을 정돈하고 강습소를 세우고 간부를 훈련하였다. 리대소 등 공산당원들도 이 사업에 참가하였다.

같은 시기에 중국공산당도 제3차 전국대표대회에서 국민당과 합작하고 혁명통일전선을 건립하며 공산당원이 개인의 신분으로 국민당에 가입할 수 있다고 결정하였다.

1924년 1월 20일, 중국국민당 제1차 전국대표대회가 광주에서 열리였다. 165명 대표 가운데서 공산당원이 14%를 차지하였다. 손중산이 대회의 주석을 담임하고 리대소는 주석단 성원이였다. 손중산은 회의에서 대표들

에게 참을성 있게 그의 삼민주의를 새롭게 해석하였다. 그는 '신삼민주의'와 구삼민주의의 "달로를 몰아내고 중화를 회복하며 민국을 건립하고 토지소유권을 고르게 하자."는 것이 부동하다고 말하였다. 민족주의는 제국주의를 반대하고 전 중국을 해방하며 국내 각 민족은 일률로 평등해야 한다는 것이다. 민권주의는 무릇 혁명을 하는 개인과 단체는 다 자유와 권리를 향유한다고 주장하였다. 민생주의는 토지소유권을 고르게 하는 것외에 또 '자본제한'을 증가시켰다. 신삼민주의를 실행하기 위해 손중산은 또 로씨야와 련합하고 공산당과 련합하며 농민과 로동자를 부조하는 3대정책을 제출하였다.

국민당 제1차 전국대표대회는 선거를 통하여 중앙집행위원회를 건립하였는데 그중에는 호한민(胡汉民), 왕정위(汪精卫), 료중개(廖仲恺), 우우임(于右任) 등 오랜 국민당 당원도 있었고 리대소, 담평산(谭平山) 등 공산당원도 있었다. 료중개, 대계도(戴季陶), 담평산은 상무위원으로 손중산의 령도하에 일상 사무를 책임지였다.

당을 정돈한 후 손중산은 또 혁명무장을 건립하는 데 착수하였다. 1923년 8월, 그는 장개석을 쏘련에 파견하여 홍군의 조직, 훈련과 장비 등 상황을 고찰하게 하였다. 준비가 된 후 그는 '국민군군관학교'(후에 륙군군관학교로 개명)의 창립을 결정하고 료중개와 쏘련고문 보로딘이 먼저 기획하도록 하였다. 1924년 년초, 국민당 제1차 전국대표대회 기간 군관학교의 구체적 준비사업도 일정에 올랐고 장개석을 위원장으로 하는 준비위원회가 성립되였다.

군관학교의 학생모집 소식이 전해지자 전국 각지 청년들의 주목을 끌었다. 많은 사람들이 먼길을 걸어 광주, 상해 등지에서 와 군관학교에 응시하였다. 산서의 서향전(徐向前)은 당시 태원에서 일을 찾아하려던 참이였는데 상해에서 군관학교 학생을 모집한다는 소식을 듣고 시험삼아 한번 해보겠다는 생각으로 십여명의 동창들과 함께 즉시 상해로 갔다. 첫번째 시험에 통과된 후 또 함께 광주로 가서 제2차 시험에 참가하였다. 제2차 시험을 치를 때 그의 어문, 정치 성적은 괜찮았으나 기하 삼각은 잘 배우지 못한 탓으로 거의 백지를 바치였다. 그가 락방을 걱정하고 있을 때 생각지 못한 합격통지서를 받게 되였다. 이로부터 군관학교 는 수험생의 정치사상수양을 더 중시하였다는 것을 알 수 있었다. 그리 고 절강의 호종남(胡宗南)은 본래 소학교 교원이였지만 포부가 크고 말 솜씨도 좋았다. 그도 군관학교에서 학생을 모집한다는 소식을 듣고 광주 로 달려가 응시하였다. 년령이 비교적 많고 키도 작고 신체검사가 불합 격이여서 리치 대로 말한다면 시험에 참가할 자격이 없었다. 그러나 그 는 격앙되여 즉석에서 참군할 것을 견결히 표시하였는데 마침 료중개에 게 발견되여 료중개가 시험을 치도록 특별히 비준하였다. 결과 성적이 아주 좋아 합격되였다.

　　군관학교는 제1기에 470명 학생을 모집하였는데 대개는 평민가정 의 청년들이였다. 1924년 6월 16일, 륙군군관학교에서 광주 황포(黄埔) 지구 장주도(长洲岛)의 원 수사학당(水师学堂)과 륙군소학교 자리에서 개학식을 거행하였다. 때문에 그 후부터 '황포군관학교'라고 불렀다. 손 중산이 총리직을, 료중개가 당대표직을, 장개석이 교장직을 맡았다. 그 날 손중산이 학교대강당에서 연설을 하였다. 그는 "우리가 오늘 이 학교 를 꾸리는 것은 무엇을 희망하는가? 바로 오늘부터 혁명의 사업을 새롭 게 창조하고 이 학교내의 학생을 근본으로 혁명군을 성립하려는 것이 다. 여러 학생들이 바로 장래 혁명군의 골간이다. 이런 훌륭한 골간들이 혁명군이 되면 우리의 혁명사업이 성공할 것이다."고 격동되여 말하였 다. 그는 "중국혁명이 아직 성공할 수 없는 원인은 바로 자기의 혁명무장 이 없고 광대한 인민을 기반으로 하지 않았기 때문이다. 군대가 혁명을 할 수 있는가 없는가 하는 것은 여러 장병들이 혁명의 기개가 있는가 없 는가에 있지 무기가 좋은가 차한가에 있는 것이 아니다."고 말하였다. 그 는 모두에게 하나의 희망을 가지고 한평생 벼슬을 하고 재산을 모으려 는 심리를 간직하지 말고 한마음으로 나라와 국민을 구하는 일을 하며 한개 혁명군인으로서 전력을 다하는 정신으로 죽음을 두려워하지 말고 '주의를 위해 분투하고 주의를 위해 희생할 것'을 요구하였다. 손중산의 연설은 학생들의 열정을 불러일으켰고 국가, 대중을 위해 한평생 혁명군 인으로 될 결심을 다짐하게 하였다.

　　군관학교의 관리인원 가운데는 적지 않은 국민당의 원로와 골간이 있었을 뿐만 아니라 공산당의 젊은 간부도 많았다. 처음부터 모두가 단결하여 함께 일하고 군관학교를 잘 꾸리려고 하였으나 날이 감에 따라 모순이 있게 되고 개인의 능력차이도 나타나기 시작하였다. 실제정황으로부터 볼 때 공산당의 간부는 젊고 패기가 있고 사상이 선진적이고 혁명하려는 결심이 컸기에 점점 우세를 차지하였다. 국민당의 간부는 경력이 많으나 사상이 비교적 낡고 작풍도 나빴기에 위신이 없었다. 정치부 주임은 처음에 국민당의 오랜 자격을 가진 대계도(戴季陶)가 담임하였다. 그는 군사를 알지 못하였고 새로운 사상, 새로운 관념과 세계조류에 대하여서도 료해하지 못하였기에 매번 강화할 때 '례의, 렴치, 충효, 절개, 의리'와 같은 고정된 틀을 벗어나지 못했고 당시의 형세와 혁명군대의 요구에 근본적으로 적응하지 못하였다. 혈기가 왕성한 청년학생들은 듣다가 견디지 못하고 놀리며 그의 말을 듣지 않았다. 대계도는 부득이 사직할 수 밖에 없었다. 당대표 료중개도 패기가 넘치는 우수한 간부들이 군관학교에 와서 직무를 맡아야 한다는 것을 느꼈다. 그는 부주임을 맡은 공산당원 장신부(張申府)가 일찍 프랑스에서 교편을 잡았었고 유럽에서 고학을 한 많은 청년들을 알고 있다는 것을 알고 그에게 국외에서 공부한 우수한 인재를 추천하여 군관학교에 와서 교편을 잡기 바란다고 하였다. 장신부는 15명의 명단을 쭉 렬거하였는데 첫번째가 주은래였다. 그는 료중개에게 주은래가 '출중한 인재'이니 중임을 감당할 수 있다고 소개하였다. 그리고 나서 유럽에 있는 주은래에게 편지를 보내여 귀국하여 진력할 것을 희망하였다. 주은래는 동의한다는 편지를 보내 왔고 멀지 않아 과연 광주로 돌아왔다. 료중개 등이 료해해본 결과 확실히 능력이 비범하다는 것을 인정하였기에 그에게 정치부 주임을 이어 받게 하였다.

　　주은래는 황포군관학교에 와서 정치부 주임을 맡은 후 혁명열정을 황포에 가져왔을 뿐만 아니라 정치사업을 전면적으로 정돈하였고 각항 제도를 건립하였다. 그는 학생들을 조직하여 학습회를 열고 국내외대사를 토론하고 벽보를 꾸리고 간행물을 창간하고 혁명가곡을 부르는 한편 선전대를 조직하여 거리, 도시와 읍, 농촌에 가서 공연하였다. 그는 각계 대표인물들을 초빙하여 황포군관학교에 와서 보고하게 하였다. 이리하여 군관학교의 정치사상사업의 면모가 참신하게 되였고 군대의 정치사업을 위하여 경험을 루적하였다.

군관학교의 학생 가운데 이런 상황도 존재하였다. 금방 개학할 때 모두가 요구에 따라 일람표에 기입하고 집체로 국민당에 가입하였다. 그러나 오래지 않아 학생 가운데 분화가 생겼는데 각기 공산당에 접근한 '청년군인련합회'와 국민당우파를 지지하는 '손문주의학회'가 성립되였다. 또 일부 사람들은 처음에는 중간파에 속하였으나 관찰과 사고를 거쳐 자기의 선택이 있게 되였다. 당시 공산당원들은 대부분이 뛰여나는 재능을 과시하였고 성적도 출중하였다. 가장 뚜렷한 례로는 가장 우수한 졸업생이라 불리우는 '황포3걸'을 들 수 있다. '황포3걸'은 장선운(蔣先云), 진갱(陈赓)과 하충한(贺衷寒)을 말하는데 세 사람은 다 호남에서 온 청년으로서 그중 앞 두 사람은 공산당원이였다. 장선운은 의지가 견강하고 총명하고 배우기를 좋아하며 아주 일찍 혁명에 참가하였고 1921년에 공산당에 가입하였으며 안원철도광산대파업에 참여하여 령도하였었다. 1924년에 그는 1등의 성적으로 황포군관학교에 입학하였고 아주 빨리 가장 주목받는 인물로 되였다. 장선운은 인품과 덕성이 고상하고 말재주가 좋고 글도 잘 쓸 뿐만 아니라 군사과목도 우수하고 사람들과도 잘 지내는 실로 훌륭한 인물로서 백에서 하나를 고르는 학생수령이며 군관학교에서 무척 호평을 받았다. 교장 장개석은 그가 공산당원이라는 것을 분명히 알면서도 자기의 비서를 시켰는데 이것은 장래에 군관학교를 지휘할 장관은 필연코 장선운이라고 여겼기 때문이였다. 후에 장선운은 북벌전쟁에서 퇀장이 되여 앞장서 병사들을 이끌었는데 장렬하게 희생되였다. 진갱은 키가 크지 않지만 의지가 견정하고 총명하고 령리하고 영용하고 완강하며 군관학교에 들어오기 전에 공산당에 가입하였다. 군관학교 학생군이 참가한 몇차례 실전 가운데서 표현이 돌출하여 아주 빨리 대리 사장으로 되였다. 어느 한번 군관학교의 학생들이 반란을 평정하는 전투에 참가하였는데 장개석이 전방에 와서 전투를 독려

하다 적들에게 포위되였다. 적군이 곧 덮쳐들 것만 같아 자살하고 싶은 심정이였을 때였다. 발에 상처를 입은 진갱이 다짜고짜로 그를 업고 철퇴하였다. 몇리를 걸어 배를 타고 강을 건너 위험한 처지에서 벗어났다. 진갱은 또 밤새껏 160여리 길을 걸어 주은래에게 편지를 전달하고 장개석을 맞아 돌아왔다. 후에 진갱은 인민군대의 걸출한 지휘원으로 되였다. 하충한은 본래 최초의 청년단원으로 사상이 급진적이고 사회개조에 대하여 견해가 있고 또 원동 각국 공산당과 민족혁명단체의 제1차 대표대회에 참가하였다. 장국도(张国焘)의 횡포한 작풍이 눈에 거슬려 한차례 말다툼 끝에 조직에서 퇴출하였다. 황포군관학교에 입학한 후 그는 말솜씨로 이름이 났고 장개석의 중용을 받았다.

　　황포군관학교가 개학한 지 얼마 되지 않아 학생들은 여러차례 전투에 참가하였고 진정한 전쟁의 시련을 경력하였다. 광주상단(商团)이 무장폭란을 발동하였을 때 군관학교의 수백명 학생들이 전투의 주력으로 되였고 단 하루 만에 무기가 뛰여난 상단을 소멸하였다. 이때로부터 학생군이 명성을 떨치였다. 1925년 년초에 군벌 진형명(陈炯明)이 반란을 일으켰다. 황포군관학교의 학생들이 학교군을 구성하여 학생들이 전사가 되고 교관들이 군관이 되여〈살적가(杀贼歌)〉를 부르며 전장으로 나아가 동정(东征)의 주력으로 되였다. 주은래가 몸소 전선에서 지휘하고 대중을 발동하여 전선을 지원하였다. 한주일도 안되여 3,000명도 안되는 황포학교군이 5만~6만명의 반란군을 격파하였고 국세를 안정시켰다. 6월에 군벌 양희민(杨希闵), 류진환(刘震寰)이 광주에서 반란을 발동하자 학생군은 신속히 광주에 합류하여 일거에 반란을 평정하였다. 10월, 진형명이 재차 반란을 발동하자 학생군은 제2차 동정을 하였다. 황포학생군은 영용하게 전투하여 반란군을 전승하였고 광주근거지를 공고히 함으로써 군관학교를 창건한 작용을 과시하였다.

　　황포군관학교는 모두 6기를 꾸렸는데 선후로 졸업한 학생은 2만여명이였다. 그중에서 제1기부터 제4기까지는 본부에서 수업하였고 졸업생이 4,000여명에 달하였다. 제5기부터 시작하여 조주(潮州), 남녕(南宁), 장사, 무한 등지에 분교를 설립하였고 또 부분 녀성도 모집하였다.

황포군관학교는 중국의 혁명력량으로 하여금 자기의 군대가 있게 하였고 또 신형의 인민군대의 건립을 위하여 보귀한 경험을 제공하였다. 황포군관학교는 국가를 위하여 많은 우수한 부대 군사지휘원과 정치사업 일군들을 육성하였다. 그의 력사적 공적은 세인이 공인하는 것이였다.

중화민국 중국통사 이야기

485

북경정변

국민당이 재조직된 후에 남방의 혁명정세에 새로운 고조가 나타났다. 1924년 9월에 손중산은 북벌을 명령하고 몸소 선두부대를 거느리고 북상할 것을 결정하였다. 그러나 얼마 지나지 않아 북양군벌 장령 풍옥상(冯玉祥)이 정변을 발동하여 북경정권을 장악하였다는 소식이 북방으로부터 전해왔다. 풍옥상은 손중산이 북경에 와서 전국을 통일하는 대계를 주관하기를 바란다고 하였다.

풍옥상은 자가 환장(焕章)이고 안휘 소현(巢县)사람이다. 그는 비록 북양군벌의 중요한 장령이였지만 아주 일찍 혁명경향이 있었고 신해혁명시기에는 봉기를 발동하였으며 후에는 남방혁명당과 줄곧 련계를 가지고 있었다. 풍옥상은 제국주의를 증오하고 군벌이 혼전하면서 백성을 압박하는 것에 대하여 불만이 아주 많았다. 그가 거느린 대오는 규률이 비교적 엄격하고 그 또한 공정하고 성실하였기에 병사들과 대중 속에서 위망이 아주 높았다.

단기서는 실권을 장악한 이후 무력으로 기타 각파의 군벌을 쳐부시려고 하였다. 그러나 그의 적수인 직계군벌은 조금도 약함을 드러내지 않았다. 풍국장이 죽은 후 직계수령은 조곤과 오패부였다. 그 둘은 단기서가 일본인에 의거한 데 대한 사람들의 불만을 리용하여 줄곧 도처로

활동하면서 단기서를 타도하라고 호소하였다. 동북의 봉계수령 장작림(张作霖)도 비록 일본인의 지지를 받고 있었지만 세력범위에서 환계(皖系)와 모순이 있었기에 단기서를 타도하려고 하였다. 이리하여 직계와 봉계는 환계를 반대하는 동맹을 결성하였다. 1920년 7월, 직계와 환계 사이에 전쟁이 폭발하였는데 봉계군도 입관하여 참전하였다. 환계군은 앞뒤의 협격을 받아 전패하고 화해를 구걸하였으며 단기서는 부득이 사직하고 하야하였다.

방금 승리를 취득한 직계와 봉계 사이에도 뜻밖에 모순이 생겼다. 결과 쌍방은 1922년 4월에 전쟁을 시작하였는데 이것이 바로 제1차 직봉(直奉)전쟁이다. 6일간의 격전을 거쳐 봉계군은 크게 패하고 장작림은 동북으로 철퇴해갈 수 밖에 없었고 북경정권은 완전히 직계가 장악하였다. 조곤과 오패부는 민심을 수매하기 위해 또 "법통을 회복하자(恢复法统)"는 기발을 내걸고 1922년 6월 서세창을 핍박하여 하야하게 하고 수년 전에 하야한 전 대총통 려원홍을 초청하여 복직시켰다. 그러나 려원홍도 직무는 있으나 실제 권한이 없는 괴뢰로서 1년 밖에 하지 못하고 또 핍박에 의해 북경을 떠났다. 대총통을 할 사람이 없으니 새롭게 선거를 해야 하였다. 이리하여 한차례 '대통령선거에 뢰물을 쓰는' 추태극이 시작되었다. 조곤은 투표용지 한장에 5,000원에서 만원하는 가격(한마리 새끼돼지 가격에 해당함)으로 의원 500여명을 수매하고 그들에게 자기를 투표하게 하여 대총통으로 되었다. 1923년 10월에 집권하였는데 사람들은 조곤을 '새끼돼지 총통'이라 하였고 뢰물을 받은 의원을 '새끼돼지 의원'이라고 하였다.

조곤이 의원들에게 뢰물을 먹여 총통으로 된 것은 전국 인민들의 반대를 불러일으켰다. 사람들은 직계와 환계 모두가 부패하다는 것을 간파하였다. 조곤이 집권한 후 직계를 반대하는 함성소리가 앙양되었다. 동북의 장작림도 좋은 기회라고 생각하고 노기등등하여 직계군과 다시 한번 생사를 걸고 마지막 승부를 겨루어보겠다는 것을 표시하였다. 이리하여 제2차 직봉전쟁이 시작되었다. 이번 전쟁에 봉계군은 25만 병력을 출동시켰고 직계군도 20만이나 되었다. 그리고 쌍방이 모두 해군과 공군을 참전시켰는데 북양군벌사상 규모가 가장 큰 한차례 내전이였다. 장작림은 직접 통수가 되여 관내로 진공하였고 직계는 오패부가 토벌 총사령으로 되여 맞받아 싸웠다. 1924년 9월 15일에 정식으로 전쟁이 시작되였다. 10월초에 이르러 봉계군은 열하를 공격하고 산해관으로 육박하였다. 오패부는 서둘러 병력을 이동 배치하면서 북경을 지키고 있는 제3군 총사령 풍옥상에게 명령하여 군사를 거느리고 장성 고북구(古北口)에서 출발하여 적봉(赤峰)으로부터 봉계군의 측면을 진공하라고 하였다. 풍옥상은 표면상에서 복종하였으나 암암리에서는 사람을 놀라게 하는 계획을 준비하고 있었다.

　　풍옥상은 일찍부터 조곤의 뢰물선거와 오패부의 잔폭함에 불만을 품고 있었는데 이 기회를 빌어 민심을 얻지 못하는 이 정부를 뒤엎으려고 결심하였다. 이리하여 그는 대총통 조곤을 찾아 "나는 북경을 떠나 전선으로 갑니다. 그러나 이 수도는 강대한 군대가 지켜야 하니 가장 좋기는 15혼성려(混成旅) 려장 손악(孫岳)을 소환하여 성을 지키게 하십시오."라고 말하였다. 조곤은 기뻐하며 말하였다. "그러면 손악을 북경경비부 사령으로 임명합시다!" 그는 손악과 풍옥상이 미리 상의하였다는 것을 알 수가 없었다.

　　풍옥상은 손악과 정변 행동계획을 배치해놓고 군사를 거느리고 고북구에서 출발하였다. 도중에 그는 걷다 쉬다를 반복하였고 고의로 시간을 지연시켰다. 때로는 오던 길을 다시 돌아가기도 하면서 그것을 작전연습이라고 말하였다. 이때 장작림도 사람을 파견하여 풍옥상과 련락하면서 "오직 조곤과 오패부를 뒤엎기만 한다면 나는 관내에 들어가지 않아도 된다."고 말하였다. 풍옥상도 찾아온 사람에게 "일이 성사되면 손중산을 초대하여 국세를 주관하게 하겠다."고 말하였다. 이에 장작림도 동의를 표시하였다.

　　이때 산해관의 정세가 직계군에 매우 불리하였고 오패부의 제1, 제2로군도 련이어 실패하였기에 시기가 성숙되였다고 생각한 풍옥상은 즉시 부하들을 소집하여 엄숙하게 말하였다. "자네들이 이렇게 오래동안 나를 따르면서 고생도 적지 않게 했네. 그런데 국가가 아직도 이렇게 어지러우니 내가 좀 어찌 해보려 한다. 자네들은…" 그의 부하들은 모두가 자기의 장관을 탄복하였기에 일치하게 찬동해나섰다. "일단 나라와 국민을 구하는 일이라면 우리는 모두 따르겠습니다!"

풍옥상은 그제서야 부대를 되돌려 북경으로 조곤정부를 뒤엎는다고 선포하였다. 10월 21일, 부대는 신속히 돌아서서 이튿날 북경교구에 도착하였다. 이때 손악도 이미 사람을 파견하여 조곤의 호위대와 오패부의 류수부대를 감시하기 시작하였고 산해관에 대하여 소식을 엄밀하게 봉쇄하였다. 이날 자정에 풍군의 려장 록종린(鹿钟麟)이 먼저 군사를 거느리고 안정문(安定门) 밖에 도착하였다. 손악이 명령을 내려 성문을 열게 하자 대오는 신속하게 천안문에 도착하였다. 총통부의 전화는 절단되였고 호위대도 무기를 바쳤다. 이때 꿈속에 잠긴 조곤은 깨워주어서야 잠자리에서 일어났고 자기가 쫓겨가게 되였다는 것을 알았다. 그는 울상이 되여 "대총통을 1년 밖에 못하고 끝장나는구나!"고 말하였다.

이튿날 이른아침, 북경 시민들은 교통 요도에 병사들이 가득 들어섰고 그들의 완장에는 "국민을 교란하지 않고 국민을 진심으로 사랑하며 필사적으로 나라를 구하자"라는 글발이 새겨져있는 것을 발견하였다. 그때서야 풍옥상의 부대가 총 한방 쏘지 않고 이미 북경을 점령하였다는 것을 알았다. 북경정변은 성공하였다. 풍옥상은 즉시 전국에 통전을 내여 전국평화회의를 소집할 것을 주장하는 한편 전보로 손중산이 북경에 와서 통일대계를 주관할 것을 요청하였다. 그리고 그의 군대를 국민군으로 고치였다. 리대소의 소개를 거쳐 그는 또 중국 주재 쏘련대사 까라한(加拉罕)을 회견하였고 쏘련에서 고문단을 파견하여 국민군 훈련을 도와줄 것을 요청하였다.

이와 동시에 풍옥상은 또 아주 통쾌한 일을 하였는데 경위사령을 담임한 록종린에게 명령하여 이미 폐기됐지만 아직도 황궁에 거처하면서 복벽을 준비하는 부의를 자금성에서 쫓아냄으로써 이 봉건소굴을 없애버렸다.

풍옥상이 령도한 북경정변은 전국 인민들의 옹호를 받았고 남방혁명세력의 긍정과 찬양을 받았다. 손중산은 특별히 전보를 보내여 축하를 하는 한편 그날로 북상하여 건국대계를 공동히 상의하겠다는 것을 표시하였다.

　그러나 풍옥상이 한 행동, 특히는 제국주의를 반대하고 로씨야와 련합하고 손중산의 북상을 요청하고 페기된 황제를 몰아낸 등은 중국에서의 제국주의의 리익을 크게 건드렸기에 제국주의 및 그 대리인 북양군벌집단의 온갖 비난과 반대를 야기시켰다. 국민당이 지지한 섭정내각이 북경에서 동교민항(东交民巷)의 각국 공사를 연회에 초대하였는데 뜻밖에 거절을 당하였다. 본래 풍옥상과의 합작을 동의한 봉계수령 장작림도 청조의 페지된 황제와 비밀리에 련락하고 더는 풍옥상과 합작하지 않았다. 풍옥상은 북경에서 한동안 고립무원의 처지에 처하게 되였고 북경의 정세는 매우 위험해졌다. 정치경험이 결핍한 풍옥상은 곤경 속에서 원래 조곤에게 쫓기워 천진으로 망명해간 단기서와 어쩌면 합작할 수 있다고 생각하고 그에게 북경에 와서 잠시 국정을 주관할 것을 요청하였다. 이미 권세를 잃은 단기서는 뜻밖의 좋은 일로 기뻐 어쩔 줄을 몰랐다. 종래로 대총통이 되본 적이 없는 그는 즉시 동의하고 북경에 들어가 '림시집정(대총통에 해당함)'을 맡아 북경정부의 최고 통치자로 되였다.

　이렇게 북경정변은 비록 군벌두목 조곤을 뒤엎었으나 정권은 다른 한 군벌두목 단기서의 수중으로 넘어갔다. 이것은 풍옥상이 잘못 둔 바둑 수였다.

486

손중산의 북상

풍옥상이 북경정변을 발동한 소식이 남방에 전해졌을 때 손중산은 광주에 있었다. 그는 즉시 회의를 소집하여 북경정변에 대응하는 방침을 토론하였다. 풍옥상의 요청을 받은 후 그는 매우 기뻐하였고 10월 27일에 풍옥상과 단기서에게 전보를 보내 북상하여 공동히 국사를 상의하겠다고 표시하였다. 떠나기 전에 손중산은 저명한 〈북상선언(北上宣言)〉을 발표하여 제국주의 및 그 주구 북양군벌의 정치립장을 반대하고 국민혁명을 실현하는 관건은 인민이 무장을 장악하는 것이며 불평등조약을 폐지하고 국민회의를 소집해야 하는 등 중요한 주장을 거듭 천명하였다.

　손중산의 〈북상선언〉은 제국주의렬강과 북양군벌 단기서와 장작림의 엄중한 불안을 야기시켰다. 단기서와 장작림은 선후로 북경에 도착하여 일본제국주의의 지지를 얻으려 하였고 즉시 각종 수법을 다하여 풍옥상을 배제하고 손중산의 북상을 제지하였다. 장작림은 원래 풍옥상과 약정했던 "봉계군은 입관하지 않는다"는 승낙을 파기하였고 대량의 봉계군을 거느리고 북경교외로 들어왔다. 〈북상선언〉을 발표하던 날 장작림은 천진으로 왔고 또 북경으로 진입하였다. 북경에 들어온 이튿날 그는 풍옥상, 로영상(盧永祥) 등과 함께 단기서를 '중화민국 림시 총집정'으로 추대하고 공동으로 북경정권을 장악하였다.

　　북경정변 전에 풍옥상은 단기서와 장작림 이 두 군벌의 본질에 대하여 인식하지 못했기에 합작하여 함께 일할 수 있다고 생각하였는데 만나본 후에는 깊이 후회하였다. 당시 풍옥상의 부하 무관 호경익(胡景翼)과 손악은 장작림을 살해하여 후환을 없앨 것을 주장하였다. 풍옥상은 사람을 요청하여 오라 해놓고 죽이면 어떻게 국민들에게 교대하겠는가고 말하였다. 하여 끝내 죽이지 못하였다. 그러나 최후 풍옥상은 '겸허한 군자'의 자태로 북경을 떠나 천태산에 '휴양'하러 갔다. 떠나기 전 그가 장작림에게 작별을 고하자 장작림은 "당신이 가면 안되지! 당신을 보내면 나는 렴치없는 개자식이지!" 하고 능청스럽게 말하였다. 그러나 풍옥상은 정말로 갔고 장작림과 단기서는 마음속으로 기뻐하였다. 그 후 단기서는 손중산과 반대되는 언론을 재삼 발표하였다.

　　11월 13일, 손중산은 부인 송경령(宋庆龄)과 함께 영풍선을 타고 광주를 떠나 북상하여 17일에 상해에 도착하였는데 만여명의 상해 대중들로부터 열렬한 환영을 받았다. 이와 대비되게 제국주의는 천방백계로 손중산을 난처하게 하였다. 영국인이 꾸린 신문은 뜻밖에도 "상해는 손중산을 수요하지 않는다. 마땅히 그의 상륙을 제지시켜야 한다!"고 떠들어댔다. 《대륙보》는 "손중산을 상해에서 몰아내야 한다", "손중산이 제출한 불평등조약을 폐지하는 요구를 절대로 상대해서는 안된다."고 기고만장해서 더 떠들었다. 프랑스 조계지 경찰서에서는 공공연히 손중산을 환영하는 대중들을 제지시키고 지도자 4명을 체포하였다.

　　제국주의의 간섭에 직면하여 손중산은 즉시 반격을 가하였다. 그는 "상해는 중국의 령토이며 주인이 자기의 령토내에서 무엇을 하든 손님은 결코 간섭할 수 없다. 중국인민은 벌써부터 외국교민이 중국령토에서 제멋대로 행하는 것을 참을 수 없었다!"고 성명하였다. 그는 뉴스기자에게 급소를 찔러 말하였다. "현재 중국의 재난과 변란의 근본은 바로 군벌과 군벌을 원조하는 제국주의자들에게 있다."

　　손중산은 북경의 정국이 위험하다는 것을 알고 더 급히 북상하였다. 당시 륙로가 막혀 할 수 없이 천진으로 갔는데 또 선박의 출입항 일시가 길어 배를 타고 일본으로 에돌아갈 수 밖에 없었다. 일본 각지를 경과할 때마다 수천수만의 대중들은 북을 치며 그를 환영하였다. 손중산은 고베(神戶) 동방려관에서 연설을 발표하여 "일본이 만약 중국과 진심으로 우호적이라면 반드시 먼저 중국의 불평등조약 폐지를 도와 주인의 지위를 쟁취하게 하고 중국인의 자유를 회복해야 한다. 그래야만 량국이 우호적이라고 말할 수 있다."고 지적하였는데 교포와 일본인민의 환호를 받았다.

11월 30일, 손중산은 고베에서 '북령환'호를 타고 출발하여 12월 4일에 천진에 도착하였으며 2만여명의 열렬한 환영을 받았다. 인민들이 그에게 기탁한 기대가 컸으나 이때의 손중산은 이미 불행하게도 불치병을 앓고 있었다.

손중산이 상해에 도착하였을 때 사람들은 이미 그의 기색이 어둡고 누렇게 된 것을 발견하였다. 일본에서 련일 뛰여다니며 소리치고 바다를 건너며 풍랑을 맞았기에 더 피로해보였다. 천진에 이른 후 몸에 열이 나고 간이 아파 정신도 이전만 못하였다. 단기서, 장작림의 반동적인 역류는 손중산을 더욱 노하게 하였고 병세도 더욱 가중화시켰다. 18일에 단기서는 두 대표를 천진에 파견하여 손중산을 환영하였다. 그들이 단기서가 최근 각국 공사에 향해 각국과 체결한 각항 불평등조약을 존중한다고 표시했음을 언급하였을 때 손중산은 대노하여 소리쳤다. "나는 대외에서 불평등조약 페지를 주장하는데 북경정부는 어떤 리유로 기어코 존중한다고 하는가? 외국인을 존중한다고 하면서 구태여 왜 나를 환영한다고 하는가?" 장작림도 천진에 와서 "외국인은 상대하기 쉽지 않다."고 손중산을 위협하면서 로씨야와 련합하고 공산당과 련합하는 정책을 포기하라고 하였다. 또 손중산을 대신하여 "외국인과 감정을 소통"하겠다고 하였다. 그리고 모든 책임을 떠맡겠다면서 "이 일은 나 장작림한테 맡기면 됩니다."라고 말하였다. 이 말을 들은 손중산은 매우 노하였고 병세는 더욱 엄중해졌다.

　　12월 31일, 손중산은 앓는 몸으로 북경에 갔고 수도 10여만 군중들의 열렬한 환영을 받았는데 그로 인해 정신상태가 밝아졌다. 이때 단기서는 손중산을 반대하는 운동을 더욱 다그쳤는바 불평등조약에서 손중산과 날카롭게 맞섰을 뿐만 아니라 또 '선후(善后)회의'를 소집하는 것으로 손중산이 국민대회를 소집하는 주장과 대항하였으며 봉건잔여세력 조이손(赵尔巽)을 '의장'으로 임명하였다. 손중산은 대단히 분개하여 국민당은 '선후회의'에 참가하지 않고 따로 국민회의를 기획한다고 선포하였다.

　　1925년 1월 하순에 이르러 손중산은 병세가 악화되여 음식도 먹지 못하였다. 26일 협화(协和)병원에서 수술한 결과 간암 판정을 받았으며 이미 치유할 가능성이 없다고 하였다. 2월중순 이후 손중산은 의식이 갈수록 분명하지 못하였다. 24일 오후, 병세가 이미 절망적인 상태에 이르렀고 생명이 위급하였기에 동행한 왕정위 등은 즉시 손중산더러 유서를 준비하도록 하였다. 이 유서의 내용은 다음과 같다.

　　나는 국민혁명에 40년간 힘썼다. 그 목적은 중국의 자유와 평등을 구하기 위한 것이였다. 40년간 쌓은 경험에 의하여 이 목적에 도달하려면 반드시 민중을 불러일으키고 우리를 평등하게 대하는 세계의 민족들과 련합하여 공동으로 투쟁하여야 한다는 것을 깊이 알았다. 혁명은 아직 성공하지 못하였다. 무릇 나의 동지들이라면 반드시 나의 저작 《건국방략》,《건국대강》,《삼민주의》 및《제1차 전국대표대회 선언》에 따라 계속 노력하고 관철하기를 바란다. 최근 국민회의 소집 및 불평등조약 폐지를 주장하고 있는데 특히 가장 짧은 기일내에 실현하도록 촉진해 주기 바란다!

    1925년 3월 12일 9시 30분, 중화민족의 일대 위인이고 중국혁명의 선행자이며 중화민국의 창조자인 손중산은 서거하였다. 향년 59세였다.
    중국혁명의 관건적 시각에 손중산이 불행하게 서거하였는데 이는 막대한 손실이였다. 이는 전국의 정국에 중대한 영향을 끼치였다. 북양군벌정부는 숨돌릴 기회를 얻었고 남방 국민당내에는 보다 복잡한 국면이 나타났다.

중화민국 | 중국 통사 이야기

487

북벌전쟁

손중산이 서거한 후 왕정위 등 원로를 제외한 광동의 실력있는 국민당인은 주로 세 사람이였다. 월군 통수 허숭지(许崇智), 광동파벌 수령 호한민과 재정대권을 장악한 료중개였다. 당시 장개석은 아직 사람들의 주목을 끌지 못하는 인물이였지만 우연한 기회에 시기를 틀어쥐고 군정대권을 탈취하였다.

1925년 8월 20일, 혁명파 수령 료중개가 갑자기 암살되였다. 이는 손중산이 서거한 이후 혁명진영의 또 하나의 큰 손실이였다. 장개석은 기회를 타 료중개를 암살한 죄명을 허숭지와 호한민에게 밀어붙이고 학생군을 파견하여 그들의 관공서를 포위하였는데 호한민은 핍박에 출국하였고 허숭지는 상해로 도망쳤다. 국민당의 가장 영향력 있는 세 주요 인물이 죽거나 도망가자 장개석은 틈을 타 광주 위수구 사령으로 되였다. 뒤이어 그는 또 황포군관학교의 두개 련대의 학생군을 국민혁명군 제1군으로 구성하고 군장으로 자임하였으며 엄연히 광동의 실력파로 되였다.

이때 장개석은 힘이 강대하지 못하였지만 인민의 력량은 상당히 강대하였고 쏘련 고문단도 중대한 영향을 끼쳤다. 장개석은 이런 형세하에서 좌파의 면목으로 나타났다. 그는 매번 강화할 때마다 꼭 "총리의 삼대

정책"을 떠나지 않았을 뿐만 아니라 "중국혁명은 한마디로 확실하게 말한다면 완전히 로농계급을 위한 혁명이라고 할 수 있다. 국공 량당이 만약 충돌이 발생한다면 혁명은 반드시 실패할 것이다."고 큰소리로 다른 사람들을 훈계하였다. 그는 쏘련고문 보로딘을 '상부(尙父)'라고 불렀다. 한번은 회의를 할 때 그가 돌연히 중산대학의 전체 학생들을 기립시켜 보로딘에게 절을 시켰는데 보로딘마저 어리둥절해 하였다.

장개석의 이런 표현은 많은 사람들로 하여금 그가 손중산의 3대정책의 충실한 집행자임을 믿게 하였으며 보로딘과 중국공산당 총서기 진독수마저도 굳게 믿고 의심하지 않았다. 1926년 1월, 국민당 제2차 전국대표대회에서 장개석은 중앙 상무위원회 위원과 국민혁명군 총감으로 선거되었다.

이와 동시에 북양군벌은 분렬되고 혼란에 빠졌다. 제2차 직봉대전에서 전패한 직계군벌 오패부는 량호(两湖)지역에 물러나 지키고 있었고 직계군벌의 다른 한 두목 손전방(孙传芳)은 상해를 탈취하고 화동(华东) 5성에 도사리고 있었다. 단기서는 매국정책을 실시하다가 반대를 당하고 1926년에 하야하였다. 봉계군벌은 북경정부를 통제하였으나 성가스러운 일에 부딪쳤다. 풍옥상의 국민군 재기로 천진 일대에서 봉계군과 격전을 벌렸는데 장작림으로 하여금 남방을 돌볼 틈을 없게 하였다. 이리하여 광동의 국민혁명군에게 북으로 발전할 유리한 조건을 제공하였다.

1926년 6월 6일, 국민정부는 장개석을 국민혁명군 총사령으로 임명하였다. 7월 27일에 10만 북벌군 장병들이 광주에서 선서대회를 하고 세갈래로 나뉘여 출발하였는데 한차례 중국의 전도를 결정하는 전쟁이 시작되었다.

북벌군은 당시 8개 군으로 나누었는데 그중 4군〔군장은 리제심, 후에는 장발규(张发奎)〕, 7군(군장은 리종인), 1군(군장은 하응흠, 何应钦)과 8군(군장은 당생지, 唐生智)의 군력이 가장 강대하였다. 또 '강철의 군대(铁军)'라고 불리우는 제4군의 독립퇀은 중국공산당 당원 엽정(叶挺)이 령도하는 선견부대로 가장 용맹하였다. 북벌군은 각지 인민의 열렬한 환영을 받았고 신속하게 승리에 승리를 거듭하였다. 제1로군의 4군, 7군, 8군이 7월에 장사를 공격하여 점령하고 즉시 오패부가 친히 지키고 있는 무창으로 진군하였다. 8월 26일에 제4군의 6개 련대는 무창의 남대문 정사교(汀泗桥)를 향하여 진공을 발동하였다.

정사교는 철교로서 삼면이 물이고 한면이 산을 등지고 있기에 지키기는 쉬우나 공략하기는 어려웠다. 오패부는 2만여명을 배치하고 또 치까를 쌓고 이곳에서 북벌군과 생사를 걸고 마지막 승부를 겨루라고 명령하였다. 전투가 시작된 후 적군의 전투력이 흉맹하여 북벌군은 사상자가 아주 많았다. 온종일 싸웠지만 이기지 못하였다. 이때 엽정이 령도한 독립련대가 견결히 출전할 것을 요구하여 비준되였다. 엽정은 대오를 거느리고 당지 농민의 인솔하에 지름길로 적군의 우측으로 개입하여 갑자기 산꼭대기에 나타났고 전사들은 맹호처럼 산아래로 돌진하여 정사교를 지키고 있는 적들을 처부셨다. 적군은 바로 혼란에 빠졌고 북벌군은 량쪽으로 협공하여 끝내 정사교를 탈취하였다.

28일, 더 잔혹한 하승교(贺胜桥)전역이 시작되였다. 오패부는 명령을 내려 싸움터에 이르러 도망간 한 려장을 살해하여 머리를 다리에 걸어놓고 이것으로 병사들을 핍박하여 계속 목숨을 내걸고 싸우게 하려 하였다. 북벌군 병사들은 맹렬한 포화를 무릅쓰고 용맹하게 돌격하였는바 각 대대, 각 중대, 각 소대에서 모두 독립 작전하여 적에 대하여 포위권을 이루었다. 목숨을 걸고 박투한 결과 적군은 끝내 버티지 못하고 퇴각하기 시작하였다. 오패부는 눈에 피발이 섰다. 그는 패주하여 온 군관을 보자 법을 집행하는 대도대(大刀队)로 하여금 전선에서 목을 자르게 하고 그들의 머리를 하승교 어구에 줄줄이 걸어놓게 하였다. 그러나 이것도 병사들의 후퇴를 제지시킬 수 없었다. 패주한 병사들은 도리여 법을 집행하는 대도대를 향하여 돌격하였다. 오패부는 이 때서야 대세가 기울어진 것을 알고 바삐 기차에 올라 도망쳤다. 북벌군은 끝내 오패부의 주력을 소멸하고 무창을 함락하였다. 이 치렬한 전투 속에서 공산당원들은 아주 영용하였는데 영장 조연(曹渊) 등 장병들이 장렬하게 희생되였다.

이와 동시에 제2로군의 2군, 3군, 6군은 남창, 구강(九江)을 점령하였고 손전방의 주력을 섬멸하였다. 제3로군의 1군이 부딪친 적군이 가장 약하였는 바 12월에 복건, 절강 두 성을 공략하였다. 이로부터 장강 이남 중국의 절반이 국민혁명군의 수중으로 들어갔다. 이 승리는 북벌군의 무수한 장병들의 선혈과 생명으로 바꾸어 온 것이였다.

혁명의 물결이 앞으로 세차게 흘러갈 때 한가닥 역류가 풍파를 일으켜 중국의 전도를 우려하게 하는 먹장 구름을 드리웠다.

북벌군의 승리는 제국주의 렬강들을 당황하게 하였다. 그들은 이미 북양군벌을 의지할 수 없다는 것을 느끼였으나 국민당의 내막에 대하여 똑똑히 알 수가 없었다. 장개석이 많은 장소에서 '끝까지 혁명'하려는 모습을 보였기에 제국주의들로 하여금 진짜와 가짜를 구별하기 어렵게 하였다. 이리하여 그들은 장개석에 대하여 회유도 하고 겁도 주는 방법을 취하였다. 그것은 북양군벌이 버텨내지 못할 때는 중국에서 또 다른 적합한 대리인을 찾기 위해서였다. 1927년 3월 24일, 미영군함이 남경성내를 향하여 포격하여 2,000여명의 중국 군민을 사상했고 많은 집들을 파괴하였다. 이는 장개석에 대한 경고였다. 이와 동시에 영미가 지지하는 강소, 절강의 재벌단들도 장개석을 시탐하였다. 거액의 자금을 제공하는 것을 미끼로 장개석이 영미제국주의에게 의거하게 하였다. 과연 장개석은 3월 25일, 26일에 련속 연설을 발표하였는데 말투가 이전과 많이 달라졌다. 그는 "나는 영국과 미국 두 나라에 적의가 없다… 세계상에서 그 누구든 우리 나라를 평등하게 대하면 모두가 나의 벗이다. 가령 그 나라가 이전에 우리를 압박한 적이 있더라도 우리는 간절하게 그 나라와 공동히 련합하여 일치하게 노력할 것이다."고 말하였다.

제국주의는 대리인을 찾으려고 하였고 장개석은 지지자를 찾으려 하였기에 쌍방은 한박자에 들어맞았다. 이때로부터 장개석은 '우경으로 향하였고' 북벌전쟁의 형세도 급격히 악화되였다. 장개석이 영미제국주의에게 빌붙으려면 필연적으로 봉건주의와 제국주의를 견결히 반대하는 중국공산당과 분렬해야 할 것이며 손중산의 삼대정책을 위반해야 할 것이였다.

기실 장개석의 반공경향은 갑자기 있게 된 것이 아니고 일찍 폭로

된 바 있었다. 1926년 3월, 그는 일찍 '중산함(中山舰)사건'을 획책하여 공산당이 국민정부를 뒤엎으려고 폭동을 일으켰다고 억지로 뒤집어씌웠다. 얼마 지나지 않아 그는 또 "당무정리안(整理党务案)"을 제기하여 국민당에 가입한 공산당원을 배척함으로써 한무리의 우파들이 령도직위를 차지하게 하였다. 그러나 중국공산당의 지도자인 진독수는 반격하면 국민당이 노하여 통일전선에서 퇴출할가봐 두려워하였다. 그는 참고 양보할 것을 주장하며 장개석의 도발에 줄곧 타협하였기에 장개석 등의 기염이 갈수록 오만방자해졌으며 끝내 참혹한 재앙을 빚어냈다.

"산에 비가 오려 하니 루각에 바람이 가득하다." 1926년 년말부터 시작하여 반공의 바람이 불기 시작하였다. 각지에서 로동자를 때리고 죽이며 공회사무처를 불태우고 농회를 차압하는 일이 꼬리에 꼬리를 물고 일어났다. 맨주먹 뿐인 공산당인들은 미처 막아낼 수 없어 많은 사람들이 피못 속에 쓰러졌다.

대규모적인 학살은 1927년 4월 12일, 상해에서부터 시작되였다. 북벌군이 상해로 진입할 수 있은 것은 공산당인이 령도한 상해 로동자 제3차 무장봉기가 승리했기 때문이였다. 그런데 장개석은 상해에 오자마자 로동자들에 대해 먼저 손을 대였다. 원래 그는 이미 공개적으로 반공을 결정하였던 것이다. 이날 이른새벽 3시에 백숭희(白崇禧)의 지휘하에 대량의 군경과 류망들이 상해 각처 공회와 로동자규찰대 거처를 포위 습격하고 공회를 봉쇄하고 규찰대의 무기를 거두어들이고 수십명을 총살하고 200여명을 부상입혔다. 13일, 20여만 로동자들이 파업을 하고 10만명이 청운로(青云路) 광장에서 집회하여 장개석의 폭행에 항의하였다. 회의 후 그들은 구호를 높이 웨치면서 보산로(宝山路)의 26군 2사 사령부에 가서 청원하였다. 대오가 보산로 부근에 이르렀을 때 사면의 작은 골목으로부터 갑자기 완전무장한 병사들이 뛰쳐나와 보총과 기관총으로 군중을 향해 소사하였다. 로동자들이 한패 또 한패 쓰러졌다. 그러나 로동자들은 뒤의 대오가 너무 길어 후퇴할 방법이 없었다. 비까지 내려 로동자들의 피와 비물이 함께 흘렀는데 보산로는 피바다를 이루었다… 병사들은 또 앞으로 달려나와 총탁으로 치고 총창으로 찌르며 적수공권인 로동자들을 무자비하게 란타하였다.

그 후 도시는 백색테로에 뒤덮였고 대량의 로동자수령, 공산당원들이 체포되고 살해되였다. 3일간에 300여명이 살해되고 수천명이 실종되였다. 장개석은 이렇게 로동자와 공산당인의 선혈을 짓밟고 독재의 길로 나아갔다. '4.12'대학살 이후 장개석은 즉시 남경국민정부를 조직하였다. 이 정부가 발포한 제1호 명령이 바로 보로딘, 진독수 등 190여명의 저명한 공산당원들과 국민당 좌파 인사들을 수배하는 것이였다.

장개석이 혁명을 배반하였을 때 왕정위는 무엇을 하고 있었는가? 손중산이 서거한 후 왕정위는 줄곧 수령으로 자처하였다. 그러나 그는 일관적으로 투기에 능하였고 변덕스러웠다. 일단 자신에게 불리하면 줄행랑을 치고 국외로 도망쳤다. 1927년 4월 2일, 독일에서 상해로 돌아온 왕정위는 장개석을 반대한다고 표시하였다.

왕정위의 표현은 중국공산당의 지도자 진독수를 미혹시켰다. 진독수는 로농군중을 무장하고 반혁명활동을 제지하는 당내 동지들의 주장에 대하여 부정하였을 뿐만 아니라 로농군중의 혁명운동을 제지하였다. 오래지 않아 왕정위집단의 공산당을 반대하는 모습도 드러났다. 그들은 로농군중운동을 제한하기 시작하고 공산당인을 배척하였다. 무한의 하두인(夏斗寅)은 5월 13일 반공을 선포하였고 장사의 허극상(许克祥)은 5월 21일에 '마일(马日)사변'을 발동하였는데 모두가 예봉을 공산당에로 돌리여 많은 공산당인과 로농군중들이 살해되였다.

이런 정황하에서 7월 12일에 중공중앙은 개편을 하였다. 진독수의 직무 수행을 정지시키고 주은래, 장국도, 리립삼(李立三), 리유한(李维汉), 장태뢰(张太雷)로 중앙 림시 정치국상무위원회를 구성하는 한편 13일에는《정국에 대한 선언(对政局宣言)》을 발표하여 영원히 광대한 민중의 리익을 위하여 분투하고 반제반봉건의 혁명투쟁을 견지하고 국민당의 현행 정책을 반대하고 국민정부에 참가한 공산당원을 철회한다고 선포하였다. 그러나 국민당과 합작하는 정책은 포기하지 않는다고 하였다.

7월 15일, 무한의 국민당은 중앙 상무위원회 확대회의를 소집하였는데 왕정위가 보고를 하여 '공산당과 분렬'할 것을 제출하고 책임을 공산당에게 강요하였다. 회의에서는 '공산당을 단속'하는 결의를 통과하였고 '청당(淸黨)'을 선포하였다. 이어 명령을 내려 공산당원과 혁명군중을 몰아내고 체포하라고 하였다. 이후 '평화적 분공'으로부터 '무력청당'으로 바뀌였다. 대학살은 장기 대치하던 장개석과 왕정위로 하여금 끝내 공통점을 찾을 수 있게 하였다. '4.12'로부터 '7.15'에 이르기까지, 남경과 무한이 분렬로부터 합류에 이르기까지 장강 남북은 혁명자의 피못속에 침몰되였다.

　　당시 국민당 내부에서 오직 송경령, 등연달(邓演达) 등 극소수 좌파들이 장개석과 왕정위의 배신행위에 대하여 견결히 반대하였다. 송경령은 국민정부를 리탈한다고 장엄하게 선포하면서 국민당은 "더는 혁명의 당이 아닐 뿐만 아니라 이 군벌 혹은 저 군벌의 도구에 지나지 않는다."고 한마디로 정곡을 찔렀다.

　　이후 중국공산당은 국민당의 벗으로부터 '비법'조직으로 변하였으며 지하활동으로 전이되였다. 각지 반공세력들은 백정의 칼을 들었고 수천수만의 공산당원과 로농군중들이 체포되고 살해되였다. 북방의 장작림도 장개석과 배합하여 리대소를 체포하였고 1927년 4월 28일에 이 위대한 혁명선구자를 교살하였다. 이후 수년간에 저명한 공산당의 창시자와 지도자인 진연년(陈延年), 채화삼(蔡和森), 등중하(邓中夏), 향경여(向警予), 라역농(罗亦农), 풍배(彭湃), 운대영(恽代英), 소초녀(萧楚女), 조세염(赵世炎), 등은명(邓恩铭), 양암공(杨闇公), 라등현(罗登贤) 등과 국민당 좌파 등연달(邓演达) 등이 선후로 체포되고 살해당하였다. 중국혁명은 거대한 손실을 입게 되였다.

488

남창봉기

1927년 7월 하순, 국민당과 공산당 사이에 한차례 생사겨룸이 강서의 남창 구강 일대에서 벌어졌다. 당시 강서를 통제하고 있던 무한 왕정위집단이 반공 정변을 발동하였으나 남경의 장개석집단과 여전히 모순이 존재하였으므로 '동정하여 장개석을 토벌(东征讨蒋)'할 것을 제출하였다.

공산당인들도 여전히 국민혁명의 기치로 비밀적인 혁명활동을 진행하였다. 다른 점이 있다면 피비린내 나는 학살을 당한 공산당인들이 자기의 독립무장이 없는 교훈을 섭취하였고 무장봉기를 통하여 인민의 군대를 건립할 것을 결심한 것이였다. 그러나 이 군대의 기초는 처음에는 주로 국민혁명군 내부 즉 왕정위집단 소속의 군대 내부에서 온 것이다. 그것은 북벌전쟁에 참가한 군대 가운데 일부분은 주로 공산당원으로 구성된 대오거나 공산당 주장을 찬성하는 장병들이였다.

당시 이런 군대는 주로 국민혁명군의 제2방면군〔(총지휘는 장발규, (张发奎)〕 가운데 있었는데 례를 들면 원 엽정 독립련대를 기초로 하는 제4군의 25사와 엽정이 사장을 담임한 제11군의 24사, 하룡(贺龙)이 군장을 담임한 제20군 등이 있었고 또 주덕(朱德)이 련대장을 담임한 제3군 군관교육련대가 있었다. 이런 군대 인수는 2만명이상 되였는데 명령

을 받고 남창에 집중하여 구강 일대에 이르렀고 '동정하여 장개석을 토벌'하러 갈 준비를 하였다. 그러나 왕정위는 이미 대오 가운데 공산당의 세력이 있다는 것을 느끼고 숙청할 준비를 하였다. 때문에 봉기를 하려면 반드시 그들이 손을 쓰기 전에 먼저 해야 하였다. 중공중앙은 되도록 빨리 남창에서 무장봉기를 일으키기로 결정하고 주은래를 전방(前敵)위원회 서기로 하고 이번 행동을 책임지고 구체적으로 지도하도록 하였다.

주은래는 먼저 섭영진(聶荣臻)을 구강에 파견하여 이미 그 곳으로 전이한 일부 중국공산당 지도자와 구체적 방법을 상담하게 하였다. 7월 20일, 구강에 도착한 섭영진은 그 곳에 있던 오옥장(吴玉章), 담평산, 리립삼, 운대영, 등중하, 엽정 등과 회의를 열고 연구하였다. 모두가 빨리 대오를 남창에 집중시켜 무장폭동을 실행하고 무한과 남경 두개 정부를 반대하고 새로운 정부를 건립해야 한다고 인정하였다. 보고를 받은 주은래는 또 중앙 상무위원회와 무한에서 회의를 열고 토론하였는데 구강회의의 의견을 동의하여 7월말에 남창봉기를 일으키기로 결정하였다. 회의에서는 또 봉기한 후에 대오는 즉시 남하하여 광동을 점령하고 상해를 탈취하며 그리고 나서 제2차 북벌을 한다고 결정하였다.

이때의 한개 관건적 문제는 하룡이 령도하는 20군의 태도였다. 계획에 따르면 20군은 봉기의 주력군이였기 때문이다. 하룡은 호남 상식(桑植)사람으로 출신이 가난하였고 일찍 원세개의 황제복벽을 토벌하는 전쟁에서 농민폭동을 조직하고 군벌통치를 반대하였으며 불의를 참지 못하는 영웅이였다. 후에 그는 북벌전쟁에 참가하였고 20군 군장을 담임하였다. 당시 그가 아직 공산당에 참가하지 않았으나 공산당이 가난한 사람을 위해 해방을 도모하는 주장에 대하여 매우 찬동하였다. 주은래는 하룡과 알게 된 후부터 그를 매우 존중하였다. 때문에 주은래는 하룡이 봉기를 지지한다고 하자 마음이 완전히 놓이였다. 과연 군대를 거느리고 구강에 도착한 후 하룡은 담평산으로부터 무장봉기를 일으키기로 한 의견을 전달 받은 즉시 완전히 동의한다는 것을 표시하였다. 주은래는 또 섭영진을 파견하여 마회령(马回岭, 구강 남쪽에 있음)에 주둔하고 있는 제4군 25사에 봉기명령을 전달하고 그들로 하여금 즉시 남창에

와 집중하게 하였다.

　7월 26일, 주은래는 진갱의 수행하에 구강에 왔고 이곳의 지도자에게 중앙의 의견을 전달하였고 봉기의 구체적 계획을 결정하는 한편 '토지혁명'을 주요 구호로 확정하였다. 이튿날, 그는 비밀리에 남창으로 왔고 주덕의 거처에 입주하였다. 주은래와 주덕은 일찍 독일에서 류학할 때 이미 알게 되였고 주덕의 입당 소개인이였다. 당시 주덕은 교도련대 련대장을 담임한외 또 남창시공안국 국장을 겸임하였으며 실권을 장악한 인물이였다.

　동시에 하룡, 엽정의 부대도 기차를 타고 선후로 남창으로 진군하였다. 봉기부대는 남창에 도착하여 호령만 내리기를 기다리고 있었다. 전적위원회는 27일 강서 대려사(大旅社)에서 정식으로 구성되였고 서기를 담임한 주은래 이외 또 리립삼, 운대영(恽代英), 팽배(彭湃)가 있었다. 전적위원회는 7월 30일 저녁에 봉기를 거행하기로 결정하였다.

　이와 동시에 왕정위도 진압 숙청 행동을 다그쳤다. 26일, 왕정위는 려산(庐山)에서 회의를 열고 '공산당을 숙청'하는 일을 포치하였다. 그는 하룡, 엽정에게 통지하여 회의에 참가시키고 그들을 명령하여 부대를 덕안(德安)에 집중하게 하였다. 이것은 분명히 범을 산으로부터 유인해내여 사병과 장교를 분렬시키려는 것이였다. 하룡과 엽정은 장발규 수하에서 참모장을 담임한 엽검영(叶剑英)의 정보를 얻고 즉시 함께 대책을 상의한 결과 려산으로 가지 않고 부대도 덕안으로 가지 못하게 하고 계획 대로 남창을 향하여 출발하였다. 하룡의 부대가 제때에 남창에 진입하였고 주은래는 특별히 20군 지휘부에 가서 하룡을 방문하고 행동계획을 그에게 알려주었다. 하룡은 흥분하여 "나는 완전히 공산당의 말을 듣고 하라는 대로 할 것입니다."고 말하였다. 잇따라 각 부대에서는 긴장한 계획이 시작되였다. 이렇게 생사존망에 관계되는 군사행동은 빈틈이 없어야 할 뿐만 아니라 또 절대로 비밀을 지켜야만 했다. 봉기의 지도자들은 긴장하고 침착하게 바삐 돌아쳤으며 모든 것이 계획 대로 진행되였다.

　뜻밖에 29일 오전에 주은래는 갑자기 장국도의 비밀전보를 받았는데 그가 중앙대표의 신분으로 남창에 가니 폭동은 신중해야 하며 자기가 도착한 후에 다시 결정하자고 말하였다. 그렇지만 주은래는 봉기를 정지할 수 없다고 생각하였기에 계속하여 준비하도록 결정하였다. 30일 이른아침, 남창에 온 장국도는 전적위원회 긴급회의에서 봉기가 성공할 가능성이 있다면 할 수 있지만 그렇지 않으면 할 수 없다고 말하였다. 그는 또 장발규의 동의를 거쳐야 하며 그렇지 않으면 봉기할 수 없다고 말하였다.

　　이런 말들은 즉시 반대를 받았다. 장발규는 어떤 사람인가? 장발규는 자가 향화(向华)이고 광동 시흥(始兴)사람으로서 일찍 참군한 후 국민혁명군에 참가하였으며 북벌군 가운데서 유명한 '강철의 군대'의 군장으로 되었다. 북벌전쟁 가운데서 공을 세웠기에 후에 제2방면군 총지휘로 승임하였다. 장개석이 정변을 발동한 후 그는 반대를 표시하는 한편 왕정위를 지지하면서 무한정부편에 서서 부대를 거느리고 장개석을 토벌하려고 준비하였다. 왕정위의 '공산당과 분렬'하는 것에 대하여 그는 소극적이였으며 자기의 대오 가운데서 엽검영, 곽말약(郭沫若) 등을 중용하였다. 때문에 당시 일부 공산당인들은 장발규가 국민당 좌파 수령이라고 인정하고 그를 쟁취하여 봉기에 참가하도록 해야 한다고 하였다. 그러나 장발규는 리해타산이 뛰여난 군인으로 만사에 다 여유를 두었다. 만약 무장봉기를 발동하는데 그의 동의를 거쳐야 한다면 그것은 매우 위험한 일이다. 전적위원회의 성원들은 다 장국도의 의견에 동의하지 않았다. 리립삼은 "모든 것이 준비되였는데 뭘 아직도 토론하고 있는가!"고 말하였다. 주은래는 "그래도 진행합시다!"고 말하였다. 장국도는 모두가 반대하자 이것은 국제공산당의 의견이라고 말하였다. 주은래는 "봉기는 단연코 지연할 수 없고 정지는 더더욱 할 수 없다. 우리 당이 응당히 령도지위에 있어야 하며 장발규에 의뢰할 수는 없다."고 말하였다. 쌍방이 몇시간 동안 격렬한 쟁론을 하였는데 주은래가 분노하여 책상을 치며 말하였다. "국제대표 및 중앙에서 나에게 준 임무는 이 행동을 주관하라고 한 것인데 지금 당신에게 준 명령이 또 이러니 나는 책임지지 못합니다. 난 즉시 한구로 돌아가 중앙에 보고하겠습니다." 담평산

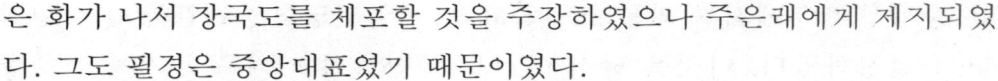

은 화가 나서 장국도를 체포할 것을 주장하였으나 주은래에게 제지되였다. 그도 필경은 중앙대표였기 때문이였다.

　7월 31일 이른아침, 계속하여 회의를 하고 몇시간 동안 격렬한 쟁론을 한 후 장국도는 부득이 다수인의 의견에 동의한다고 표시하였다. 회의에서 바로 8월 1일 이른새벽에 무장봉기를 거행한다고 결정하였다.

　이 시각 왕정위는 이미 려산에 도착하여 각 부를 모아 회의를 소집하고 '공산당을 숙청'할데 대하여 비밀리에 상담한 후 명령을 내려 하룡, 엽정에게 부대를 거느리고 철회하여 구강으로 돌아오라고 하였으며 구강의 진보적인 서점, 신문사를 봉쇄하고 운대영 등 중공 지도자들을 지명수배하라고 하였다. 정세로 보아 잠시도 늦출 수 없었다. 남창의 국민당 군관들을 안정시키기 위해 주덕은 당일로 제5군과 제6군의 련대장 이상의 군관들에게 초대장을 보내 저녁연회에 참가할 것을 초청하였다. 그날 저녁 풍성한 저녁연회가 끝난 후 수십상의 마작을 펼치였고 대청에서는 음악이 울려나왔다. 주덕은 그들을 초청하여 마작을 놀고 한밤중까지 춤을 추게 함으로써 봉기가 순리롭게 발동되도록 계획하였던 것이다. 주은래, 하룡, 엽정 등은 각 부대 련대장 이상의 간부회의에서 봉기명령을 선포하였고 각자의 전투임무를 포치해놓았다.

　뜻밖에 당일 밤에 일이 발생하였다. 성씨가 조가라는 한 부대대장이 허겁지겁 저녁만회 대청에 뛰여들어 어떤 사람이 그들 부대의 무장을 해제하려 한다고 말하였다. 대청이 갑자기 떠들썩해지자 주덕은 허허 하고 웃으며 말하였다. "정말 별 요언도 다 있네, 여러분들은 계속해서 마작을 하시오!" 그러나 대청에 있던 군관들은 안절부절 못하고 분분히 떠나갔다. 주덕은 서둘러 총지휘부에 가서 이 긴급 상황을 보고하였다. 총지휘부는 즉시 명령을 내려 두시간 앞당겨 봉기를 진행하기로 하였다.

　1927년 8월 1일 이른새벽, 밤하늘을 진감하는 총소리와 함께 무장봉기가 시작되였다. 공산당인들은 끝내 독립적으로 무장을 건립하는 첫 총소리를 울렸다. 한차례 격전을 거쳐 이른새벽 6시에 이르러 봉기군은 적군 3,000여명을 섬멸하고 전 도시를 통제하였다. 이날 오전, 봉기군

은 강서성 정부에서 회의를 소집하고 '중국국민당혁명위원회'를 성립한다고 결정하였다. 이것은 당시 아직도 국민당의 명의로 봉기를 진행한 연고였다. 송경령, 등연달, 하향응(何向凝) 등 국민당 좌파들이 비록 남경에 있지는 않았지만 여전히 위원으로 추대되였고 송경령 등 7명은 주석단 성원으로 되였다. 오옥장(吳玉章)은 혁명위원회 비서장으로, 류백승(刘伯承)은 참모장으로, 하룡은 제2방면군 대리 총지휘로, 엽정은 대리 전방총지휘로, 주덕은 제9군 부군장으로, 곽말약은 총정치부 주임으로 되였다. 회의에서는 선언을 발포하여 장개석, 왕정위의 죄행을 렬거하고 무한과 남경정권은 신군벌의 도구라고 지적하였다. 선언은 모든 혁명력량은 공동으로 노력하여 제국주의, 봉건세력과 신구 군벌을 반대해야 한다고 호소하였다.

 같은 날, 주은래의 파견을 받고 마회령에 도착하여 그곳에 주둔해 있던 제4군 제25사에 봉기명령을 전달한 섭영진과 련대장 주사제(周士第)도 부대를 거느리고 남창에 도착하여 봉기대오에 참가하였다. 주은래는 그들을 보고 매우 기뻐하며 말하였다. "이렇게 순리로울 줄 몰랐소.

그대들이 25사의 대부분을 다 데리고 왔구만요." 원래 주사제의 부대는 바로 유명한 엽정독립련대로부터 발전하여왔기에 전투력이 매우 강하였다. 섭영진이 가져온 봉기명령을 받고 주사제는 즉시 부하를 거느리고 남창으로 진군하였는데 뜻밖에 이미 공개적으로 공산당을 반대한 장발규가 부하를 거느리고 기차를 타고 와서 그들의 전진을 제지하려 하였다. 25사가 이미 출발한 것을 알고 장발규는 총지휘의 신분도 꺼리지 않고 차량 문어구에 서서 고함쳤다. "여보시오! 무엇하려고 하는가? 내가 총지휘이다. 너희들 련대장에게 말해 즉시 모든 행동을 멈추라고 해!" 그러나 그에게 돌아온 대답은 날아온 총알 뿐이였다. 장발규는 얼른 기차에서 내려 도망쳤고 그가 거느리고 온 많은 부하들도 봉기의 대오에 참가하였다. 주사제의 강철부대가 도착하자 남창봉기군의 력량이 크게 장대해졌으며 인수가 2만여명을 초과하였다.

원래 결정한 계획에 따라 8월 3일에 봉기군은 여러차례로 나누어 남창에서 철수하기 시작하였고 광동을 향하여 진군하였다. 적이 많고 아군이 적었기에 이 봉기군은 후에 사방으로 흩어져 실패하였다. 그러나 남창봉기의 력사적 의의는 아주 중대하였다. 이번 봉기는 토지혁명의 력사시기를 열어놓았고 인민의 혁명무장을 창조하였으며 대량의 혁명군 사인재를 육성하였다. 남창봉기에서 보존되여온 대오는 후에 중국로농홍군의 유생력량으로 되였다. 이번 봉기에 참가한 사람들중 많은 사람들이 인민군대의 걸출한 지휘원으로 되였다. 그리고 8월 1일은 중국인민해방군의 건군절로 확정되였다.

489
동북의 기치바꿈

공산당인들을 제거한 후 국민당 군대는 북방을 향하여 진군하였다. 1928년 5월, 북벌군과 풍옥상의 국민군은 하북 석가장과 산동 덕주 일대에 진주하여 북경에 바싹 접근하였다. 북경에 도사리고 있던 '중화민국 륙해군 대원수' 장작림이 당황해났다.

장작림의 자는 우정(雨亭)이고 료녕 해성(海城)사람으로 일찍 일로전쟁에서 일본군을 위해 진력하였고 신임을 얻은 후 몇년간 권세에 빌붙어 리익을 꾀하여 봉계군 수령으로 되였다. 그럼 장작림은 또 어떻게 '대원수'로 되였는가? 원래 단기서는 '림시집정'이 된 후에 봉계군벌의 지지하에 또 인민을 진압하고 매국하는 행위를 하여 전국의 반대를 받았다. 1926년 4월, 단기서는 어쩔 수 없이 하야를 선포하였다. 장작림은 이 기회를 타 군사를 파견하여 북경을 점령하였고 같은 해 12월에 북경에 들어왔다. 자기가 아직 '대총통'을 해본 적이 없다고 생각한 그는 부하에게 "이번에 내가 대총통을 하지 않으면 안된다!"고 말하였다. 그러나 북벌전쟁이 이미 시작되여 직계, 봉계(후에 그들은 또 련합하였음)의 사정이 어려워졌기에 그는 참을 수 밖에 없었다. 1927년 6월 18일에 이르러서야 겨우 대총통의 변칭인 '대원수'직을 맡았고 '원수'가 된 만족감을 느껴보았으며 북양군벌정부 최후의 통치자로 되였다.

중국 통사 이야기 | 중화민국

　　장작림은 비록 일본제국주의를 뒤심으로 삼았으나 순순하게 순종하지도 않았고 때로는 영미제국주의와 결탁하기도 하면서 동북에서 영국과 미국에게 여러가지 특권을 주었으며 점차 일본인의 통제에서 벗어나려고 하였다. 이리하여 장작림과 일본의 관계가 점차 악화되었다. 일본인은 장작림을 이미 의지할 수 없다는 것을 알고 장작림을 대체하여 중국 동북을 직접 통제하려고 시도하였다. 그들은 먼저 장작림에게 '은퇴'하라고 권하였다가 거절당하였다. 5월 17일 저녁, 일본공사 호우가와(芳澤)는 장작림을 회견하고 그를 핍박하여 동북으로 돌아가라고 하였다. 매우 화가 난 장작림은 과격한 말로 거절하였다. 호우가와는 "장종창(张宗昌)의 병사들이 제남에서 수십명의 일본교민을 살해하였는데 당신이 이 일에 대하여 마땅히 모든 책임을 져야 한다."고 위협하였다. 장작림은 버럭 대노하며 의자에서 벌떡 일어나 수중의 비취담배대를 내동댕이쳤는데 두토막으로 동강났다. 그는 노발대발하여 호우가와를 향해 소리쳤다. "이 일은 보고도 없었고 조사도 없었는데 나더러 책임지라고? 어찌 이럴 수가 있는가!" 말을 마친 후 호우가와를 남겨두고 노기등등해서 객실을 나섰다.

　　일본은 장작림을 좌우지하기 어렵게 되자 그에게 압력을 가하며 만약 권고를 듣지 않는다면 실패한 후에는 다시 동북으

중화민국 | 중국 통사 이야기

로 돌아가야 하고 "일본군은 당장 그 무장을 제거할 것이다."고 경고하였다. 동시에 또 병력을 배치하여 동북 각 전략 요충지에 대한 통제를 강화하였다. 일본인은 기세가 등등하였고 북벌군은 천진, 북경으로 바싹 접근하였다. 장작림은 대세가 이미 기울어진 것을 보고 6월 2일에 부득이 "출관통전"을 발표하여 북경에서 퇴출한다고 선포하였으며 동북으로 철수하였다.

떠나기 전 장작림은 갑자기 봉천에 있는 부하로부터 보내온 비밀전보를 받았다. "요즘 일본이 로도구(老道口)에서 행인을 통과하지 못하게 하오니 방비하십시오." 로련한 장작림은 의혹이 생겨 세번이나 출발시간을 변경하면서 만일에 대비하였다. 떠나기 전 호우가와가 또 와서 치근거렸는데 장작림은 분개하여 큰소리로 "일본사람은 사람이 위급할 때 꼼짝 못하게 목을 조르는데 친구답지가 않다! 나는 무서운 것이 없다. 나는 이 몸뚱이를 버린 지 오래다!"고 말하였다.

6월 3일 밤, 장작림은 중남해에서 나와 비밀리에 차에 올라 출발하였다. 북경에서 2년간 최고 통치자로 있은 '동북왕'의 눈에는 심상치 않은 눈물이 글썽하였다. 그가 탄 전용렬차는 모두 22칸으로 청조 자희태후가 탔던 '화차(花车)'로서 매우 화려하였다. 장작림은 렬차의 중간 부분에 탔다. 이때 일본관동군 고급참모 가와모또 다이사(河本大佐)가 이미 장작림에게 '죽음의 무덤'을 파놓을 줄 누가 알았으랴. 심양역에서 1.5킬로메터 떨어진 황고툰(皇姑屯)역 부근의 다리 밑에 일본군은 티엔티 30포대를 묻어놓고 50메터 밖에 있는 전망대에서 기폭장치로 폭발을 통제하고 교차점 이북에 탈선기를 장치하였으며 부근에 또 돌격대를 매복시켰다.

6월 4일 오후 5시 30분, '화차'가 황고툰 다리를 지날 때 관동군 대위 도우구우(东宫)가 전기스위치를 누르자 하늘땅이 무너지는 소리와 함께 전 다리가 폭파되고 장작림이 탄 차간도 분쇄되고 차량의 차체도 멀리 튕겨나가고 차 밑바닥만 남았다. 장작림의 수행원들 대부분이 폭사하고 그 본인도 엄중한 상처를 입었다.

봉천 헌병사령 제은명(齐恩铭)은 당황하고 혼란한 가운데서도 부근의 결혼차를 막아 신부를 강행으로 밀어내고 장작림을 태워 '원수저택'으로 왔다. 장작림은 이미 숨이 간들간들하였다. 그는 부하에게 "상처가 너무 엄중해… 안될 것 같다… 빨리 여섯째(장학량)를 심양에 오라고 해라."고 말을 마치자 죽었는데 54세이었다.

일본제국주의는 장작림을 모살한 동시에 또 동북에서 일련의 사건을 조작하고 혼란한 틈을 타 동북을 점령하였다. 기차를 폭파한 이튿날, 일본인은 산해관과 금주 사이에서 봉계군 군용기차 탈궤사건을 조작하였고 또 심양에서 폭탄안건을 런이어 빚어내였으며 장학량을 살해하려 음모하였다. 6월 16일, 일본군 만 8,000명이 심양 남쪽에서 도전적인 연습을 하면서 〈남만(南满)은 우리의 고향〉이라는 침략노래를 소리높이 불렀다. 삽시에 요언이 분분하였는데 신문지상에서는 심지어 천진에 칩거하고 있는 폐위된 황제 부의가 곧 북상하여 봉천의 국정을 주관할 것이라고 하였고 일부 청나라 유신들도 기회를 타 활동하면서 선동하였다.

일본인의 음모는 아주 빠르게 장작림의 부하에게 간파당하였다. 국세를 안정시키기 위해 봉천성 당국에서는 장작림이 폭사했다는 소식을 알리지 않았지만 통전을 발포하여 "주좌(主座, 장작림을 가리킴)께서 북경에서 봉천으로 돌아오는 길에 황고툰 남만철도에서 교량이 폭파되여 몇사람이 상처를 입고 주좌도 상처를 좀 입었지만 그래도 정신상태가 좋고… 성 소재지도 여전히 평온하다."고 발표하였다. 장작림 저택에서도 매일 장작림을 위해 주방에서 "밥상을 차리고" 의관(医官)도 매일 평소와 같이 진찰하고 처방을 기입하였다. 일본측에서는 끊임없이 사람을 파견해 위문회견을 요청하였으나 모두 완곡하게 거절당하였다. 모두가 나어린 원수 장학량이 오기를 기다릴 뿐이였다.

이때 장학량은 남은 봉계군을 관외(关外)로 철수시키는 일을 처리하고 있었는데 소식을 듣고 크게 놀라 즉시 변장하고 기차를 타고 천진으로 왔고 다시 급행렬차를 타고 산해관을 지나오려고 준비하였다. 또 일본군이 이미 군량성(军粮城)과 산해관 사이에 폭탄을 설치하고 그를 폭사하려고 한다는 말을 듣고 급히 바꾸어 배를 타고 려순에 상륙하여 다시 자동차를 타고 비밀리에 심양에 도착하였다.

당시 27세인 장학량(张学良)은 봉계군 3, 4방면군의 군단장으로서 봉계군 가운데서 위망이 아주 높았다. 그는 심양으로 돌아온 후 사건이 발생한 경과를 듣고 실성통곡하였으며 일본침략자를 몹시 미워하였다. 국세를 안정시키기 위하여 장학량과 봉계군 원로 장작상(张作相)은 6월 21일에 장작림의 장사를 지내기로 상의하여 결정하였다.

장사를 지낼 때 일본정부는 일부러 차분한 체하면서 위선적으로 특사 하야시 곤스케(林权助)를 파견하여 조문하였다. 또 기회를 타 장학량을 롱락하여 동북에서 독립할 것을 선동함으로써 일본 통제하에서의 한 개 독립왕국을 건립하려고 하였다. 하야시 곤스케는 장학량에게 "만주와 몽골은 일본의 특수 권익이 있는 지방으로 우리와 당신은 반드시 합작을 강화해야 한다."고 말하였다. 그는 또 장학량에게 청천백일기(青天白日旗)로 바꿀 의도가 없는가고 질문하였다. 장학량은 몹시 화가 나서 그들과 변론을 하였다. 쟁론이 격렬해지자 심양 주재 일본 총령사 하야시 규지로우(林久治郞)는 명령하는 어조로 "우리는 당신이 그 기를 거는 것을 허락하지 않는다."고 말하였다.

원래 이전에 동북지구와 기타 북양군벌이 통제한 지구는 모두 북양정부의 오색기를 걸었었는데 국민당 북벌군이 이르는 곳에서는 중화민국의 국기인 청천백일만지홍기(满地红旗)를 걸었기 때문에 일본인은 장학량이 어떤 기치를 거는가에 대하여 특별히 민감해 하였다. 장학량은 일본정부가 이처럼 무리하게 간섭하자 발끈 화를 내며 일본인을 호되게 질책하였다. 쌍방은 불쾌한 기분으로 헤여졌다.

관내에서 북벌군은 이미 북경과 천진을 차지하였다. 동북을 제외한 전국 대부분 지구는 이미 청천백일만지홍기 아래에 통일되여있었다. 8월 9일, 장개석은 특사 방본인(方本仁)을 봉천에 파견하여 장학량에게 오색기를 청천백일만지홍기로 바꾸라고 권하고 국민당정부에 귀순하여 전국 통일을 실현하자고 하였다. 장학량은 이미 일본의 침략야심을 알았고 벌써 국가통일을 갈망하였는바 형사렴(邢仕廉), 왕유주(王维宙), 서조치(徐祖治)를 북평에 파견하여(이때 남경정부는 이미 북경을 북평으로 고침) 동북의 기치바꿈, 남경정부에 귀순하는 문제를 상담하였다. 동북대표는 남경정부가 동북3성의 자치를 승인하고 인사 및 기타 지배권을 향유하며 남경의 세력이 동북3성에 직접 깊이 들어가지 못한다는 등을 기치바꿈의 조건으로 제출하였다. 2개월의 왕복 교섭을 통하여 쌍방은 끝내 협의를 달성하였다. 10월 8일, 남경정부는 장학량을 국민정부 위원으로 선포하였다. 10일, 장학량은 심양에서 국민정부 위원직의 취임을 선포하였다. 1928년 12월 29일, 장학량은 정식으로 '기치바꿈' 통전을 내고 동북3성과 열하성에서 오색기를 바꿔 국민당 청천백일당기와 청천백일만지홍의 국기를 걸었다. 이에 이르러 장개석은 '전국 통일'을 완성한 셈이였다.

중화민국 중국 통사 이야기

490

신군벌의 혼전

장개석이 전국을 통일한 것은 사실 표면상의 잠시적인 '련합'일 뿐이였다. 실제상 당시 남경정부가 진정으로 통제할 수 있은 지구는 오직 동남(东南) 5개 성 뿐이였다. 전국 수십개 국민당 신군벌들은 모두가 군사를 보유하여 자신의 신분을 강화하고 각기 한개 지방을 제패하면서 남경정부의 명령을 전혀 듣지 않았다. 그중 세력이 가장 큰 4개 군벌로는 산동, 하남, 섬서, 감숙 일선의 광대한 지구를 차지한 풍옥상, 산서성과 북경, 천진 지구를 통제한 염석산, 광서, 호남, 호북 3성과 화북의 일부 지구를 갖고 있는 리종인, 동북 4성을 통치하고 있는 장학량이였다.

가장 큰 신군벌로 장개석은 각 '제후국'을 수복하고 할거문제를 해결하려 결심하였다. 1929년 1월 1일, 장개석은 남경에서 '개편파견회의(编遣会议)'를 소집하여 군비 축소를 상의하려 하였는데 실제상은 평화적 방식으로 각 군벌의 군권을 탈취하려 하였다. 풍옥상, 염석산, 리종인 모두가 출석하였다. 이렇게 군사를 거느리고 출세한 일급 '통수' 인물들은 모두가 "병력만 있으면 모든 것이 있다."는 도리를 깊이 알고 있었기에 각자가 생각을 품고 차거운 눈으로 장개석이 어떻게 행동하는가를 보고 있었다.

회의는 시작부터 각 파의 군사수량 확정을 먼저 토론하였다. 회장은 잠간 침묵하였다가 '서북왕' 풍옥상이 먼저 반기를 들고 군사를 줄이는 것을 론하지 말고 '장군을 줄이는 것'을 먼저 론해야 한다고 제출하였다. "약한 것은 없애고 강한 것은 남겨두고 공이 없는 자는 없애고 공이 있는 자는 남겨두어야 한다."고 하였는데 이는 예봉을 장개석에게 돌렸다는 것을 모두가 알고 있었다. 그것은 북벌전쟁 가운데서 장개석의 적계(嫡系)부대가 련전련패하였기 때문이다. 리종인은 즉시 동의한다고 표시하였으나 리해타산에 뛰여난 염석산은 애매하게 쌍방의 비위를 맞추려 하였다. 한순간 분위기가 긴장하였다. 범의 꼬리를 잡은 격이 된 장개석은 매우 화가 났다. 일이 이렇게 되자 염석산은 구실을 대 살그머니 산서로 도망쳐 왔다. 풍옥상도 병을 핑게로 철갑차를 타고 밤에 원 주둔지로 돌아왔다. 이른바 개편파견회의는 이렇게 결과 없이 끝났다. 평화적 수단이 실패하자 장개석은 각 군벌간의 모순을 리용하여 무력으로 하나하나 격파하려고 결심하였다. 그는 첫번째 타격목표로 무한을 차지하고 남경정부의 생존에 가장 위협이 되는 계계(桂系)군벌 리종인을 겨누었다.

　　리종인은 자가 덕린(德邻)이고 광서 림계(临桂)사람으로서 무력으로 광서를 통일하였다. 북벌전쟁에서 그는 제7군 군장을 맡았고 전공이 탁월하여 세력을 량호(两湖)와 화북 일부 지구에까지 확장하였다. 1919년 2월 하순, 장개석의 군대가 무한 계계군을 압박하기 시작하자 리종인은 황망히 변장하고 남경에서 도망쳐 비밀리에 상해로 갔다. 3월 21일, 장개석은 리종인의 당적을 취소한다고 선포하고 계계를 토벌하라고 명령을 내렸다. 그리하여 장개석의 군대와 계계군 사이에서 전쟁이 먼저 폭발하였다.

　　교통이 단절되였기에 리종인은 제때에 무한에 이를 수 없었다. 장계(蒋系)의 류치(刘峙) 10만 대군에 직면하여 계계의 군심이 조금 동요되였다. 이것을 안 장개석은 시기를 놓치지 않고 사람을 무한에 파견하여 모반을 선동하였다. 오라지 않아 황피(黄陂)전방에 있는 계계의 지휘관 리명서(李明瑞)는 곧 '중앙에 복종'한다고 선포하고 군대를 되돌려 무한을 토벌하였다. 선두부대가 반란하자 무한을 지키고 있던 장령 하위(夏

威) 등이 잠시 당황하다가 무한을 포기하기로 결심하고 서쪽으로 퇴각하였다. 류치의 군사는 칼날에 피 한방울 묻히지 않고 무한을 점령하였다. 장개석은 또 직접 무한에 가 주재하면서 군대를 파견하여 추격하였다. 하위 등은 대세가 이미 기울어진 것을 보고 부득이 통전을 내고 하야 하였으며 남은 부대는 모두 장개석에게 무기를 바치고 재편성되었다.

이와 함께 장개석은 또 사람을 파견하여 거액의 돈을 가지고 하북에 가서 계계 장령을 책동하여 모반하였다. 과연 반역자도 찾았고 하북을 지키던 계계 장령 백숭희도 광서로 도망을 갔다. 장개석은 또 승세를 타 대군을 광서에 파견하여 토벌하게 하였다. 5월 중순 계계군이 패하고 리종인, 백숭희는 향항으로 도망쳤다. 장개석과 계계군의 전쟁에서 장개석의 승리로 종말을 고하였다.

장개석과 계계군의 전쟁이 폭발할 때 장개석은 풍옥상, 염석산을 롱락하여 무한에 대하여 군사를 풀게 하였는데 실제상은 그들이 간섭하는 것을 막기 위해서였다. 풍옥상과 염석산도 기분좋게 옆에서 구경하다가 리득을 보려고 하였고 출병은 하지 않았지만 '중앙에 복종한다'는 통전을 내였다. 리종인의 계계군이 참패하자 장개석은 총부리를 풍옥상에게로 돌리였다.

장개석은 계속 쓰던 수단으로 먼저 풍옥상을 롱락하여 '중립'을 유지하게 하고 또 리간질을 하여 계계 장령을 수매하는 수법으로 풍옥상의 부하 장령을 책동하여 모반하게 하였다. 5월 22일, 풍옥상군대의 부하 장령 한복구(韩复榘), 석우삼(石友三)은 '중앙에 복종한다'는 통전을 내였다. 장개석은 즉시 명령을 내려 풍옥상군대를 토벌하게 하고 풍옥상의 당적마저 취소하였다. 또 풍옥상을 지명수배하라고 하였다. 풍옥상은 간신히 빠져나와 군대를 거느리고 방위를 하였지만 사방으로부터 오는 적의 공격을 받아 끝내는 군심이 흩어져 어쩔 수 없이 '하야(下野)'한다고 통전을 내였다. 풍옥상은 군대가 패하자 염석산에게 가서 의탁하였는데 염석산은 그를 산서 오대(五台)의 건안촌(建安村)에 연금시켰다.

염석산은 자가 백천(百川)이고 산서 오대(五台)사람으로서 어려서부터 장사를 배웠고 일본사관학교를 졸업하였다. 신해혁명 후에는 산서

도독(都督)으로 되였으며 원세개를 옹호하였다. 북벌이 시작되자 그는 또 국민혁명군으로 자칭한 '오뚜기(不倒翁)'였다. 산서는 그의 통치하에서 '독립왕국'으로 되였다. 이때 풍옥상이 그에게 의탁하자 풍옥상군대도 자기에게 귀순된거나 다름없다고 생각하였다. 우쭐하게 된 그는 서북군 잔여부대를 앞장세워 장개석을 칠 것을 희망하였다. 9월 17일, 염석산은 밤에 풍옥상을 찾아 서북군이 먼저 장개석군을 진공하고 뒤이어 산서군이 호응할 것을 약속하였다. 풍옥상은 흔연히 승낙하였고 서북군 손량성(孙良诚), 송철원(宋哲元)에게 군사를 거느리고 동관(潼关)에서 출발하여 장개석을 토벌할 것을 명령하였다.

염석산, 풍옥상의 활동은 당연히 장개석의 눈을 벗어나지 못하였다. 상해탄 거래소에서 길러낸 이 정객에게는 때리고 롱락하는 방법이 얼마든지 있었다. 그는 염석산을 륙해공군 부총사령으로 임명하였다. 기름진 고기덩이를 입에 문 염석산은 약속을 어기고 산서군에게 명령하여 서북군이 장개석을 반대하는 행동에 대하여 옆에서 구경만 하라고 하였다. 결과는 서북군의 전군 궤멸을 초래하였다.

장개석은 계계군과 풍옥상군대를 련이어 패배시키고 기고만장하였으며 총부리를 돌려 또 염석산의 산서군을 겨누었다. 염석산은 매우 노하여 "나에게까지 핍박할지 생각조차 하지 못하였네!"라고 크게 웨쳤다. 1930년 2월 28일, 그는 친히 오대 건안촌에 가서 풍옥상을 데리고 태원에 도착하여 련합으로 군사회의를 소집하였다. 모든 힘을 다하여 장개석을 무너뜨리겠다고 결심하였다. 염석산은 '중화민국 륙해공군 총사령'으로 자칭하고 풍옥상, 리종인을 '부총사령'으로 임명하였다.

4월 1일에 염석산, 풍옥상, 리종인은 동시에 취직을 선포하고 장개석을 토벌한다는 통전을 내였다. 이렇게 되자 장개석은 세갈래 대군을 직면하게 되었다. 그는 즉시 토벌하라는 명령을 내리였고 염석산의 당적을 영원히 취소하였다. 중화민국의 력사상 규모가 가장 큰 한차례 군벌혼전-중원(中原)대전이 시작되였다.

중원대전의 쌍방은 백여만 군대를 동원하였다. 동쪽의 산동으로부터 서쪽의 양번(襄樊)까지, 남쪽의 장사로부터 북쪽의 하북에 이르기까

지 수천리의 전선에서 포성이 울부짖고 칼날이 번쩍이면서 서로 싸우고 죽이고 하였다. 전쟁 초기 염석산, 풍옥상, 리종인 측은 선명한 우세를 차지하였다. 산서군, 서북군은 련이어 제남, 상구(商丘)를 함락하고 서주, 벙부(蚌埠)에 바싹 접근하였다. 계군도 장사, 악주(岳州)를 함락하였다. 그러나 장개석도 "천자를 끼고 제후를 명령"할 수 있는 우세가 있었다. 그는 중앙정부의 명의로 관직을 주고 약속을 하며 염석산, 풍옥상, 리종인의 부하들을 책동하여 모반하게 하였다. 그리고 또 영미제국주의와 강서, 절강 재벌들의 경제적 지지는 반역 장령들을 수매할 수 있었다. 하여 염석산, 풍옥상의 일부 부하들은 쉽게 배반을 하였고 전쟁은 대치상태에 처하게 되였다.

이때 군사를 보유하여 관외에서 줄곧 움직이지 않고 있던 장학량이 아주 중요한 지위에 처하게 되였다. 쌍방이 모두 장학량을 극력 롱락하였기에 그의 지지와 반대가 교전 쌍방의 승패를 결정할 수 있었다. 염석산이 장학량을 해륙공군 부총사령으로 위임하자 장개석은 중앙정부의 명의로 장학량을 해륙공군 부총사령으로 임명하였을 뿐만 아니라 그에게 하북, 산서, 산동의 부분 지반을 준다고 약속하였으며 3000만원 거금을 뢰물로 주었다. 이런 정황하에서 오래동안 침묵해오던 장학량은 1930년 9월 18일 갑자기 통전을 내여 '중앙을 옹호한다'고 하고 관내로 출병하여 북경과 천진을 점령하였으며 배후에서 염석산과 풍옥상을 위협하였다.

뒤이어 풍옥상의 부하 장령 석우삼(石友三)이 장개석을 옹호한다는 통전을 내였고 양호성(杨虎城)이 갑자기 반란을 일으켜 서안을 점령하였다. 이렇게 되자 전방의 풍옥산군대가 모든 전선에서 궤멸되여 장개석에게 개편되였다. 염석산의 부대는 정세가 불리하게 되자 황망히 산서로 퇴각하였다. 염석산과 풍옥상은 부득이 하야한다는 통전을 낼 수 밖에 없었다. 리종인의 '북벌군'도 이때 형양에서 크게 패하여 광서로 물러갔다. 10월 중순, 반년 동안 지속된 중원대전은 장개석의 전승으로 종말을 고하였다. 중원대전에서 쌍방은 사상자가 40여만명이나 되였고 중원 인민들은 유린을 받을 대로 받았지만 장개석의 통치지위는 공고되였다. 그러나 국민당 신군벌간의 모순은 해결되지 못하였다. 각 파 군벌들은 장개석에 대하여 겉 다르고 속 달랐으며 각자가 의심을 품고 반독립 상태를 유지하였기에 중국은 여전히 군벌할거의 국면에 처해있었다. 국민당의 신군벌간의 혼전, 더우기 중원대전은 외래침략을 막아내는 중국 군대의 힘을 약화시켰다. 이로 인해 중원의 광대한 지구의 토지가 황폐해졌고 가옥이 파괴되고 인민들이 의지할 곳 없어 류랑하게 되였다. 중국이 더욱 빈약해지게 된 상황은 일본제국주의가 중국을 침략하는데 기회를 제공해주었다.

중화민국 중국 통사 이야기

491
한점의 불꽃도 료원의 불길로 타오른다

장개석은 풍옥상, 염석산, 리종인에 대한 우세를 얻고 마음의 병을 제거한지라 해가 중천에 뜬 듯하여 "천하에 영웅으로 당할 자가 없다"는 티를 내였다. 그렇지만 그는 여전히 안절부절 못하였는데 그것은 중국공산당이 또 재기를 도모하면서 날따라 장대해지는 홍군을 령도하고 있었기 때문이다. 이는 그의 목을 조르는 심각한 마음속 근심이 아닐 수 없었다!

1927년 8월 7일, 중공중앙은 무한에서 긴급회의를 소집하고 진독수의 총서기직무를 취소하였고 그의 착오로선을 비판하였으며 혁명의 무장으로 반혁명의 무장을 반대하는 결정을 내렸다. 8.7회의 전후에 공산당은 각지에서 무장봉기를 거행하였다. 영향이 가장 큰 것으로 주은래 등이 령도한 남창봉기외에 또 모택동 등이 령도한 추수봉기, 장태뢰 등이 령도한 광주봉기 및 등소평(邓小平) 등이 령도한 백색봉기 등이 있었다. 갈래갈래의 인민군대가 건립되고 중국혁명의 새로운 로정이 시작되였다. 중국공산당이 령도하는 이 혁명의 목표는 제국주의와 봉건주의를 뒤엎는외에 국민당의 통치도 뒤엎는 것이였다.

최초에 이런 봉기군들은 경험이 부족한데다 대도시를 공략하는 것을 목표로 하였기에 전과가 크지 못하였고 대오가 부득이 철퇴하거나 뿔뿔이 흩어졌다. 장개석은 이런 것들을 안중에 두지는 않았다. 그러나 얼마 지나지 않아 강서에서 추수봉기의 소식이 전해왔다. 상감(湘贛)변계의 추수봉기는 1927년 9월에 폭발한 후 대오가 례릉(醴陵), 류양(浏阳) 등 현성을 점령하였으나 호남성 소재지 장사를 공격할 때 강대한 적들의 저격을 받아 적지 않은 사람들이 희생되였다. 대도시를 공격하려던 계획이 물거품으로 되자 한순간 대오가 혼란해졌는데 혁명을 배신하고 적에게 투항하거나 집으로 도망가는 일들이 늘 발생하였다. 혁명은 어디를 향해 가야 하는가? 또 승리할 희망은 있는가?

　이 관건적인 시각에 전적위원회 서기 모택동은 대오를 신속히 철수시켜 류양의 문가시(文家市)로 가서 집중하라고 명령하였다. 그는 간부들에게 목전 적이 강하고 아군이 약하기에 덮어놓고 대도시를 친다면 반드시 실패할 것이므로 적의 통치력량이 박약한 농촌으로 진군하여 그 곳에서 발을 붙이고 력량을 장대시켜 다시 도시를 탈취하고 적을 전승해야 한다고 하였다. 간부들은 그의 말을 듣고 모두가 눈앞이 확 트이는 듯 하였다. 모택동이 제출한 "농촌으로부터 도시를 포위"하는 주장은 하나의 빛나는 사상이였다. 바로 이 사상이 중국혁명을 인도하여 정확한 길로 나아가게 하였다.

　9월 19일, 여러갈래 대오들이 문가시에 도착하였다. 모택동은 이 대오들을 거느리고 호남, 강서 접경지대의 라소산맥(罗霄山脉)으로 진군하였다. 열흘 후에 그들은 강서 영신(永新)현 삼만촌(三湾村)에 이르렀다. 모택동은 여기에서 저명한 '삼만개편(三湾改编)'을 진행하였다. 당시 봉기대오 가운데 많은 군관들은 낡은 군대출신으로서 군벌주의 작풍이 존재하였기에 장병관계가 아주 긴장하였고 부대의 전투력에 영향을 주었다. 모택동은 이런 대오는 혁명의 중임을 담당할 수 없음을 의식하고 당조직의 작용을 발휘할 것을 결정하였다. 그는 반에 당소조를 두고 련에 당지부를 두었으며 영에는 당위원회를 두고 련 이상에 당대표를 두었다. 이렇게 하여 공산당원의 골간작용을 발휘할 수 있을 뿐만 아니라 또 제때에 병사들의 정서도 료해할 수 있으므로 사상공작을 잘할 수 있었다.

　뒤이어 또 부대를 간소화하고 재편성을 하여 가려는 사람을 절대 붙

중화민국 중국 **통사** 이야기

잡지 않았을 뿐만 아니라 집으로 가는 로비도 주었다. 나머지를 한개 련대로 축소하여 중국 로농혁명군 제1군 제1사 제1련대라고 하였다. 전 련대가 약 천명이 되였다. 비록 사람은 적어졌지만 대개는 고험을 견딜 수 있는 혁명전사였으며 전투력도 도리여 강화되였다. 군벌작풍을 시정하기 위해 부대에서는 또 관병일치의 원칙을 실행하고 각급 병사위원회를 성립하였다. 병사들은 간부를 감독할 권리가 있고 간부는 병사를 때리거나 욕해서는 안되였다. 이렇게 되자 전군이 하나로 단결되여 새로운 기상이 나타났다.

　이날, 재편성된 대오는 삼만촌 초원에 집합하여 모택동의 연설을 들었다. 모택동은 무엇 때문에 농촌으로 가야 하는가 하는 도리를 설명한 후 확신있게 말하였다. "여러분은 모두 어머니가 낳은 것입니다. 적들도 두발이 있고 우리도 두발이 있습니다. 우리는 한명이 적 10명을 당해낼 수 있는데 뭘들 무섭겠습니까? 혁명에 좌절이나 실패는 언제나 있을 것이며 견지해나가기만 한다면 승리는 반드시 올 것입니다." 전사들은 그의 말을 듣고 모두가 만면에 웃음을 띠며 말하였다. "우리 이 몇백명으로 꼭 천지개벽을 일으키고야 말 것이다!"

오래지 않아 그들은 곧 강서 정강산(井冈山) 일대에서 자리를 잡고 근거지를 건립하였고 로농병정권을 건립하였다. '로농무장할거'가 국민당통치구내에서 나타났다. 모택동이 말한 것처럼 그것은 "한점의 불꽃"이지만 "료원의 불길로 타오를 수 있었다."

1928년 4월, 좋은 소식이 정강산에 전해왔다. 주덕이 남창봉기의 일부분 대오를 거느리고 국민당군대의 추격에서 벗어나 이미 정강산의 롱시(砻市)에 도착하였다는 것이다. 원래 주덕, 진의(陈毅) 등이 거느린 대오는 남창봉기의 일부분으로서 주로 원 25사의 사람들이였다. 그들은 호남 의장(宜章) 일대에서 '호남폭동'을 거행하여 대오가 확충되고 력량도 증강되였다. 그들은 한갈래 혁명무장이 정강산에서 활동하고 있다는 것을 알고 회합하러 온 것이였다. 이 소식은 정강산군민들로 하여금 기뻐 날뛰게 하였고 모택동은 친히 롱시까지 나가 주덕과 만나 두갈래 혁명군대가 승리적으로 회합하였다. 모택동은 "이번 회합은 력사적 의의가 있으며 우리의 전도는 광명할 것이다."고 흥분하여 말하였다. 주덕도 "이것은 중국혁명의 새 기점을 표징하고 있다."고 말하였다.

회합 이후 그들은 중국 로농홍군 제4군을 성립하기로 결정하고 주덕이 군장으로, 모택동이 당대표로, 진의가 정치부 주임으로 임명되였다. 이때로부터 '주덕과 모택동(朱毛)'은 혁명대오의 별칭으로 되였고 태반의 중국땅에 전해졌다. 1928년 년말, 팽덕회(彭德怀)도 평강(平江)봉기군의 대오를 거느리고 정강산에 이르렀고 근거지도 성세호대하게 발전하여 통제하는 지역이 끊임없이 확대되였다. 1931년 11월에 이르러 중화쏘베트공화국 림시 중앙정부가 강서 서금(瑞金)에서 성립되고 모택동이 정부 주석을 담임하였으며 중앙근거지는 21개 현에 인수가 250여만명이나 되였다. 이와 함께 상악서(湘鄂西), 해륙풍(海陆丰), 악예환(鄂豫皖), 경아(琼崖), 민절감(闽浙赣), 상악감(湘鄂赣), 상감(湘赣), 좌우강(左右江), 섬북 등에서도 근거지를 건립하였다. 근거지에서 정부는 토지혁명을 실행하고 지주의 땅을 몰수하여 빈고농들에게 나누어주었으며 홍색정권도 날로 공고해졌다.

'지하'로 전입한 이후로부터 상해에서 중공중앙의 처지는 갈수록 어려워졌다. 국민당의 피비린 진압과 학살로 혁명력량은 막심한 손실을 입었고 일부 사람들은 격분하여 조급한 모험정서도 나타냈으며 당내에는 3차 '좌'경 착오로선이 출현함으로 하여 혁명사업은 또 좌절을 당하였다. 적들의 엄한 추격과 반역자의 배반으로 극히 위험한 환경에 처한 중공중앙은 주은래 등의 주관하에 은폐된 전선에서 적들과 여러가지 형식의 투쟁을 진행하였다. 1931년에 이르러 주은래와 중공중앙은 선후로 중앙근거지로 전이하였다.

국민당정권의 통치하에서 공산당이 령도하는 로농무장할거가 동시에 존재한다는 것은 장개석을 매우 노하게 하였는데 그는 홍군과 홍색근거지를 소멸할 것을 맹세하였다. 중원대전이 결속된 후 그는 막강한 군대를 집결시켜 근거지에 대한 '포위토벌'을 시작하였다. 1930년부터 1933년 2월에 이르기까지 3년도 안되는 시간에 장개석은 선후로 10만, 20만, 30만, 50만 병력을 파견하여 강서의 중앙근거지를 네차례나 진공하였다. 장개석은 장비가 군벌보다 훨씬 락후한 홍군이 자기의 수십만 대군을 격파하였을 뿐만 아니라 싸울수록 강대해질 줄은 정말 생각 밖이였다. 네차례 '포위토벌'의 결과 혁명근거지는 15개로 발전하였고 14개 성에 인구가 천만에 달하였다. 전국의 홍군은 30만명으로 증가되였고 중앙혁명근거지에만 해도 10만명이 되였다. 중국공산당은 다시 국내에서 홀시할 수 없는 강대한 력량으로 되였다.

492

9.18사변

　　장개석이 각 파의 군벌을 귀순시키고 홍군에 대한 '포위토벌'로 정신이 없을 때 동북에 주재한 일본군대들이 또 침략을 획책하고 있었다. 1928년, 일본인은 '황고툰사건'을 조작하여 장작림을 폭사시켰는데 본의는 동북을 통제하고 동북에 한개 독립왕국을 만들려는 것이였다. 동북인민의 애국투쟁과 장학량의 정확한 선택은 오히려 동북의 '기치바꿈'을 촉진하였다. 일본인들은 당연히 그대로 가만 있지 않았으며 동북을 '독립'시키기 위하여 끊임없이 사단을 일으키였다. 장학량은 일본인의 동태를 남경정부에 부득이 보고할 수 밖에 없었다.

　　이런 정황하에서 장개석은 "외적을 물리치려면 먼저 국내를 안정시켜야 한다."는 정책을 제기하고 공산당을 먼저 소멸해야 한다는 것을 견지하였다. 1931년 8월 22일, 장개석은 남경에서 연설을 하였다. "중국이 제국주의 손에 망한다면 우리는 그래도 망국노로 되여 목숨이라도 부지할 수 있지만 공산당에 의해 망한다면 노예로도 되기 어렵게 될 것이다." 장개석의 터무니 없는 주장은 일본제국주의에게 동북을 병탄하는 데 조건을 제공하였다.

　　일본 관동군(关东军)은 사령관 혼조 시게루(本庄繁), 특무두목 도히하라 겐지(土肥原贤二), 고급참모 이따가끼 세이시로(板垣征四郎)대좌와 작전 주임참모 이시하라 간지(石原莞尔)중좌의 획책하에 전쟁의 발걸음을 다그쳤다. 일본정부는 '모략으로 기회를 조성'하고 '만주와 몽골을 우리의 령토로 만드는' 정책을 실현하기 위하여 일련의 사건을 조작하였다. 1931년 7월 2일, 일본군은 장춘에서 많은 중국 농민을 총살하여 만보산(万宝山)참안을 빚어내였고 7월 5일에는 또 조선 각지에서 화교를 박해하여 조선참안을 빚어내였다. 8월 17일에는 군사정보를 정탐하던 일본군 나끼무라 신다로우(中村震太郎)일행이 중국 동북군에게 체포되여 처결당했다. 9월 6일 이 소식이 외곡되여 발표되자 일본 전국에서는 중국에 대한 전쟁의 여론고조를 일으켰다. 일본 륙군 전체가 동원되여 전쟁준비를 적극적으로 하였다. 관동군이 길림, 료녕 각지에서 전호를 팠는데 동북대지에는 전쟁의 먹장구름이 덮였다.

　　일본군의 기세등등한 공세에 직면하여 장개석의 남경정부는 번마다 양보하였고 9월 11일, 동북군에게 전보로 명령을 내려 "일본군이 도전하면 반드시 신중해야 하고 충돌을 피면해야 한다."고 하였다. 16일에 장개석은 동북군 통수 장학량에게 전보를 보내여 "이후로 일본군이 동북에서 어떤 도전을 하든 우리측은 저항하지 말고 애써 충돌을 피해야 한다. 귀형이 일시적인 분노를 풀고 국가와 민족을 돌보지 않으면 안 된다."고 말하였다. 특히 황당무계한 것은 전쟁이 일촉즉발인 상황에서도 장개석이 장학량에게 대군을 거느리고 관내에서 군벌 석우삼을 정벌하라고 명령한 것이였다. 장학량은 군대를 거느리고 동북에 돌아와 항일하려고 하였으나 장개석의 비밀명령으로 저지당하였다.

　　9월 18일 저녁 10시 20분, 일본 관동군 철도수비대 가와모도 스에모리(河本末守) 중위는 이따가끼와 이시하라의 예정 계획에 따라 심양 북쪽 교외의 류조호(柳条湖)에서 남만철도를 폭파하였다. 그리고는 중국 군대가 파괴하였다고 무함하고 곧 북대영에 주둔한 중국 군대를 공격하는 한편 심양성을 진공하였다. 중외를 진감한 9.18사변이 폭발하였다.

　　정황이 긴급해지자 심양을 지키던 장령이 급히 남경에 전보를 보내여 대책을 청시하였는데 남경에서는 "일본군의 이 거동은 평범한 도전 성질이니 사태의 확대를 피면하기 위해 절대 저항해서는 안된다."고 지시하였다.
"절대로 저항해서는 안된다"고 한 것은 심양성으로 하여금 하루밤 사이에 일본인의 천하로 되게 하였다. 19일 아침, 심양이 함락된 동시에 안동(安东, 지금의 단동), 본계, 영구, 우장(牛庄), 장춘 등지에서도 수비군들이 부저항 명령을 집행하였으므로 잇따라 함락되었다. 20일부터 일본군은 동쪽으로 길림을 점령하고 남쪽으로 금주를 압박하였으며 일본해군은 또 하북 진황도에 등륙하여 동북과 화북의 련계를 절단하였다. 이때로부터 료녕과 길림 두 성의 대부분이 일본군의 수중으로 들어갔다.

11월 4일 점심, 일본군은 눈강(嫩江)다리를 진공하기 시작하였다. 동북군 마점산(马占山)장군은 군사를 거느리고 다리를 지키면서 목숨을 걸고 저항하여 천명에 달하는 일본군을 살상하였고 일본군의 여러차례 진공을 좌절시키였다. 마점산의 군대가 눈강다리에서 혈전을 한 것은 전국인민들에게 막대한 고무로 되였고 그의 이름은 전국에 신속하게 퍼지였다. 후에 일본군은 조선으로부터 두개 사단의 원군을 이동시켜 계속하여 맹공격을 발동하였다. 마점산은 고군작전하였는데 적군이 많고 아군이 적은 데다 또 남경정부의 어떤 지원도 받지 못하였기에 반달간을 악전고투하다 탄알과 량식이 떨어지고 사상자가 막심하여 진지를 포기하고 해륜(海伦)으로 물러나는 수 밖에 없었다. 1932년 1월 2일, 일본군은 동북에서 중국 군대의 최후 거점—금주를 함락함으로써 동북 전부가 점령되였고 3,000만 동북 인민이 일본제국주의 통치하의 노예로 되였다.

일본군이 중국 동북3성을 침점한 것은 공개적인 도전이고 하나의 신호포로서 실제상 새로운 세계대전이 시작되였음을 선고하였다. 그렇지만 남경정부는 희망을 당시의 '국제련맹'에 기탁하여 그들이 출면하여 간섭할 것을 바랐다. 9.18사변이 발생한 후 사흘날, 남경정부는 정식으로 국제련맹에 고소를 제기하였다. 장개석은 남경연설에서 "공리로 강권에 대하고 평화로 야만을 대하며 치욕을 참으며 잠시 참고 견디는 태도를 취하여 국제에서 공리로 판단할 것을 기대한다."고 말하였다. 그는 또 사람을 만나면 무책임하게 말하였다. "만약 일본에 저항하면 많아서 3일이면 나라가 망한다." 그리고 그는 명령을 내려 항일활동을 금지시키

고 항일운동을 진압하였다. 장개석의 각가지 역행은 전국 인민을 격노하게 하였고 남경정부 가운데의 항전세력들도 격노하게 하였다. 정세가 심상치 않다고 생각한 장개석은 12월 15일 부득불 하야를 선포하고 잠시 예봉을 피하였다.

    1932년 3월 9일, 일본제국주의는 동북에서 괴뢰정권―'만주국(满洲国)'을 건립하였고 청나라의 페위된 황제 부의를 '집정(执政, 2년후 황제로 개칭)'시키고 크고 작은 매국노들을 지방의 관리로 시켰으나 실권은 일본의 '고문'수중에 있었다. 혹은 일본인이 관리로 되여 모든 것을 직접 장악하기도 하였다. 일본이 동북을 통제하려는 시도가 끝내 실현되였다. 아이신죠로 부의(爱新觉罗·溥仪)는 1924년 풍옥상으로부터 고궁에서 쫓겨나와 천진 조계지로 도망쳤고 9.18사변이 발생한 후에는 일본 특무의 협박으로 심양에 와 괴뢰황제로 되였으며 일본이 중국인민을 침략하고 노예화하는 공범자로 되였다.

    3월 13일, 다시 집권한 장개석은 로이터통신사(路透社) 기자에게 "동북에 비합법적 국가를 건립한 것은 완전히 일본이 혼자 처리한 것이다. 정부는 비록 부의가 기꺼이 괴뢰로 된 것을 몹시 미워하지만 토벌하려면 전쟁이 확대될 수가 있다. 결과를 고려하여 잠시 토벌명령을 반포하지 않겠다."고 말하였다.

    14일, '국제련맹'은 영국인 리튼(李顿)작사(爵士)가 거느린 조사단을 파견하여 일본과 중국 각 주요 도시를 한바퀴 돌고 5월초에야 동북에 도착하였다. 말 타고 꽃 구경하듯이 한번 둘러보고 10월 2일에《국제련맹조사단 보고서》를 발표하였는데 '국제련맹'에서 남경정부의 고소에 대한 교대를 한 셈이였다. 이 보고서는 영미제국주의 리익에 근거하여 국제에서 동북3성을 공동히 관리하는 방안을 제출하였다. 일본은 당연히 응답하지 않았고 즉시 이 보고서를 반박하기 시작하였으나 장개석은 오히려 태연하게 보고서를 접수하였는데 이것은 동북을 중국에서 분리할 수 있다는 것을 공개적으로 승인한 것과 다름없었다.

493
1.28사변

중국 동북을 침점한 후 일본은 중국에 대하여 진일보로 무력을 과시하고 아울러 동북에서의 서방렬강들의 주의력을 따돌리기 위해 획책중의 '만주국'을 순리롭게 등장시키고 또 다른 사단을 일으키려고 생각하였다. 그들은 동부 아시아에서 가장 큰 도시이며 각국의 세력이 운집하기도 한 상해를 선택하였다. 관동군 고급참모 이따가끼 세이시로(板垣征四郞)는 상해 주재 일본 총령사관 무관 다나까 류끼찌(田中隆吉)에게 보내는 비밀 전보에서 로골적으로 말하였다. "외국의 시선이 매우 싫으니 상해에서 어떤 일을 만들어 그들의 시선을 따돌리고 만주를 쉽게 독립하도록 하라."

다나까는 비밀 전보를 받고 녀간첩 가와시마 요시꼬(川島芳子, 원명 김벽휘, 청나라 황실의 후예)를 찾아 어떻게 사단을 조작하고 상해에서 소동을 일으킬 것인가를 상의하였다. 그들은 목표를 상해 스미모도(三友)실업사로 정하였다. 상해 스미모도실업사의 종업원들은 강렬한 애국열정이 있었고 9.18사변 후 로동자의용군을 조직하여 항일투쟁에 참가하려고 준비하고 있었다. 1932년 1월 18일, 로동자의용군들이 훈련을 하고 있을 때 몇명의 일본승려가 여기에 와서 '동냥'을 하다가 로동자들의 항일구호를 소리를 듣고 고의로 의용군에게 악담을 퍼붓고 또 돌덩

이를 던져 몇몇 로동자들에게 상처를 입혔다. 로동자들은 분노하여 도발한 몇 승려를 책문하였다. 이때 갑자기 신분이 불명한 몇 사람이 나타나 다짜고짜로 치고박고하면서 승려들에게 상처를 입혀 충돌이 일어났다. 일본 령사관은 즉시 일본 승려가 중국인들의 습격을 받아 한사람이 죽고 한 사람이 중상을 입었다고 선포하였다. 사실 신분이 불명한 그 사람들은 바로 가와시마 요시꼬가 파견하여 사단을 일으키게 한 일본인 건달들이였다.

다나까는 음모가 이루어진 것을 보고 즉시 일본 헌병대와 상해의 '일본청년동지회'를 시켜 32명의 망명도를 그러모아 19일 깊은 밤에 스미모도실업사를 불사르고 잔인하게 칼로 30여명의 중국 경찰과 중국 로동자들을 찍어 죽이거나 상처를 입혔다. 20일 이른아침, 또 몇천명의 일본인들이 상해거리에서 시위를 하면서 연도에서 상업점포를 때려부수고 중국 사람을 구타하였다. 그리고는 또 상해 주재 일본총령사와 해병대가 나서서 간섭할 것을 요구하였다. 과연 21일에 이르러 일본총령사 무라이 쿠라마쯔(村井倉松)가 상해시정부에 네가지 무리한 요구를 제출하였다. 중국은 반드시 이 일로 사과해야 하고 '흉수'를 처벌하고 일본인의 손실을 배상하고 항일단체를 해산해야 한다는 것이였다. 잇따라 일본 견외함대(遣外舰队)사령관 시오자와 고우이찌(盐泽幸一)도 나서서 연설을 하면서 "필요한 수단을 취하여 제국의 권익을 보호해야 한다"고 떠벌이였다.

사실, 일본 해군 고위층에서는 중국을 침략하는 과정에서 륙군에 뒤떨어지는 것에 달가워하지 않고 있었는데 지금 기회가 생기자 참지 못하고 크게 한번 해볼 생각이였다. 23일날, 일본군의 군함이 꼬리에 꼬리를 물고 황포강으로 들어왔는데 많을 때는 23척에 달하였다. 포구는 상해의 번화한 거리를 향하였다. 동시에 일본군은 또 해군 비행기 40대를 집결시켰다. 27일, 일본 해병대가 포동에 등륙하였고 2,000여명 일본 병사들이 위세를 부리며 상해에서 무장순찰을 하면서 오만방자하게 4시간이면 상해를 점령할 수 있다고 떠벌이였다.

동시에 무라이 쿠라마쯔는 또 상해시 시장 오철성(吴铁城)에게 '최후 통첩'을 보내여 28일 18시 이전으로 21일의 요구를 회답해야지 그렇지 않으면 필요한 행동을 취할 것이라고 하였다. 이런 '도적이 도적을 잡으라고 웨치는' 수단은 일본 침략자들의 상용적인 수단이였지만 또 한차례 국민당정부를 위협하였다. 남경정부는 오철성의 보고를 받은 후 "치욕을 참으면서 큰 국면을 보전하고 충돌을 피면하라."고 명령하였다. 28일 13시 45분, 즉 일본이 제출한 한정한 시간 전에 대방의 모든 요구를 승낙하였다.

정상대로라면 일본의 요구가 달성되였다면 이 풍파도 평정됐어야 하는데 전쟁을 도발하려고 음모를 꾸민 일본측에서는 이쯤에서 그만두려 하지 않았다. 28일 저녁에 시오자와 고우이찌는 무대에 뛰여올라 '통첩'을 발포하였는데 갑북(閘北)에 거주하고 있는 일본 교민의 안전을 보호하기 위해 일본군은 갑북 일대에 주둔하며 또 갑북에 주둔한 중국 군대와 군사시설을 철수하라고 무리하게 요구하였다. 그리고는 중국측의 회답도 기다리지 않고 일본의 13척 군함이 장강구로 들어왔고 오송포대(吳淞炮台)를 향해 포격하였다. 저녁 11시가 지난 후 일본 해병대가 갑북으로 출동하였다. 장갑차의 엄호하에 북사천로(北四川路)에서 다섯 갈래로 나뉘여 중국군 주둔지를 향해 대거 진공하여 천통암(天通庵) 기차역을 함락하여 전쟁을 도발하였다. 이것이 바로 세계를 진감한 1.28사변이다. 몇년이 지난 후 감금중인 일본의 전쟁 범죄인이 사건의 진상을 자백하였다. 이 사변을 획책한 것은 일본 군관이였다. 먼저 일본 승려를 파견하여 소동을 일으키게 하고 다시 일본 특무를 파견하여 승려를 구타하게 하여 사단을 일으킨 것이였다.

침략자의 음모와 도발 앞에서 국민당 애국장병들은 영웅적인 기개를 표현하였다. 당시 상해에 주둔하고 있은 것은 제19로군이였다. 총지휘는 장광내(张光鼐), 군장은 채정개(蔡廷锴)였다. 그들은 모두가 광동 사람으로서 일찍 참군하여 포부를 지니고 나라를 위하여 충성을 다하였다. 후에 또 유명한 북벌군 제4군의 군관으로 되여 전공을 세웠다. 1.28사변이 발생하기 전에 상해를 수비하는 군대의 장령으로서 그들은 줄곧 적들의 동향을 꼼꼼하게 주의하였다. 23일에 한차례 긴급하게 소집된 중화민국 중국 통사 이야기

영급(營級) 이상 군관회의에서 군장 채정개가 "이 며칠동안 일본인이 상해 도처에서 우리들을 향해 도발하고 있다. 상해를 차지하려는 시도가 많이 보인다. 나는 더는 참을 수가 없다. 반드시 저항하며 나라를 위하여 싸우다 죽겠다."고 말하였다. 총지휘 장광내도 "물질상에서 우리는 적들보다 못하지만 일치 단결된 지성이 있기에 필승의 길을 열 수 있다." 고 말하였다. 송호(淞沪) 경비사령 대극(戴戟)도 채정개와 장광내 두 사람의 의견에 완전히 동의한다고 하면서 말하였다. "일이 이 지경에 이르렀으니 우리는 오직 군인의 천직을 다해 왜구(倭寇)와 생사를 걸고 마지막 승부를 겨눕시다!" 회의에서는 견결히 상해를 보위해야 한다고 결정하였다. 이리하여 그들은 전쟁 전의 배치를 하였다. 그리고 진여(真如) 기차역에 림시 지휘부를 설립하였다.

필요한 준비를 하였으므로 1월 28일 저녁 일본군이 공격을 개시한 후 19로군 장병들은 즉시 떨쳐일어나 벌떼처럼 몰려온 일본군을 향해 맹렬하게 반격함으로써 거만하고 횡포한 일본군을 격퇴하였고 기차역을 되찾았다. 1월 29일 이른새벽, 일본 비행기는 상해에 대하여 무차별하게 마구 폭격해 유구한 력사가 있는 상무인서관과 동방도서관을 페허로 만들었다. 몇백만권의 진귀한 전적(典籍)이 재더미로 되였고 많은 민가들이 훼손되였으며 상해는 큰불이 활활 타올랐다. 19로군은 많은 곳에서 적들과 격렬한 시가전을 벌이였다. 그들은 또 필사적으로 국토를 보위할 결심을 전국에 통전하였다. "한치의 땅과 작은 풀 한포기도 포기할 수 없다. 나라와 국토를 보호하기 위하여 저항하며 병사 한명, 총탄 한알 남을 때까지 절대로 뒤걸음 치지 않겠다."

그렇지만 19로군은 고사포가 없고 고사기관총도 없었다. 란폭하게 폭격하는 적들의 비행기가 때로는 낮게 비행하며 정찰하고 때로는 폭격하는 것을 보는 장병들은 화가 나서 눈에 불꽃이 튀였다. 채정개는 "몇개 소조로 나누어 유효 사거리에서 보총으로 적의 비행기를 향해 사격하라!"고 명령하였다. 병사들은 공중에 있는 적의 비행기를 향하여 보총을 탕탕 쏘아댔다. 적의 비행기 한대가 짙고 검은 연기를 뿜으며 추락하였다. "보세요! 보총으로 적의 비행기를 격추하였다!" 주위의 대중들이 환호하였다. 그로부터 일본 비행기는 더는 감히 낮게 날지 못하였다.

갑북의 최전방 방어진지에서 일본군은 여러차례 맹렬한 진공을 발동하였다. 78사 6련대의 장병들은 전호에 모래포대를 쌓고 모래포대 뒤에서 진지를 확고히 정비하며 적을 기다렸다. 몸 뒤의 벽에는 그들이 작은 돌로 쌓아올린 호매로운 맹세의 말이 있었다. "목숨으로 나라에 보답하자!" "일본침략자를 모조리 소멸하자!" 적들이 땅크 뒤에 붙어오다가 돌격해오면 병사들은 총을 쏘고 수류탄을 던지며 맹렬하게 반격하여 적들의 진공을 물리쳤다. 적들이 또 한번 돌격해올 때 모두가 칼을 세운 보총을 들고 전호에서 뛰쳐나와 적들과 육박전을 벌이였다. 승부를 가리기 어려운 긴요한 관두에 격앙된 돌격의 나팔소리와 함께 한떼의 장병들이 적진으로 돌진해 들어갔다. 맨앞에서 돌격하는 키다리는 두손에 총을 들고 뛰면서 적을 향해 사격하며 큰소리로 웨쳤다. "형제들아, 적을 죽여라!" 6련대의 장병들이 보니 군장 채정개가 친히 돌격해온 것이였다. 장병들은 사기가 올랐다. 그들은 "채장군이 왔다."고 련이어 웨치면서 적을 향해 목숨을 걸고 돌진해갔다. 적들은 끝내 패배하여 도망쳤다. 채정개는 제손으로 격살한 적 군관 옆에 서서 포로를 심문하였다. 포로는 전전긍긍하면서 죽은 군관이 그들의 지휘관 하야시노대좌라고 말하였다. 이날, 중국 군대는 800여명의 적군을 살상하였다. 일본군은 워낙 2시간내에 갑북을 점령하려고 하였으나 꼬박 이틀을 싸웠어도 목적을 이루지 못하였다.

일본군은 중대한 손실을 입고 부득불 3일간 휴전하였다. 이 3일 동안에 일본은 서둘러 병력을 증가하여 14척의 군함과 7,000명의 해병대를 추가하였다. 14척의 군함 가운데 두척은 항공모함이였다. 2월 3일, 일본군은 또 강만(江湾)을 향해 진공하면서 오송포대에 등륙하여 일거에 상해를 점령하려고 시도하였다. 오송교를 수비하던 8중대는 사상자가 막심하였는데 7명이 생존한외 나머지는 모두 영용하게 전사하여 목숨으로 진지를 지키였다. 일본군은 또 끊임없이 병력을 추가하면서 상해에 대하여 전면 진공을 실행하였다.

19로군의 전방에서의 피흘린 싸움은 후방의 애국장병들로 하여금 매우 감동케 하였다. 남경에 주둔한 87사 261려의 장교들은 려장 송희렴(宋希濂)의 인솔하에 군정부장 하응흠을 찾아가 견결히 전선에 나갈 것을 요구하였다. 그들은 "9.18사변 때 우리는 저항하지 않았기에 정부가 주권을 잃고 치욕을 당했다고 전국인민이 다 욕했고 우리 군인이 수치를 모른다고 욕하였다. 지금은 일본 사람이 대문 앞까지 쳐들어왔는데 아직도 저항하지 않는다면 우리들로 하여금 그래 기꺼이 망국노로 되란 말인가?"고 말하였다. 이때, 중앙군관학교에서 사업을 주관하고 있던 장치중장군이 남경정부에 향해 대적에 직면하여 중앙군은 반드시 참전해야 한다며 자기가 부대를 거느리고 나가겠다고 제출하였다. 그리하여 장치중은 제5군 군장의 신분으로 87사, 88사와 중앙륙군군관학교 교도총대를 거느리고 상해에 와서 증원하였다. 이 대오 가운데는 주동으로 참전할 것을 요구한 261려도 포함되여있었다. 장치중은 떠나기 전 유서를 써놓고 여러 사람 앞에서 "이번 항전에서 나는 우리 군의 장병들과 환난을 같이 하고 생사도 같이 할 것을 맹세한다."고 말하였다.

　　장치중의 부대는 상해에 도착한 후 즉시 전투에 투입하였다. 2월 22일날, 묘행(庙行)방선이 적들에게 돌파되어 장치중은 친히 교도총대를 거느리고 가서 증원하고 싸움터에서 지휘하였다. 하루 동안 악전고투하여 끝내 일본군을 전부 섬멸하고 묘행진지를 되찾았다. 이 싸움은 중국군대의 패기를 크게 키워주었다.

　　19로군과 제5군 장병들의 항일행동은 상해와 전국인민들의 지지와 성원을 받았다. 한차례 항일구국운동이 각지에서 전개되였다. 상해 인민들은 의용군, 구국회, 담가대, 운수대, 동자군을 조직하여 떨쳐일어나 항일에 참가하였다. 상해시총공회는 의용군을 조직하여 전선으로 떠났고 시민련합회는 갑북에서 진지를 구축하였고 대학생들과 구호대는 전선으로 달려갔다. 매일 수천명이 군대를 도와 전호를 파고 방어시설을 구축하고 무기와 탄약, 급양(给养) 물자를 운송하였다. 전화로동자들은 일본군을 위해 전화선을 가설하는 것을 거절하고 일본군의 전화선을 절단하였다. 철도로동자는 철도를 파괴하고 일본 군인의 운송을 거절하였다. 일본륜선회사의 중국 종업원들은 배를 떠나 일본 사람의 일을 견결히 해주지 않았다. 상해교구의 농민들은 신선한 채소, 닭알, 량식을 전선으로 보내주고 매일 전사들에게 밥을 보내주었다. 많은 기업가들은 분분히 돈과 물건을 기부하여 전선을 지원하였다. 송경령, 하향응 등은 친히 전선에 와서 항일 장병들을 위문하고 부상병병원을 꾸리고 광대한 부녀들을 발동하여 솜옷을 급히 만들어내였다. 5일 동안에 3만벌의 새 솜옷이 전선으로 보내졌다.

어느 날, 일본인이 큰거리에서 자동차 한대를 가로막고 운전수 호아모(胡阿毛)에게 일본군의 탄알을 운송하면 운비 천원을 주겠다고 하였다. 호아모는 이 장사를 절대로 하려고 하지 않았다. 그는 워낙 이 탄알을 19로군에게 보내주려 하였으나 차에 4명의 일본군 병사가 삼엄하게 감시였기에 로선을 바꿀 수가 없었다. 호아모는 죽음으로 나라에 충성을 하려고 결심하였다. 차가 황포강변에 이르렀을 때 그는 가속 페달을 힘껏 밟고 핸들을 꽉 틀어 출렁이는 강물로 돌진하였다. 운전수 호아모는 일본병사와 함께 죽었다.

33일간의 전투에서 중국군대는 만명에 달하는 적군을 사살하였다. 일본군은 세번이나 지휘관을 바꾸었지만 승리할 방법이 없었다. 일본군은 또 륙군 두개 사를 파견하여 총 병력이 10만에 달하였고 군함이 80척, 비행기가 300대였다. 그러나 중국군대는 5만명 밖에 되지 않았고 해군, 공군도 없었다. 장비가 차한 데다 련속되는 악전고투에 사상(死傷)이 막심하였다.

일본 군함은 장강에 들어와 여러 곳에서 등륙하였다. 중국 군대는 앞뒤로 적의 공격을 받았다. 장개석과 왕정위를 우두머리로 하는 남경정부는 상해에 병력을 추가하는 것을 거절하였을 뿐만 아니라 또 군인의 급여와 보급품 발급을 정지시킴으로써 19로군을 핍박하여 철수하게 하였다. 뿐만 아니라 남경정부는 또 락양으로 수도를 옮겨 천여명의 정부 요원들이 전선에서 멀리 떨어진 락양에서 공무를 보게 하려고 하였다. 형세가 매우 위급하게 되었다. 중국군대는 중과부적이고 방선이 타파되여 할 수 없이 가정(嘉定), 태창(太仓) 일대에로 철퇴하였다. 3월 2일, 일본군이 상해의 갑북, 대장(大场), 진여, 남상(南翔)을 점령하여 많은 땅이 적들의 수중으로 들어갔다.

그 후 남경정부는 상해를 침점한 일본군과 〈송호(淞沪)정전협정〉을 체결하였다. 협정은 중국군대는 상해에 주둔할 수 없고 경찰만 주둔할 수 있으며 일본 군대는 많은 곳에 주둔할 수 있다고 규정하였다. 이는 주권을 잃고 나라를 망치는 또 하나의 협정이었다.

비록 19로군이 최후에 할 수 없이 상해에서 철수하였지만 이번 항전에서 중국 군민이 단결하여 일본군과 싸우려는 결심을 과시하였고 광대한 국민당 애국장병들이 항일을 주장하고 부저항정책을 반대하며 장개석의 "외적을 물리치려면 먼저 국내를 안정시켜야 한다."는 론조는 인심을 얻을 수 없다는 것을 표명하였다.

494

화북항전

　　1932년 12월 3일, 동북에서 이미 퇴출하여 북평의 사무를 주관하던 장학량은 장개석에게 일본이 중국 언어문자를 숙지한 몇명의 일본인을 련일 파견하여 한간들과 함께 몽골 각 왕기(王旗)에 잠입하여 비밀활동을 하면서 열하성(热河省, 지금의 하북성 동북부, 료녕성 서남부, 내몽골자치구 동남부를 관할. 성소재지는 승덕시. 1955년에 취소)을 진공하는 내통자로 삼는다고 보고하였다. 일본군은 트럭 5,000대를 서둘러 만들고 금주에는 군량과 마초를 준비해놓고 열하를 진공할 때 사용하려고 하였다. 그들은 또 토비를 수매하여 괴뢰군을 편성하고 괴뢰군 6개 려와 일본군 3개 려로 열하를 진공할 준비를 하였다.

　　이런 정황하에서 장개석은 여전히 자기의 고집 대로 '공산당 토벌(剿共)'에 열중하면서 일본침략자에 대하여 부저항주의를 취하였다. 그는 12월 9일의 일기에 "왜구의 침략을 벌써 예측하였다… 장강류역의 빨갱이들을 근절하여 정치를 정리하는 것이 나의 사업중심인데… 국민들이 나의 마음을 알고 있는지? 나 역시 그것까지 신경 쓸 겨를이 없다!"고 썼다.

　　1933년 원단, 일본침략자는 산해관을 진공하였다. 3일 오후, 산해관이 함락되고 화북의 대문이 열렸다. 남경정부는 외교부 부장 라문간

(罗文干)을 파견하여 일본군과 비밀리에 중국군대가 열하에서 퇴출하는 조건을 담판하였다. 이리하여 일본 침략자의 진공을 더 고무격려하였다. 3월 3일, 열하성 주석 탕옥린(汤玉麟)은 싸우지도 않고 도망쳤다. 이튿날, 128명 일본군은 칼날에 피 한방울 묻히지 않고 열하성 소재지 승덕(承德)을 점령하였다. 장학량은 희생양으로 되여 국토를 잃은 책임을 지고 스스로 자리에서 물러날 수 밖에 없었다.

그렇지만 일본군이 장성 이남을 침범할 때 국민당의 일부 애국장병들은 더는 참을 수가 없어 장개석의 금령에도 불구하고 떨쳐일어나 반격하였다. 송철원(宋哲元)장군이 령도한 29군은 희봉구(喜峰口)장성에서 자발적으로 항전하여 침입자를 항격하였다. 뒤이어 상진(商震)의 부대는 랭구(冷口)에서, 황걸(黃杰), 관린징(关麟征)의 부대는 고북구(古北口) 등지에서 떨쳐일어나 항전하였으며 일본군의 공세를 저지하였다.

장성에서의 항전은 전국인민의 지지를 받았고 북평과 전국 각지의 대중들은 집회를 거행하여 중국군대의 저항을 지지하였다. 강서에서 홍군을 진공하고 있던 일부 국민당 장령들도 '공산당 토벌'을 멈추고 북상하여 항일할 것을 요구하였다. 장개석은 크게 노하여 강서 무주(抚州)에서 중로군 고급 장령에게 연설하고 또 같은 것을 되풀이하여 말하였다. "국가의 큰 재난은 왜구에 있는 것이 아니라 강서(홍군을 가리킴)에 있다." 남창에서 그는 일부 장령들에게 "깨끗이 토벌하는 것이 먼저이다. 절대로 항일을 말해서는 안된다. 위반자에게는 가장 엄중한 징벌을 가할 것이다."고 하였다.

남경정부의 고압정책하에서 장성 연선의 항전부대는 고통을 참으며 철수할 수 밖에 없었다. 장성의 각 관문이 련이어 함락되였다. 일본군은 호호탕탕하게 남하하여 북평의 문호 통주(通州)와 하북성 이동의 광대한 지구를 침점하고 서쪽으로 진군하여 차할성(察哈尔省, 지금의 하북, 산서, 내몽골 경계 일대. 성소재지는 장가구. 후에 취소)북부를 침점하였으며 북평과 천진에 대한 포위를 형성하였다. 5월 31일, 남경정부 대표와 일본군은 〈당고(塘沽)협정〉을 체결하여 일본침략자가 열하성 전부와 차할성 북부와 하북성 이동의 점령을 다른 형태로 승인하였다.

그러나 일본군의 란폭한 진공은 이미 전국인민의 강렬한 항전 요구를 야기시켰다. 이는 그 누구도 저지할 수 없는 것이였다. 1932년 4월 15일, 중국공산당이 령도한 중화쏘베트공화국 림시 중앙정부는 일본에 대한 선전포고를 하고 17일 선언을 발표하여 일본제국주의의 화북(华北)침입을 반대하고 중국 각 군대와 공동히 항일할 것을 표시한다고 하였다. 1933년 5월, 애국 장령 풍옥상, 방진무(方振武), 길홍창(吉鸿昌, 공산당원) 등이 차할성 등지의 항일을 요구하는 부대들과 련락하여 장가구(张家口)에서 차할민중 항일동맹군을 구성하였다. 풍옥상이 동맹군 총사령을 맡고 방진무가 전방 총사령을 맡고 길홍창이 전방 총지휘를 맡았다. 그들은 전국에 통전을 내여 각 당 각 파 각 군이 련합하여 공동으로 항일할 것을 주장하였다.

6월 하순에 동맹군은 세갈래로 나뉘여 일본 침략자와 괴뢰군을 향하여 진공하였다. 22일에는 강보(康保)를 공략하고 잇달아 또 보창(宝昌), 고원(沽源) 등 현을 수복하였다. 전방 총지위 길홍창은 군사를 거느리고 도망가는 적을 맹추격하여 곧추 북방 변경지대의 군사 요충지인 두룬(多伦)에 바싹 접근하였다.

두룬의 전황은 매우 참혹하였다. 길홍창은 용사들을 선발하여 결사대를 구성하고 십여

중화민국 중국통사 이야기

차례 적진으로 돌격하여 들어갔는데 모두 일본침략자들의 기관총으로 구성된 십자포화에 압도되었다. 그는 정세가 위급한 것을 보고 웃옷을 훌 벗어던지고 한손에 칼을 들고 한손에 총을 들고 펄쩍 전호를 뛰쳐나와 맹호처럼 적진을 향해 덮쳐갔다. 총지휘가 이렇게 용맹한 것을 보고 장병들도 자신의 생명을 돌보지 않고 칼을 휘두르며 용감하게 앞으로 돌진하였다. 총공격을 하는 날 이른새벽, 길홍창은 또 병사들보다 앞서 용맹하게 돌격하였다. 결사대 대원들은 손에 긴 죽간을 들고 성 아래까지 달려가 큰소리로 웨치면서 장대로 성벽우에 뛰여올랐다. 적군 사령부내에 주재한 한무리 일본군들은 높고 두꺼운 보루와 험준한 지형에 의지하여 완강하게 저항하였다. 이 정경을 본 길홍창은 높은 소리로 웨쳤다. "솜이불을 가져오라!" 결사대 대원들은 솜이불을 물에 푹 적셔 몸에 두르고 또치가 앞을 에돌아가 신속하게 총구멍을 틀어막았다. 이때 전사들은 그 틈을 타 와 밀려가 또치가 안의 적들을 모두 섬멸하였다. 5주야의 격전을 거쳐 72일간 함락되었던 두룬을 수복하였다.

　동맹군이 두룬을 수복한 것은 일본침략자들이 9.18사변을 발동한 이래 받은 아주 보기 드문 심중한 타격이였다. 일본군은 막심한 손실을 입었고 중외를 떠들썩하게 하였다. 호랑이장군 "길담략(吉大胆)"은 천하에 이름을 날렸고 전국인민들의 마음은 일시 흥분에 들떴다. 상해, 북평, 천진, 광주 등지의 대중들은 분분히 돈과 물건을 기부하는 것으로 위로와 지지를 표시하였고 승리의 기세로 전진하여 잃어버린 동북땅을 수복할 것을 희망하였다.

　동맹군의 승리와 전국인민의 항일열조는 장개석으로 하여금 매우 불안하게 하였다. 장개석은 북쪽에서 항일 친공(亲共)의 근거지가 나타날가봐 근심하였고 또 항일행동이 일본사람의 노여움을 살가봐도 두려워하였다. 이리하여 그는 군사를 이동시켜 16개 사의 병력을 출동하였고 비행기, 장갑차까지 동원하여 장가구를 포위하였다. 그리고 7월 28일에는 풍옥상에게 전보를 보내여 이른바 최후의 통첩을 제출하였다. (1) 마음대로 각종 군정명의를 세워서는 안된다. (2) 중앙의 변방계획을 방애해서는 안된다. (3) 제대시킨 병사나 토비를 마구 받아서는 안된다.

(4) 공산당두목을 추천하고 임용해서는 안된다. 이어 하응흠(何应钦)은 또 진일보로 풍옥상에게 항일동맹군을 취소하고 군대를 철퇴하며 풍옥상 본인은 차할성을 떠날 것을 제출하였다.

일본과 장개석 쌍방의 군사압력하에서 풍옥상은 항일동맹군 총사령직을 사직하고 장가구를 떠날 수 밖에 없었다. 뒤이어 장개석 군대와 일본군은 즉시 동맹군에 향하여 맹렬한 공격을 발동하였고 동맹군은 방진무, 길홍창의 령솔하에 떨쳐일어나 저항하였다. 쌍방의 병력 차이가 현저하여 동맹군은 할 수 없이 차할성에서 철수하여 란동(滦东)으로 옮겨갔다. 그 곳에서 9월말까지 견지하였으나 최후에 탄알과 식량이 떨어졌기에 실패를 선고하였다. 방진무는 할 수 없이 국외로 망명하였다. 길홍창은 지하로 전입하였고 후에 천진에서 체포되여 장개석에게 참혹하게 살해되였는데 그 때 겨우 39세였다. 취의하기 전 길홍창은 사형장에서 나무가지로 유언시를 썼다. "항일에 목숨을 바치지 못한 한이 오늘의 수치로 남았노라. 나라가 이처럼 짓밟혔거늘 이 생명 아까울 게 무엇이더냐." 이것은 많은 애국장령들의 마음을 표달하였다. 이렇게 한때를 뒤흔들었던 차할민중 항일동맹군은 장개석에게 말살되였다.

일본침략자는 얻은 전과에 만족하지 않고 군사압력을 가하는 동시에 또 각종 정치수단을 쓰며 화북지구에서 그 침략세력을 확대하려고 하였다. 1935년 5월 하순, 일본침략자는 관외에서 군대를 이동시켜 입관시키는 한편 북평, 천진 상공에서는 비행기로 무력을 과시하면서 '자유행동'을 취하는 것을 위협하였다. 국민당군사위원회 북평분회 대리 위원장 하응흠과 천진 주재 일본의 '지나 주둔군' 사령 우메즈 요시지로(梅津美治郎)가 〈하응흠—우메즈협정〉을 체결하였다. 협정은 국민당의 북평, 천진시 당부를 취소하고 하북성에서 중국 군대를 철퇴하고 항일조직과 반일활동을 단속시킨다고 선포하였는데 일본 침략자에게 재차 굴욕적인 양보를 한 것이였다.

같은 해 11월, 일본 특무 두목 도이하라 겐지는 또 화북5성을 책동하여 남경정부에서 리탈하게 하고 일본군은 장성 여러 관구와 북경 천진 일대에서 작전연습을 빈번히 하였다. 일제가 키운 한간 은여경(殷汝

耕)은 통현(通县)에서 '기동(冀东)방공자치정부'를 성립하였다. 이와 함께 일본침략자와 괴뢰군 리수신(李守信)부대는 차할의 대부분 땅을 침점하였다. 1936년 2월 12일, 일본 특무는 몽골의 매국노 덕왕(德穆楚克栋鲁普亲王)을 책동하여 내몽골의 소니드우기(苏尼特右旗)에서 '몽골군 총사령부'를 성립하고 덕왕이 총사령으로 자임하고 리수신을 부총사령으로 하고 일본 사람 무라다니 히고지로우(村谷彦治郎) 등을 고문으로 하였다. 5월분에 그들은 또 덕화(德化, 지금의 내몽골 화덕현)에서 '몽골군정부'를 세웠다. 동북3성과 열하, 하북, 차할, 수원(绥远) 지구의 많은 국토가 일본군에게 침점되였고 일본제국주의 식민통치로 전락되였다.

495

2만5천리장정

　　장개석은 일본침략자의 침략에 저항하지 않아 북방의 많은 국토가 곧 침점당하게 되였으나 그는 관계하지 않고 오로지 남방에서 군사를 이동시켜 일심으로 홍군을 소멸할 생각만 하였다. 앞서 네차례 '포위토벌'이 실패한 후 반년 넘게 준비를 하여 1933년 9월에 그는 또 백만 군대와 비행기 200대를 이동 집결시키고 총사령을 자임하여 중앙근거지에 향하여 제5차 '포위토벌'을 발동하였다.

　　그러나 이때 중국공산당 내부에 '좌'경 오유로선이 나타났고 모택동 등의 정확한 의견이 배척되었다. '좌'경로선을 집행하는 지도자 박고(博古)와 국제공산당의 대표인 독일인 리덕(李德) 등이 기민하고 령활한 전술을 반대하고 진지전을 할 것을 강조하면서 "모든 전선에서 출격하고" "견고한 진지를 들이치고" "적을 국경 밖에서 막아야 한다"고 하였다. 이는 홍군이 반'포위토벌'전투에서 중대한 손실을 입게 하였다. 홍군은 1년 동안 싸웠지만 걸음마다 퇴각하였고 최후에 부득불 중앙근거지에서 철수하여 전략적 전이를 하였다. 기타 근거지와 홍군도 다 잇달아 손실을 입었다. 각지의 홍군은 류지단(刘志丹) 등이 령도한 섬북홍군을 제외하고 모두 선후로 원래의 근거지에서 철퇴하여 전이를 하였다.

　　1934년 7월 15일, 홍군은 〈북상항일선언〉을 발표하였고 방지민 등

이 항일선견부대를 거느리고 복건, 절강, 안휘를 거쳐 북상하였지만 1935년 1월에 국민당군대의 저격을 받아 실패하고 방지민(方志敏)은 포로되여 남창에서 영용하게 희생되였다.

1934년 8월, 임필시(任弼时)가 거느린 홍군 제6군단은 상감근거지에서 전이하기 시작하여 국민당군대의 겹겹한 포위를 돌파하고 10월에 귀주 이동의 근거지에 도착하여 하룡이 령도한 홍군 제2군단과 회합하였다.

1934년 10월 16일, 중앙홍군은 항영(项英), 진의(陈毅) 등이 령도한 3만여명을 근거지에 남겨 유격전을 견지하게 하는외 8만 6,000명의 주력부대를 두갈래로 나누어 한갈래는 서금(瑞金)에서, 다른 한갈래는 복건 장정(长汀)에서 출발하여 서쪽으로 포위를 뚫고 나아가는 대규모의 전이를 시작하였다.

장개석은 수십만 군대를 파견하여 앞에서 가로막고 뒤에서 쫓으며 좌우로 협공하였다. 처음에 홍군은 방대한 후방기관과 대량의 물자를 가지고 떠나 행동이 느리고 전투의 유리한 시기를 여러번 놓치였다. 비록 광대한 홍군 장병들이 희생을 두려워하지 않고 영용하게 악전고투하여 련속 적들의 네겹의 봉쇄선을 돌파하고 상강(湘江) 이서지구에 이르렀으나 아주 큰 대가를 치르었다. 특히 상강전역에서 홍군의 사상자가 막심하였다. 3개월 동안 인원이 태반이 감소되였는데 출발할 때의 8만 6,000명으로부터 급속히 3만여명으로 줄어들었다.

이때 장개석의 대군은 호남 서부의 무강(武冈)과 성보(城步) 지구로 집결하면서 홍군에 대하여 포위 추격하였다. 중앙홍군이 만약 원 계획 대로 북상하여 함께 들어온 호남 서부의 제2, 제6군단과 회합한다면 적들의 겹겹한 포위 속에서 전멸의 위험에 깊이 빠져들 수 있었다. 이 위급한 고비에 모택동은 방향을 돌릴 것을 강력하게 주장하고 주동을 쟁취하여 적군의 병력이 박약한 귀주로 전진하자고 건의하였다. 중앙홍군은 모택동의 이 행동방침에 의하여 즉시 귀주로 전진하였고 아주 빨리 려평(黎平)을 공략하고 오강(乌江)을 강행 도하하여 1935년 년초에 귀주 북부의 요충지인 준의(遵义)를 점령하였다.

련이어 일어난 좌절과 여러차례의 구사일생은 광대한 홍군 장병들을 교육하였다. 광대한 홍군 장병들은 '좌'경로선의 위해를 인식하고 모택동의 군사재능을 알게 되였다. 1935년 1월, 중공중앙은 준의에서 정치국확대회의를 소집하여 오유로선을 집행한 박고와 리덕의 령도직무를 취소하고 중앙령도기구를 재구성하고 장문천(张闻天)을 선발하여 당 중앙의 '총책임'으로 하고 모택동, 주은래, 왕가상(王稼祥)으로 구성된 3인소조를 성립하여 군사지휘를 책임지게 하였다.

준의회의 후 홍군은 재구성을 하고 기구를 간소화하고 기층을 충실히 하고 간편한 장비로 전진하기로 하였다. 이리하여 홍군은 지나간 피동적인 국면과는 다르게 되였다. 모택동의 지휘하에서 홍군은 귀주, 사천, 운남 변계 지구에서 전전하면서 적수하(赤水河)를 네번 건너 우회적으로 적들의 대군 사이를 넘나들며 대량의 적군을 섬멸하였다. 뒤이어 불의에 남쪽으로 오강을 강행 도하하여 곧추 귀양에 접근하고 텅 빈 운남으로 진군하여 금사강(金沙江)을 강행 도하함으로써 십만 적군의 포위 추격과 차단에서 벗어났고 장정에서의 결정성적인 승리를 취득하였다. 그리고 나서 홍군은 또 이족(彝族)인민의 지지를 받아 대량산(大凉山) 지구를 순리롭게 통과하였다. 련이어 대도하(大渡河)를 강행 도하하여 로정교(泸定桥)를 재빨리 탈취하였으며 빙설로 뒤덮이고 공기가 희박한 협금산(夹金山)을 넘어 6월 13일에 사천 서부 무공(懋功)에 이르러 리선념(李先念)이 거느린 홍군 제4방면군 선두부대와 회합하였다. 홍군 제1방면군과 홍군 제4방면군이 회합한 후 공동으로 북상하여 몽필산(梦笔山), 타고산(打鼓山) 등 대설산을 넘어 모아개(毛儿盖)지구에 이르렀고 9월 상순에 또 인가가 적고 황폐하고 질척한 초지를 지나 파서(巴西), 포좌(包左), 아바(阿坝)지구에 이르렀다. 적들의 포위 추격과 차단에도 불구하고 자연조건이 극히 험하고 렬악함에도 불구하고 홍군 장병들은 우량한 전통을 발양하여 간난과 고통을 두려워하지 않고 첩첩한 난관을 돌파하였다.

이때 홍군은 또 새로운 위기가 나타났다. 당시 홍군 제4방면군 령도직무를 맡은 장국도(张国焘)는 중앙홍군이 3만명 밖에 남지 않았지만 홍군 제4방면군은 7만~8만명 될 뿐만 아니라 무기장비가 비교적 좋은 것을 보고 당의 최고 권력을 빼앗아 개인의 야심을 실현하려고 하였다. 그는 끝내 부대를 거느리고 남하하여 따로 중앙을 세웠다. 모택동, 주은래 등은 장국도와 견결히 투쟁하였고 중앙홍군을 거느리고 천신만고를 겪으며 계속 북상하여 천험의 요새지 라자구(腊子口)를 돌파하고 위수(渭水), 서(안)란(주)공로 등의 적군 봉쇄선을 돌파하여 륙반산(六盤山)을 넘어 끝내 1935년 10월 19일에 섬북 오기진(吳起镇)에 이르러 섬북의 홍군 제15군단과 승리적으로 회합하였다.

장국도는 홍군 제4방면군을 거느리고 분렬하여 남하하였는데 천강(川康)변경에서 강적의 저격과 포위 공격을 당하여 반년 동안 악전고투하였지만 곤경에 빠져 할 수 없이 1936년 4월에 가르제(甘孜) 일대로 퇴각하였다. 부대는 남하할 때 8만여명으로부터 4만여명으로 줄어들었다. 바로 이때 1936년 6월, 제2, 제6군단이 하룡과 임필시의 령솔하에 장기적으로 전전하여 감자에 이르러 중공중앙의 결정에 따라 홍군 제2방면군으로 재구성하기로 결정하고 홍군 제4방면군과 회합하였다.

홍군 제2방면군과 홍군 제4방면군이 회합한 후 견결한 투쟁 끝에 장국도는 할 수 없이 그의 '중앙'을 취소하였고 홍군 제2방면군과 홍군 제4방면군이 공동으로 북상하는데 동의하였으며 초지를 지나고 민산(岷山)을 넘어 1936년 10월에 감숙성 회녕성(会宁城)에 이르러 홍군 제1방면군과 승리적으로 회합하였다.

　　홍군은 1934년 10월에 남방근거지를 떠나 장정을 시작하여 1936년 10월 3대 주력의 승리적 회합으로 결속지었는데 전후 2년의 시간을 경과하였다. 영용한 홍군은 비할바없이 견강한 의력으로 복건, 강서, 광동, 호남, 광서, 귀주, 사천, 운남, 서강, 감숙, 섬서 등 11성을 지났고 한족, 묘족, 짱족, 이족, 회족, 장족 등 약 2억인구 이상의 부동한 민족지구를 경과하였으며 도보로 2만 5천리를 걸어 끝내 곤경에서 벗어나 북상하여 항일하는 목적에 달성하였다. 이것은 세계전쟁사상 위대한 기적을 창조하였고 전에 없던 빛나는 한페지를 썼다. 후에 모택동이 말한 바와 같이 "장정은 유사 이래 처음으로 되는 일이며 장정은 선언서이며 장정은 선전대이며 장정은 파종기이다. 장정은 인민의 근본리익을 대표하는 홍군을 소멸할 수 없다는 것을 인민들에게 표명하였다."

　　홍군의 장정이 결속된 후 중공중앙은 섬북지구에 대본영을 두고 항일전선에 접근하였다. 이는 항일전쟁에 대하여, 중국의 력사발전에 대하여 모두 중대한 영향을 일으켰다.

496

서안사변

　일본침략자가 화북을 침략하자 전쟁의 먹장구름이 북평, 천진을 뒤덮었다. 애국적인 학생들은 더는 참을 수가 없었다. 그들은 화북이 이렇게 크지만 이미 평온한 책상 하나 놓을 데 없다고 말하였다.

　민족의 생존을 위하여 1935년 12월 9일, 북평의 6,000여명 애국학생들이 령하 12도의 엄한을 무릅쓰고 화북 국민당당국에 청원하고 시위하였다. 시위하는 학생들은 "내전을 정지하고 일치하게 항일하자", "일본제국주의를 타도하자" 등 구호를 높이 웨쳤는데 력사가 유구한 북평성을 진동하였다. 국민당정부는 당황하여 어찌할 바를 몰랐고 대량의 군경을 출동시켜 진압하여 많은 학생들을 때려 상처를 입히고 체포하였다. 애국열정은 북평을 설레게 하였다. 10일, 북평의 각 학교 학생들은 총동맹휴학을 선포하였다. 16일에 학생과 시민 만여명이 또 대규모적인 시위행진을 거행하였다. 12.9학생운동은 재빨리 전국 인민의 지지를 받았고 각지의 학생과 시민들도 분분히 집회를 거행하고 시위행진을 하여 전국 인민이 항일을 요구하는 새로운 고조가 형성되였다.

　장개석은 전국에 앙양된 애국항일열정에 직면하여 여전히 "외적을 물리치려면 먼저 국내를 안정시켜야 한다."는 오유정책을 견지하였고 한면으로 무력으로 학생운동을 진압하고 다른 한면으로는 군사를 이동하여 다그쳐 섬북(陝北)의 홍군을 진공하였다. 그는 중앙정부의 명의로 서북군 양호성 부대와 장학량의 동북군을 핍박하여 홍군을 진공하게 하는 한편 홍군의 손을 빌어 이런 비적계(非嫡系) 부대를 약화시키려고 하였다.

　　양호성은 원래 풍옥상의 부하이고 농민출신으로 영용하게 작전하였기에 곧바로 제27로군 총지휘와 섬서 수정공서(绥靖公署) 주임의 직위에까지 승급하였다. 처음에 양호성과 장학량은 홍군의 전투력에 대하여 인식이 부족하였기에 '공산당을 토벌'할 때 련속 패전하였다. 1935년 상반년, 양호성의 17로군이 홍군에게 3개 려나 넘게 섬멸되었다. 고심하게 경영한 직속부대가 거의 전부 섬멸되었다. 하반년에 장학량은 10만 대군을 지휘하여 '공산당을 토벌'한 결과 3개월내에 거의 3개 사에 달하는 병력을 잃었다. 장개석은 양호성과 장학량을 위로하기는커녕 오히려 군비를 줄이고 소멸된 부대의 번호를 취소하였다. 양호성과 장학량은 이때에야 비로소 장개석의 속내를 간파하고 더는 희생물로 되려 하지 않았으며 주동적으로 홍군과 련계하기 시작하면서 휴전하였다. 장학량은 또 친히 중국공산당 지도자 주은래와 비밀리에 회담하였다. 당시 동북군의 광대한 장병들이 동북으로 돌아가 잃어버린 땅을 수복하자는 함성이 날로 강렬해졌다. 국가에 대한 원망과 가족의 원한으로 격려된 장학량은 항일구국을 위하여 싸우겠다는 결심을 하였다.

　　장학량과 양호성의 활동은 장개석의 특무에게 발각되었다. 1936년 5월 10일, 장개석은 명령을 내려 서안에서 항일간행물《활로(活路)》의 편집자를 체포하였다. 8월 28일, 또 특무를 파견하여 동북군 가운데의 중국공산당 지하당원 송려(宋黎) 등 세 사람을 체포하였다. 장학량은 대노하여 안색이 변하였고 8월 29일에 명령을 내려 국민당 섬서성당부를 포위하고 체포된 사람을 구해냈다. 장개석과 장학량의 모순이 공개화되기 시작하였다.

　　장개석은 장학량과 양호성을 안정시키기 위하여 꾹 참고 말하지 않았고 표면상에서 '8.29'사건을 추궁하지 않았지만 암암리에 남방으로부터 수십만 대군을 동관(潼关)으로 이동시켰다. 10월 22일, 장개석은 총망히 서안으로 왔고 왕곡진(王曲鎭)에서 군관훈련단에게 연설을 하였는데 장학량에게 압력을 가하면서 말하였다. "적극적으로 공산당을 토벌하지 않고 경솔하게 항일한다고 하는 것은 시비가 명확하지 않은 것이고 전후가 뒤바뀌여진 것은 반혁명이다… 이렇게 충실하지 않고 불효한 군인에 대하여서는 제재를 가해야 한다."

12월 4일, 장개석은 재차 서안으로 왔고 그의 30개 사의 적계부대는 섬서성 경계선에 진세를 쳐놓았다. 한때 또 한떼의 최신식 전투기와 폭격기도 서안에 착륙시켰다. 이런 현상들은 한차례 폭풍우가 곧 도래됨을 표명하였다. 장개석은 장학량과 양호성을 해결할 시기가 이미 성숙되였다고 오유적으로 생각하고 그 둘과 결판을 내기로 하였다. '공산당 토벌'명령에 복종하여 계속 섬북홍군을 치든지 아니면 남방으로 이동하여 서북지반을 내놓아 중앙군이 '공산당을 토벌'하게 하든지 하라고 하였다.

이는 분명 장학량과 양호성이 어느 방안을 접수하든 다 멸망을 자초하는 것이였다. 12월 7일 오후, 장학량은 승부수를 던지는 결심으로 장개석이 거처하고 있는 림동 화청지(臨潼華淸池)에 가 공산당과 련합하여 항일하는 필요성을 통절하게 설명하였다. 장개석은 그의 말을 듣고 대노하여 장학량을 젊고 무지하며 공산당에게 미혹을 당했다고 질책하였다. '간절한 타이름(苦諫)'이 성사되지 못하자 장학량은 계속하여 소리를 내여 통곡하면서 '울음으로 타일렀고(哭諫)' 후에는 또 장개석과 격렬하게 론쟁하였다. 두 사람이 맞붙어 서로 양보하지 않았고 긴장한 장면이 줄곧 3시간이나 지속되였다. 최후에 장개석이 책상을 치며 성난 목소리로 "자네가 지금 총으로 나를 쏴 죽여도 나의 공산당 토벌정책은 변할 수 없다!"고 하였다.

장학량은 아무런 수확도 없이 서안성안으로 돌아왔지만 사람을 놀래우는 하나의 계획이 이미 마음속에서 움트고 성숙되였다. 양호성과 계획한 후 그들은 협박으로 간하는 '병간(兵諫)', 즉 장개석을 가두고 핍박하여 항일하게 하려 하였다.

12월 9일, 서안의 만여명 학생들이 시위 대행진을 거행하여 12.9운동 1주년을 기념하는 동시에 화청지에 가서 장개석에게 청원하였다. 장개석은 장학량에게 "사람을 때려 죽여도 무방하다"고 하였다. 장학량은 학생대오 앞에 와서 그들에게 화청지에 가지 말며 학살을 당하지 말라고 하였다. 학생들은 실성통곡하면서 항일을 요구하였다. 장학량도 격동되여 학생들에게 "한주일 이내에 너희들의 요구를 꼭 사실로 답복해주겠다!"고 말하였다. 학생들은 최종 돌아갔다.

　　3일 후 1936년 12월 12일, 중국력사상 중대한 의의가 있는 서안사변이 발생하였다. 이날 이른새벽 5시에 장학량과 양호성의 계획에 따라 동북군 사장 백봉상(白凤翔), 호위대 제1대대 대대장 왕옥찬(王玉瓒)과 제2영 영장 손명구(孙铭九)가 심복 경호원을 거느리고 자동차로 화청지에 왔다. 한차례 격전을 거쳐 장개석의 헌병소대와 수행 호위들을 소멸하였다.

　　장개석은 꿈속에서 총소리를 듣고 사단이 일어났다는 것을 알았다. 그는 미처 옷도 입지 못한 채 잠옷을 걸치고 맨발로 방에서 뛰쳐나와 근위병의 도움하에 뒤담장을 넘었는데 등뼈도 다치고 발도 부딪쳐 상처가 났다. 어쩔 수 없이 근위병이 업고 산으로 올랐으며 한 돌틈 사이의 검불속에 숨었다. 왕영장이 사람을 데리고 장개석이 있던 방으로 뛰여들어갔는데 그가 이미 달아났다. 그러나 이불속이 아직 온기가 있고 틀이도 아직 물컵에 있는 것을 보아 멀리 가지 않았다는 것을 알고 즉시 대오를 거느리고 산을 수사하여 돌틈 사이에서 랑패한 장개석을 붙잡았다.

　　이와 동시에 양호성도 17로군을 지휘하여 여러 곳에서 장개석이 데려온 진성(陈诚) 등 십여명 국민당 군정대원을 체포하였고 서교비행장의 50여대 전투기와 포격기를 차압하였으며 중앙헌병1련대와 장개석의 기타 부대의 무장을 해제하였다.

　　장개석을 안정시킨 후 장학량과 양호성은 즉시 홍군에게 알림으로써 홍군이 대표단을 파견하여 서안에 와 항일대계를 공동히 상의하자고 하였다.

　　오전 10시 좌우, 장학량이 혼자 가서 장개석을 만났다. 그는 군례를 한 후 "위원장님, 놀라셨지요!"라고 말하였다. 장개석은 장학량이 그래도 그를 존중하는 것을 보자 즉시 당과 나라의 령수의 틀을 내며 떠들어댔다. 그는 말끝마다 "나는 자네와 다른 할 말이 없네."라고 하였다. 장학량은 물러가는 수 밖에 없었다. 사실 장개석은 내심으로는 매우 두려워하였다. 13일 저녁, 손명구(孫銘九)가 명령을 받고 장개석에게 가서 장학량 관저 부근으로 옮겨와 거주하라고 하였다. 장개석은 자기를 총살하려 한다고 착각하고 갑자기 안색이 흙색이 되여 침대에 드러누워 이불로 머리를 덮어쓰며 "나는 다른 곳에 가지 않으니 여기서 죽게 내버려둬라!"고 런이어 말하였다.

　　서안사변이 폭발한 후 남경정부 내부는 즉시 뒤죽박죽이 되였다. 하응흠을 위수로 하는 한개 파는 장학량, 양호성을 토벌하고 비행기로 서안을 폭격하라고 명령하였다. 장개석 부인 송미령(宋美齡)과 그의 오빠 송자문(宋子文)을 위수로 하는 한개 파는 잠시 토벌하지 않고 모든 가능성을 동원하여 장개석을 구출하고 평화적으로 해결할 것을 주장하였다. 하응흠은 송미령의 반대에도 불구하고 16일에 장학량과 양호성을 토벌하라고 명령하고 대군을 지휘하여 서쪽으로 돌진하였으며 비행기로 위남(渭南)현성을 폭격하였다. 송미령은 사처로 뛰여다니며 군대들에게 하응흠의 명령을 듣지 말라고 하였으며 또 오스트랄리아인 윌리엄 헨리 터너(端納)를 서안에 보내여 방법을 대여 장개석을 구하게 하였다. 며칠 후 송미령과 송자문도 서안으로 왔다.

　　중공중앙은 장학량의 통전을 받은 후 처음에는 비록 장개석을 엄하게 징벌해야 한다는 것도 포함하여 여러가지 주장이 있었지만 최후에는 그래도 랭정하게 당시 형세를 분석하였다. 장개석은 항일할 가능성이 존재하는 것이다. 게다가 장개석은 국민당내에서 세력이 아주 컸기에 그를 핍박하여 항일하는 것이 그를 죽이거나 하야시키는 것보다 전국항일전선의 형성에 더 유리로웠다. 이리하여 중국공산당은 주은래(周恩来), 엽검영(叶剑英), 진방헌(秦邦宪)으로 구성된 대표단을 서안에 파견하여 서안사변을 평화적으로 해결할 것을 주장하였다. 주은래 등은 장학량, 양호성 및 각계 인사들과 협상하여 장개석으로 하여금 항일하게 하고 서안사변을 평화적으로 해결할 것을 명확히 제출하였다.

24일 저녁, 주은래는 송자문, 송미령의 배동하에 장개석을 만났다. 이때의 장개석은 이발도 없고 얼굴이 로쇠하고 초췌하여 당년 황포군관학교 교장의 위풍을 찾아볼 수 없었다.

"장선생, 우리가 십여년 못 만났는데 이전에 비하여 나이가 좀 들어 보입니다." 하고 주은래가 정중하게 말하였다.

장개석은 머리를 젓고 한숨을 쉬면서 주은래를 바라보며 말하였다. "은래는 나의 부하로서 응당히 나의 말을 들어야 하오."

주은래는 즉시 내전을 정지하고 일치하게 항일할 수만 있다면 량당은 10년 전과 마찬가지로 여전히 다시 합작할 수 있다고 표시하였다.

강대한 압력 앞에 장개석은 찬성을 표시할 수 밖에 없었다. 그는 마지막에 세가지 의견을 표시하였다. 1. 공산당에 대한 토벌을 정지하고 련합하여 항일하고 그가 통일적으로 지휘한다. 2. 송씨남매와 장학량이 전적으로 그를 대표하여 주은래와 모든 문제를 해결한다. 3. 그가 남경으로 돌아간 후 주은래가 직접 가서 담판한다.

담판이 결속된 후 12월 25일, 장학량과 양호성은 친히 장개석을 비행장까지 바래다 주었다. 때마침 2,000명 학생과 군중들이 비행장에서 기타 사람을 기다리고 있었다. 장개석은 군중들이 그를 가지 못하게 할가봐 두려워 서둘러 장학량과 양호성에게 말하였다. "다시 한번 말하는데 나는 자네들의 조건에 동의한다." 그러면서 장학량, 양호성에게 서안사변을 추궁하지 않는다는 것을 포함한 6가지 조건을 다시 한번 중복하였다. 장학량은 장개석의 안전을 담보하기 위해 친히 그를 배동하여 남경으로 돌아갈 것을 결정하였다.

그러나 장개석은 남경에 도착하자마자 즉시 태도를 바꾸었다. 명령을 내려 장학량을 심판하고 구금한 동시에 군사를 파견하여 서북군과 동북군을 무너뜨렸다. 그리고 양호성을 핍박하여 사직하고 출국하게 하였으며 후에 또 구금하고 살해하였다. 장학량은 줄곧 연금되어 항일하여 나라에 보답하는 기회를 잃어버리고 말았다.

비록 이렇게 되였지만 서안사변은 그래도 적극적인 작용을 일으켰다. 1937년 2월 15일, 국민당 5기 3중 전회에서 로씨야와 련합하고 공

산당과 련합하고 로농을 부조하는 3대정책을 회복하는 제안을 통과하였다. 21일에는 또 실제상 중공중앙의 제의를 접수하고 국공합작을 찬성하는 이른바〈적화안근절(根絶赤禍案)〉을 통과한 동시에 섬감녕(陝甘宁)변구에 대한 군사압력을 늦추었다. 장개석의 일부 담화에서도 항일을 표시하였다. 그리고 한계가 있게 언론을 개방하고 인재를 집중하며 정치범을 석방한다고 말하였다. 이 모든 것은 남경정부의 "외적을 물리치려면 먼저 국내를 안정시켜야 한다"는 정책이 전변하기 시작한 표현이다.

　서안사변은 항일민족통일전선의 형성을 촉진하였고 국공 량당의 제2차 합작을 재촉하여 이루어지게 하였다. 서안사변은 항일전쟁의 승리에 대하여 마멸할 수 없는 적극적인 작용을 하였다. 장학량과 양호성 두 장군의 력사적 공적은 력사에 길이 빛날 것이다.

497

로구교사변

    1937년 7월 7일 밤 12시, 북평시 시장 겸 제29군 부군장 진덕순(秦德纯)은 문뜩 전화벨소리에 깜짝 놀라 일어났는데 수화기에서 북평 주재 일본 특무기관장 마쯔이 다꾸로우(松井太久郎)의 매서운 소리가 들려왔다. "오늘 저녁 일본 륙군 1중대가 로구교(卢沟桥)에서 군사연습이 있었는데 완평성(宛平城)내 군대가 발사한 총소리에 연습부대가 일시 혼란해졌고 결과 일본 병사 한명이 실종되였소. 일본군이 오늘 밤에 성내로 들어가 수사할 것이오!" 로구교란 말을 듣고 진덕순은 깜짝 놀랐다.
    9.18사변 후 일본침략자는 가는 곳마다 진을 쳤는데 6년 동안 이미 화북 북부의 광대한 지구를 잠식하였고 북평, 천진도 완전히 일본침략자의 포위 속에 처하여있었다. 북평 서남쪽에서 15킬로메터, 북평-무한 철도연선에 위치한 로구교지구는 북평에서 남방을 련계하는 중요한 통로로 되였다. 1901년의 〈신축조약(辛丑条约)〉에 근거하여 일본은 로구교 남쪽 풍대(丰台)철도 중추 일대의 군사주둔권을 획득하였다. 이때는 이미 일본군 8,000명을 집결하였기에 수시로 북평과 외계의 련계를 절단할 수 있었다. 북평시 시장으로서의 진덕순은 마음속으로 당연히 조급해 하였다. 그는 감히 경솔하게 마쯔이에게 응답하지 못하고 즉시 진상을 조사하여 밝히고 해결방법을 공동히 상의하자고 표시하였다.

이른바 "일본 병사 한명이 실종"되였다고 한 것은 사실 일본이 완전히 제멋대로 꾸며낸 구실이였다. 사실상 이때 '실종 병사' 시무라 기꾸지로우(志村菊次郎)는 이미 부대로 귀속하였다. 일본침략자의 이 거동은 고노에(近卫) 내각의 명령을 받고 고의로 조작한 사단으로서 중국을 독점하려는 침략전쟁의 발동을 위하여 조작한 구실에 불과하였다.

로구교지구에 주둔하여 지키는 중국 군대는 29군〔군장 송철원(宋哲元)〕37사〔사장 풍치안(冯治安)〕110려였다. 려장 하기풍(何基沣)은 4년 전 희봉구 장성에서 항전한 영웅이였다. 로구교에 주둔한 지 1년 넘었는데 일본침략자의 도전에 직면하여 하려장은 날카롭게 맞서 한걸음도 양보하지 않았기에 일본침략자들의 눈에 든 가시로 되였다. '실종병사'사건의 출현으로 말미암아 한차례 격전은 이미 불가피면하게 되였다. 7월 7일 저녁, 일본군은 완평성(宛平城)에 들어가 수사할 것을 요구하였는데 거절을 당하자 총과 포로써 로구교를 공격하였다. 수비군은 즉시 반격을 하였다. 이것이 바로 7.7로구교사변이다. 이것은 일본제국주의가 전면적인 중국침략전쟁을 발동하였다는 선고이자 중국인민의 전국적인 항일전쟁이 시작되였음을 보여준다.

8일 이른새벽 4시, 일본군은 밤의 장막과 푸른 장막의 엄호를 리용하여 풍대에서 중국주둔군 진지로 곧추 뛰여들어 완평현성을 포위하였다. 5시 좌우, 중일 쌍방으로 구성된 조사단이 완평성에 들어온 지 얼마 안되여 귀청이 째질 듯한 총포성이 고요한 려명을 가로질렀다. 일본군이 갑자기 성을 공격한 것이였다. 완평수비군은 벌써부터 일본침략자의 흉포에 대하여 뼈에 사무치게 증오하였으므로 즉시 총을 들고 용감하게 반격하였다. 분노와 원한의 총탄이 적군에게로 날아갔다. 바로 이때 푸른 장막 안에 미리 은폐해있던 수많은 일본군이 전면 진공하기 시작하였다. 중과부적으로 영정하(永定河) 동쪽 물가의 중국군대의 진지는 아주 빨리 함락되였고 일본군은 철도대교와 로구교를 맹공격하기 시작하였다.

로구교는 800년의 력사를 지닌 큰 돌다리였다. 중국수비군은 한개 소대 밖에 없었기에 교대로 하는 일본군 두개 중대의 맹공격에 모두 장렬하게 희생되였다. 일본군이 진지로 공격해오자 다리 서쪽 중국수비군

중국 통사 이야기 | 중화민국

이 즉시 공격을 하여 일본군을 다리 동쪽 진지로 몰아냈다. 한 젊은 병사는 큰 칼을 휘두르며 13명의 적을 찍어 넘어뜨리고 자신도 장렬하게 희생되였다. 일본군은 실패를 달가워하지 않고 다리어구를 향하여 재차 맹공격을 하였다. 쌍방은 로구교어구에서 격렬한 쟁탈전을 벌이였다. 중국군대가 완강하게 저항하여 완평성을 신속히 점령하려는 일본군의 시도를 좌절시키였다. 8일 저녁까지 일본군은 완평성을 시종 점령하지 못하였다.

땅거미가 진 후, 110려의 길성문(吉星文)퇀은 대도대(大刀队)를 조직하여 살그머니 완평성 서문을 나와 일본군이 방금 점령한 다리어구 진지로 곧추 돌격해갔다. 전사들은 큰소리를 지르며 칼을 휘둘렀다. 전투는 이른새벽까지 지속되였고 다리어구를 침점한 일본군 한개 중대가 거의 전멸되였으며 다리어구 진지는 다시 중국군대의 수중으로 넘어왔다.

잔혹한 전투는 끊어졌다 이어졌다 하며 7월 10일까지 진행되였는데 중일 쌍방이 북평에서 세가지 정전철군협의를 달성하고서야 총포성이 고요해졌다. 그렇지만 중국군대가 협의에 따라 철퇴하려고 할 때 일본군은 로구교를 향하여 재차 공격을 하였다. 다리를 지키고 있던 장병들은 전국인민의 후원이 있었기에 투지가 갈수록 강해졌다. 작전을 지휘하는 영장 김진중(金振中)은 포탄에 다리를 상하여 선혈이 흘렀지만 물

러가 상처를 싸매려 하지 않고 부르짖었다. "군인은 국토를 지키는 책임이 있다. 싸움터에서 퇴각할 수 없다. 나는 이 련의 전사들을 이끌고 로구교에서 싸우다 죽겠다!" 항일 장병들은 가슴속에 가득찬 애국열정과 보잘것없는 무기로 일본군의 땅크, 대포의 진공을 격퇴하였다.

7월 20일, 중일 쌍방은 재차 협의를 달성하였다. 제37사가 방어구역에서 철수해야 한다는 명령이 로구교에 전해왔는데 다리 근처를 지키던 장병들이 매우 분개하여 진지에서 철수하는 것을 견결히 거절하였다. 오후 2시에 일본군은 재차 대규모 진공을 발동하였다. 적군의 대포는 다리 근처의 논밭과 민가를 페허로 만들었고 건축과 조각이 정교하여 중외에 널리 알려진 로구교도 폭격에 엉망이 되었다. 수비군은 네차례의 일본군 공격을 격퇴하고 200여명 적군을 살상하였다.

일본군은 루차 실패하자 화가 나서 국민당 화북당국에 진일보 압력을 가해 중국이 즉시 철병할 것을 요구하였다. 21일 이른아침, 29군 군부는 재차 로구교 수비군에게 "즉시 철병하라"는 엄령을 하달하였다. 누가 전우들의 생명으로 바꾸어 온 진지를 포기할 수 있겠는가! 많은 병사들이 모래포대에 엎드려 실성통곡하였다. 상급 군관의 호된 독촉하에 다리를 지키던 병사들은 눈물을 머금으며 13일을 고수한 진지에서 철수하고 로구교를 수비하는 중임을 지방보안대에 넘겨주었다.

7월 하순, 일본침략자가 일본 본토, 조선, 중국 동북으로부터 이동시킨 5개 사단이 북평과 천진을 진공할 준비를 완성하였다. 25일에 북평과 천진을 진공하기 시작하였고 26일에 랑방(廊坊)을 강점함으로써 북평과 천진 두 도시 사이의 련계를 절단시켰다. 일본침략자는 제29군에게 최후 통첩을 보내 28일 점심 전으로 북평에서 물러나라고 하였다.

28일 아침, 일본침략자는 마침내 북평을 향하여 총공격을 개시하고 중국수비군은 영용하게 반격하였으나 무기가 너무 차하고 쌍방의 수적 차이가 현저하였으므로 북평은 끝내 함락되었다. 단지 이와 같은 험악한 환경하에서도 중국군대는 침략자를 호되게 타격하였고 중국인민이 끝까지 항일하려는 결심을 과시하였다. 29군 부군장 동린각(佟麟阁)과 132사 사장 조등우(赵登禹)는 개인 안위를 도외시하고 스스로 병사들의 선두에 서서 부대를 거느리고 일본침략자의 진공을 항격하였으며 선후하여 생명을 바치였는데 전면 항전이래 제일 먼저 순국한 국민당 고급 장령으로 되였다.

북평보위전을 배합하기 위해 로구교수비군은 하기풍 등 장령의 령솔하에서 풍대의 일본군에 향하여 주동으로 공격을 가하였다. 그들은 교묘하게 일본군을 진지에서 끌어낸 다음 우세한 병력을 집중시켜 포위하여 섬멸하였으며 최후에 풍대역을 탈취하였다. 그러나 국부적인 승리는 이미 전반 국면의 실패를 만구할 수 없었다. 북평이 함락된 후 로구교를 고수하는 것은 이미 전략적 의의가 없었다. 7월 30일 밤에 29군의 남은 부대는 비분을 참으며 로구교에서 철수하였고 전 북평, 천진 지구가 곧 함락을 고하였다.

'7.7'로구교 근처에서의 격전은 중국인민이 일본제국주의의 전면적인 중국침략전쟁에 반항한 첫 전쟁이였다. 7월 8일, 중공중앙은 전국에 통전을 보내 일본침략자가 무력으로 북평과 천진, 화북을 침점하려는 망상된 음모를 폭로하고 중화민족이 위급한 관두에 이미 이르렀고 오직 전면적 항전을 실행하여야만 중국이 출로가 있다고 지적하였다. 통전은 전국인민에게 "무장으로 북평과 천진을 보위하고 화북을 보위하자" "일본제국주의가 중국의 한치의 땅도 점령하지 못하게 하자"고 호소하였다.

이와 동시에 려산에서 한창 간담회를 진행하던 국민정부 군사위원회 위원장 장개석도 "평화가 근본적인 절망 시기에 이르지 않으면 절대로 평화를 포기하지 않고 희생이 최후 관두에 이르지 않으면 희생을 절대로 경솔하게 말해서는 안된다."는 몇년래의 론조를 고치였다. 7월 17일에 저명한 려산강화를 발표하고 "땅은 남북을 가르지 않고 로인과 아이 구분없이 어떤 사람이든 막론하고 모두가 국토를 지키고 항전할 책임이 있다." "만약 한치의 토지주권도 포기한다면 중화민족의 천고의 죄인이다."고 표시하였는데 남경정부는 더는 양보하지 않고 항전을 실행해야 한다고 표명하였다. 이 지경에 이르자 중화민족의 전국적 항전은 정해진 국면으로 되였다.

498

송호대전

중일전쟁이 전면적으로 폭발한 후 일본 륙군은 전쟁의 열광을 불러 일으켰고 해군, 공군도 잇따라 날뛰였으며 군벌과 재벌도 긴밀히 손을 잡고 중국에 대한 전쟁에 전력을 기울이였다.

일본군은 북평과 천진을 공략한 후 예봉을 상해에로 돌리였다. 7월 25일, 상해에서 문득 일본 병사 한명이 실종되였다고 전해지며 국세가 갑자기 긴장해졌다. 이틀 후 실종 병사 미야자끼 마사오(宮奇正雄)가 진강(鎭江)에서 발견되였는데 원래는 기생집에 놀러다니다 동료에게 발각되자 형벌이 두려워 탈영하였던 것이였다. 그제서야 국세는 비로소 조금 완화되였다.

8월 9일, 상해에서 또 홍교(虹桥)비행장사건이 발생하였다. 오오야마 이사오(大山勇夫)라는 일본군 중위와 운전사 사이도우 요우조우(斎滕要藏)가 무장을 한 채 차를 타고 홍교 군용비행장으로 들어가려다가 중국군대에게 제지당하였다. 일본군 중위가 당장에서 총을 쏘아 비행장의 위병을 죽여 총격전이 일어났고 소동을 일으킨 두명이 목숨을 잃었다. 본래는 중국군대의 정당방위였으나 일본 여론은 사태가 벌어지도록 선동하면서 전쟁을 부르짖었다. 일본군은 이것을 구실로 많은 일본 함대를 이동 집결시켜 상해로 향하였고 전쟁이 일촉즉발할 위기에 놓이였다. 8월 13일 오전 9시, 일본군이 돌연히 상해 갑북(闸北)을 진공하여 중일전쟁사상 규모가 가장 크고 전쟁상황이 가장 처참한 '8.13'송호(淞沪)항전이 폭발하였다.

상해는 영국과 미국 독점자본 투자가 가장 집중된 지방이고 국민당과 남경정부 재정의 주요 래원이기도 하였다. '8.13'사변의 발생은 국민당정권의 생존을 직접 위협하였다. 14일, 국민정부는 《자위항전성명서》를 발표하여 일본침략자의 침입을 견결히 항격할 것을 표시하였다. 이와 함께 일본군부는 작전 요점을 발포하고 점령구를 확대하려고 하였다.

중일 쌍방 통수부는 모두 승패는 이번 행동에 달려있다고 하면서 최후의 승부를 걸고 전쟁배치를 하였다. 일본군은 마쯔이 이와네(松井石根) 대장을 사령관으로 하고 선후로 십여개 사단의 륙군과 공군, 해군, 해병대의 정예 부대를 투입하였는데 병력이 30만에 달하여 당시 일본군 병력의 절반 이상을 차지하였다. 중국측은 풍옥상을 총사령(9월 17일 이후 장개석이 스스로 겸임)으로 하고 참전 부대가 50여개 사로 70여만명이였는데 당시 전국 병력의 5분의 3을 차지하였다. 일관적으로 심복 부대를 목숨처럼 여긴 장개석도 이번에는 밑천을 아끼지 않고 몇년간 고심하게 경영한 공군, 해군과 거의 전부의 적계부대를 전투에 참가시켰다.

그렇지만 이렇게 중화민족의 운명을 결정하는 중대한 력사적 관두에 중국인민의 벗이라고 자랑하던 영국과 미국 정부는 강 건너 불 보듯 하면서 배반에 가까운 수치스러운 립장을 취하였다. 전쟁이 시작되자 영국과 미국은 즉시 '중립'을 선포하였다. 미국의 중립은 중국군대로 하여금 미국으로부터 전쟁물자를 구매할 수 없게 하였는데 실제상에서는 일본을 방임하는 것이였다. 영국은 중일 쌍방 군대에게 상해에서 퇴출할 것을 건의하였으나 일본은 근본 듣지도 않았다. 영국대사는 일본군의 공습에 부상을 당하여 일본측의 사죄를 접수하고는 별다른 반응을 보이지 않았다. 오히려 장개석이 줄곧 적대시한 쏘련에서 국제주의적 정신으로 남경정부의 청구에 동의하여 무기를 끊임없이 보내왔다.

상해는 바다에 린접하여 있고 지세가 평탄하기에 쉽게 돌파할 수 있

었다. 일본 륙군은 또 해군과 공군의 충분한 지지를 받을 수 있었다. 장개석이 상해를 결전전장으로 선택한 것은 큰 실책이였다. 때문에 송호항전은 시작하자마자 중국군대가 적들의 해, 륙, 공 화력의 맹렬한 폭격하에서 매 시간에 사상자가 천명씩 났다. 중화민족이 외래침략에 저항하는 력사상 송호항전은 희생이 처참하기로 그 전례가 없었다.

송호항전에서 중국인민, 중국군대의 영용한 정신은 감격적이고 눈물겨웠다. 장렬한 송호항전은 세계인민의 반파쑈사상 빛나는 한페지를 기록하였다. 아주 짧은 시기내에 중국의 젊은 공군, 해군들이 영용하게 싸웠다. 결국에는 거의 다 희생되였지만 일본 해군과 공군에 심한 타격을 주었다. 3개월의 송호항전에서 중국군대는 30여만명이 사상되였다. 이와 동시에 일본군도 십여만명의 사상자를 내여 중일전쟁사상 일본침략자를 가장 많이 살상한 전역으로 되였다. 송호전역은 일본침략자의 방자하고 오만한 기염을 꺾었고 일본침략자가 '3일 만에 상해를 점령하고 3개월 만에 중국을 멸망'시키려던 시도를 분쇄하였다.

송호항전에서 제88사 262려 524퇀 부퇀장 사진원(谢晋元) 중좌가 령도한 '800장사'가 갑북의 '사행(四行)'창고에서 치른 혈전은 중국군대의 영용한 정신을 집중적으로 표현하였다.

10월 26일, 일본군은 상해 방위선을 돌파하였고 갑북에서 큰 불이 났다. 사진원은 제1영 411명 장병을 거느리고 대부대의 철퇴를 엄호하였다. 27일 이른새벽 2시, 사진원은 맹렬한 포화를 뚫고 소주하(苏州河) 북쪽의 7층 아파트 '사행'창고로 전부 전이하여 신속히 방어병력을 배치하고 참호를 구축하고 진지를 견결히 고수할 준비를 하였다. 《신문보》기자가 소식을 듣고 달려가 취재하였는데 사진원은 "목숨을 바쳐 순국하는 것은 우리 군인들의 당연한 천직이다."고 하면서 기자에게 서명하여 기념글을 써주었다. "마직막 총알이 남을 때까지 일제와 싸우겠다."

아침 7시, 일본군은 '사행'창고를 포격하고 화력으로 수색하였다. 사진원은 소리없이 침착하게 응전하였다. 오후에 일본군이 대거 진공하여 3시간 격전을 하였는데 소주강변에서 일본군은 60여명이 살상되자 되돌아갈 수 밖에 없었다. 28일, 일본군은 비행기, 기선을 출동시켜 륙군과 배합하여 네차례나 진공하였으나 격퇴당하였다. 한 청년전사가 몸에 수류탄을 묶고 적군 속에 뛰여들어 적들과 함께 희생되였다. 29일과 30일 이틀에 일본군은 또 여러차례 비행기, 땅크를 출동하여 진공하였으나 모두 사진원부대에게 패배당하였다.

꼬박 4일간의 격전을 거쳐 사진원이 거느린 400명 중국 군인-당시 신문에서 그들을 '800장사'(고대 초나라와 한나라가 싸울 때 전횡의 500 의로운 지사로 비유)라고 불렀는데 비좁은 곳에서 고군으로 적군의 수십차 진공을 격퇴하고 적군 200여명을 죽이였다. 아군은 단지 십여명이 전사하고 20여명이 부상당하였다. 30일 저녁 9시, 사진원이 거느린 부대는 명령을 받고 '사행'창고에서 철수하여 전 부대가 조계지로 물러나왔다.

'800장사'의 영웅적 사적은 신속히 국내외로 퍼지였다. 전국인민은 이에 분발되고 고무되였으며 국제 여론도 광범위하게 동정하고 찬양하였다. 영국의 《타임즈(泰晤士报)》도 "전세계의 청년들이여, 세계를 압도하는 이 '800장사'를 기억하라!"고 말하였다.

전방의 장병들은 죽을 결심을 하고 외래침략에 저항하는 영용한 정신을 발양하였다. 그렇지만 육체는 결국 적군 해륙공의 강대한 화력을 이기지 못하였다. 10월 5일, 일본군은 항주만(杭州湾)에서 등륙하여 상해수비군에 대한 포위를 형성하였기에 전세가 급전하였다. 10월 중순, 중국군대의 실패 조짐이 이미 나타났는데 상해조계지 밖의 시중심이 함락되였고 방위선도 교외 대장(大场) 일대로 철수하였다. 11월초, 정황이 더욱 위급하였다. 적아의 전투력 차이가 현저하고 퇴로가 절단될 수 있는 상황하에서 전방의 사기가 의기소침하기 시작하였고 진영이 혼란해졌다. 총사령 장개석은 재삼 독전하였으나 상황은 호전이 없었다. 11월 9일 명령을 내려 철퇴하는 수 밖에 없었다. 각 군은 황급히 철수하였지만 이미 패전하여 뿔뿔이 흩어졌다. 게다가 일본군 비행기가 밤낮으로 폭격하여 인마가 짓밟혔으며 질서가 일시 혼란해져 사상자가 매우 많았다.

11월 11일, 상해가 함락되였다. 3개월간 진행된 송호대전이 종말되

였다. 사진원과 '800장사'는 후에 줄곧 조계지에서 1941년까지 견지해 왔다. 일본군은 항복을 유도하였으나 성사되지 못하자 반역자를 수매하여 그해 4월 24일에 사진원 퇀장을 살해하였다. 사진원은 국가를 위하여 순난하였다. 항일영웅으로서 그는 전국인민들의 마음속에 길이 살아 있을 것이다.

499

남경대학살

　　상해가 함락되자 수도 남경이 바로 일본군의 앞에 폭로되였다. 장개석이 주관하는 국민정부 군사위원회는 남경에서 회의를 소집하고 남경을 수비하는 문제를 토론하였다. 회의에 참석한 고급 장령으로는 리종인(李宗仁), 백숭희(白崇禧), 당생지(唐生智), 하응흠(何应钦), 서영창(徐永昌) 등이 있었다. 독일 군사고문단도 회의에 참가하였다.

　　당시의 국세를 놓고 볼 때 남경을 굳게 지킨다는 것은 군사상에서 이미 의의가 없었다. 상해, 항주만이 함락된 후 남경은 이미 장벽을 잃었고 일본군은 밤낮으로 길을 재촉하면서 두갈래로 나뉘여 남경을 포위 공격하였다. 전술상에서 말하면 남경은 매우 험준한 곳으로서 적들이 삼면으로 포위할 수 있으나 북쪽은 또 장강의 장애를 받아 철퇴할 길이 없었다. 중국군대는 송호항전에서 참패를 당하여 사기가 많이 떨어졌고 또 증원할 군대가 없었기에 굳건히 지키기 어려웠다. 일본침략자는 상해를 함락한 승리의 위력으로 사기가 왕성하였다. 중국의 수도를 탈취한다는 것은 일본군인에 대하여 아주 극대한 자극이였으므로 필연적으로 죽음을 무릅쓰고 공격하여 "공을 세우고 업적을 쌓으려 하였다." 때문에 남경을 견결히 고수한다면 중국군대가 재차 타격을 받게 될 뿐만 아니라 6개 조대(朝代)의 옛 도읍으로서의 남경의 찬란한 고대문명이 파괴될 수

있고 평민들도 무고한 죽음을 당할 수 있었다.

이런 상황에 근거하여 남경정부는 남경을 "방어도시로 하지 않고" 군대를 철수하여 교외에서 전장을 선택하여 적과 항쟁한다고 선포하는 것이 최적 방안인 듯 싶었다. 그렇지만 "방어도시로 하지 않는다"고 선포하고 총 한방 쏘지 않고 수도를 포기하는 정치적 책임은 국민당정부가 감당할 수 있는 것이 아니였다. 특히 장개석 본인도 송호항전의 실패로 이미 위신이 내려갔는 데다 또 수도를 버리고 도망간다면 불가피면적으로 엄중한 정치적 위기가 발생할 것이라는 것을 알고 있었다. 이리하여 장개석은 회의를 소집하고 하나의 완전무결한 책략을 찾으려고 하였다.

리종인, 백숭희, 풍옥상 등 일부 랭정한 군부 요인들은 남경을 포기하고 교외에서 전투의 유리한 시기를 찾아 침략자를 타격할 것을 견결히 주장하였다. 장개석은 싸우자면 필연적으로 여지없이 패배할 것이고 도망가자니 또 여론의 질책을 감당하기 어렵고 하여 모순 속에 빠졌다. 그는 간신히 "남경은 국민정부와 국부 왕릉(손중산릉묘)의 소재지로서 싸우지 않고 물러갈 수가 없다. 나는 사수할 것을 주장한다."고 원칙성적인 말을 하였다. 여러 장령들은 서로 바라보면서 더는 남경을 포기하는 것을 견지하지 않았다. 회의 분위기는 일시 어색하게 되였다. 방법이 없게 되자 장개석은 또 총참모장 하응흠과 군령부장 서영창에게 물었다. 이 두 사람은 다 장개석의 직계 심복으로서 이구동성으로 말하였다. "우리는 의견이 없습니다. 모든 것은 위원장의 의지 대로 하겠습니다." 별다른 방법이 없는 장개석은 또 독일 수석고문에게 물었는데 이 고문은 단지 군사적 각도에서 고려하여 남경을 포기할 것을 주장하면서 의미 없는 희생을 하지 말아야 한다고 하였다.

장개석은 가령 독일고문의 의견을 듣는다 하더라도 금후 수도를 버리고 도망한다는 책임은 여전히 자신이 담당해야 한다고 생각하였기에 또 하나하나 매 장령의 의견을 문의하였으나 모두가 다 결단성이 없고 요령이 없었다. 그러나 당생지에게 물었을 때 이 북벌전쟁시기의 명장은 일어나서 큰소리로 웨치였다. "수도는 국부 왕릉의 소재지인데 강적에 직면하여 만약 남경에서 한두명 대장의 희생도 없다면 우리는 하늘에 계시는 총리의 령혼에 미안할 뿐만 아니라 우리의 최고 통수에게 더욱 미안합니다. 나는 남경을 사수할 것을 주장하고 적들과 끝까지 싸우겠습니다!" 장개석은 당생지가 이와 같이 격앙된 것을 보고 "그럼 로형이 방어를 획책하고 도시방어 총사령을 담임하오."라고 순풍에 돛을 달았다. 당생지는 조금도 망설이지 않고 흔쾌히 승낙하였고 몸을 바쳐 남경성과 존망을 같이 할 것을 맹세하였다. 남경을 포기할 것인가 사수할 것인가 하는 이런 중대한 문제가 이렇게 경솔하게 결정되었다.

　　12월 3일, 일본군이 남경에 바싹 접근하였고 쌍방은 산발적인 전투를 시작하였다. 9일, 일본군은 남경성을 대거 공격하기 시작하였다. 이때 그 '남경성과 존망을 같이 할 것을 맹세하고' '희생'할 준비를 한 당생지는 사람을 시켜 포구(浦口)역에 전용차를 대기시키고 차를 타고 북으로 갈 준비를 하였다. 삼군(三军)의 통수가 이런 태도였으니 그 전쟁상황은 생각만 해도 알 수 있었다. 15만 남경성 수비부대는 3~4일간 격전하였으나 전군이 패하여 물러섰고 당생지는 황급히 차를 타고 서주로 도망갔다. 남경수비부대는 사령관이 없어 일시 대혼란에 빠졌다. 철퇴할 때 전혀 계획이 없이 장교와 병사들이 이리저리 도망치며 각 자가 자기의 살길을 찾았다. 소수의 용감한 부대는 영문을 모른 채 우군(友军)이 위축되었다고 오인하고 제멋대로 철퇴하였고 성루에 기관총을 설치하여 패배하여 성을 물러나오는 우군을 소사하기도 하였다. 이렇게 자기편끼리 서로 죽이였는데 사상자가 헤아릴 수 없었다.

　　12월 13일, 남경이 함락되었다. 일본군은 화중 파견군(华中派遣军) 사령 마쯔이 이와네와 제6사 사단장 다니 히사오(谷寿夫)의 지휘하에 남경성에 진입하여 6주나 되는 피비린 대학살을 감행하였다. 일본군은 "도망쳐 흩어진 중국 장병들을 수색한다."는 명의로 시민들의 집에 들어가 제멋대로 강탈하고 불을 놓고 살인하였다. 청장년 남자들을 보면 당장에서 총을 쏘아 사살하였고 전장에서 포로된 중국 장병들에 대하여서는 집단 총살을 하거나 구뎅이를 파고 집단 생매장을 하였다. 18일 밤에 다니 히사오의 지휘하에 일본군은 막부산(幕府山)에 구금된 군민 5만 7,418명을 철사로 묶은 후 하관(下关) 초혜협(草鞋峡)에 몰고 가 기관총

으로 밀접소사하고 일부 피못 속에 쓰러져 발버둥치는 중국군민을 모두 란도질하여 죽이였다. 그리고는 모든 시체에 석유를 뿌려 분화하였다. 또 무수한 시체를 장강에 던지기도 하였다…

　　일본군이 남경군민에 대한 학살은 인성을 완전히 상실한 것이였다. 그들은 제멋대로 상점에서 한 청년을 끌고 나와 옷을 홀랑 벗기고 질산을 뿌려 온몸이 타서 문드러지게 한 다음 다시 강박하여 죽을 때까지 걷게 하는 것으로 즐기였다. 또 포로된 병사의 옷을 벗기고 기둥이나 문에 묶어놓고 송곳으로 찔러 피투성이를 만들었는데 욕을 하거나 노려보면 더 호되게 눈을 찔렀고 뒤이어 총검으로 목을 찔렀다. 또 백명이나 되는 병사들을 묶어놓고 눈알을 빼고 귀를 자른 다음 불을 놓아 태워죽이였다. 또 부녀를 강간한 다음 배속의 태아를 꺼내 총검으로 쳐들고 희롱하였다. 사람을 전선대나 나무 가장귀에 묶어놓고 총으로 쏘거나 칼로 찌르는 과녁으로 삼는 것은 매우 흔한 일이였다. 잔폭한 일본군은 심지어 살인시합도 하였다. 례를 들면 일본에서 출판된 신문《도꾜일일신문》에 "살인기록 이미 100명을 초과"란 제목으로 일본군이 손에 군도를 들고 살인시합을 하는 사진을 기재하였다. 살인을 가장 많이 한 일본 병사는 련이어 106명을 살해하였다. 300호 인가 밖에 안되는 왕부항(王府巷)도 여러차례 일본군의 학살을 당하였다. 행인을 보기만 하면 붙잡고 마음대로 찌르고 목을 베였는데 많은 인가들이 온 식구가 살해되였다. 며칠 사이에 왕부항의 살해된 주민은 500여명이나 되였다.

　　통계에 의하면 남경대학살 가운데서 집단 총살과 생매장된 중국군민이 19만여명에 달하였고 분산적으로 살해된 주민 시체만 15만여구 되였다. 중국군민이 도합 30여만명이나 살해당하였다. 남경대학살은 처참하고 사망인수가 엄청 컸는바 현대전쟁에서 극히 보기 드문 일이였다. 이는 일본파쑈의 잔폭한 본질을 충분히 폭로하였다. 한 독일인마저도 파쑈독일정부에 보내는 보고에서 일본군이야말로 "짐승과 같은 집단"이라고 말하였다. 듣기만 해도 소름이 끼치고 하늘에 사무치는 이 범죄행위는 영원히 력사에 기록될 것이다. 이는 일본 소수의 사람들이 말살할 수 있는 것이 아니다.

항일전쟁이 승리한 후 마쯔이 이와네는 극동국제군사재판에서 교형을 당하였고 다니 히사오는 중국정부에 인도되어 사형을 당하였다. 남경 대학살의 범죄 장본인은 상응한 처벌을 받았다.

중화민국 | 중국 통사 이야기

500
홍군이 개편되어 전선으로 나가다

    국민당 군대가 정면 전장에서 일본군과 격전하고 있을 때 중국공산당이 령도한 인민자제병도 신속히 행동하여 항일의 최전선으로 달려갔다.
    국공 쌍방이 달성한 협의에 근거하여 중국공산당은 서북 주력홍군을 국민혁명군 제8로군(第八路军, 후에 제18집단군으로 개칭)으로 개명하고 주덕을 총지휘로, 팽덕회를 부총지휘로, 엽검영을 참모장으로, 임필시(任弼时)를 정치부 주임으로 임명하였다. 또 남방 홍군유격대를 각기 집중하여 국민혁명군 륙군 신편 제4군으로(新编第四军) 개명하고 엽정(叶挺)을 군장으로, 항영(项英)을 부군장으로 임명하였다.
    1937년 8월 하순, 8로군 총부와 115사〔사장 림표(林彪), 부사장 섭영진〕, 120사〔사장 하룡, 부사장 소각(萧克)〕, 129사(사장 류백승, 부사장 서향전)의 전체 장병들은 동쪽으로 황하를 건너 산서에 가 화북전장에 투입하였다.
    이때 안하무인 격인 일본군은 철도선을 따라 화북 각 성을 침범하였다. 산서를 진공한 일본군은 이미 산서 동북부의 대부분 지구를 점령하였다. 그들은 안문관(雁门关) 일대의 방선을 돌파할 것을 시도하면서 성 소재지 태원(太原)으로 다가갔다. 이 일대를 수비하고 있던 국민당군은 저항을 하였지만 단순 방어하는 정책을 집행하고 적아 력량이 현격하여 걸음마다 패하여 물러났다. 팔로군의 도래는 항일전선을 위하여 력량을 증가시켰다.

9월 24일, 115사는 정보를 받고 일본군 이따가끼 사단의 1부가 이튿날 평형관(平型关)을 거쳐 남으로 침범한다는 것을 알았으며 국민당 군대와 서로 배합하여 평형관에서 적들을 매복하여 기습하기로 결정하였다.

평형관은 내장성(内长城)의 한개 관구로 지세가 험요하였다. 그날 밤, 115사의 전사들은 큰 비를 무릅쓰고 평형관 동남쪽의 산등성이에 매복하였는데 아래는 바로 도로였다. 25일 아침, 비가 멎자 일본군의 자동차대, 마차대와 기병들이 앞질러 왔다. 그들은 중국을 침략한 이래 패전한 적이 없었기에 의기양양하였고 조금도 경계하지 않았다.

적들이 매복 기습권에 들어왔을 때 지휘원이 명령을 내리자 팔로군 전사들은 높은 곳에서 아래로 총과 수류탄으로 집중하여 적들을 향해 공격하였다. 일본군은 삽시에 혼란에 빠졌다. 전사들은 함성을 지르며 돌진하여 산을 내려갔다. 일본군의 차대는 마비되고 도로는 막히여 많은 일본 병사들이 당장에서 목숨을 잃었다. 남은 병사들이 산비탈로 돌진하여 감제고지(制高点)를 강탈하려고 하였으나 팔로군 전사들이 또 그들을 나누어 겹겹이 에워싸서 하나하나 섬멸하였다. 잔혹한 육박전이 시작되였다. 전사들은 생사를 아랑곳하지 않고 용감하게 앞으로 나아갔는데 적들로 하여금 간담이 서늘하게 하였다. 일본 병사들은 이번에 조우한 상대가 종래로 나타나지 않았던 팔로군 전사라는 것을 꿈에도 생각하지 못하였다. 팔로군 장병들도 처음으로 만악의 일본군을 만나 가슴속에 타오르는 분노의 불길을 억제하지 못하였고 모두가 산을 내려오는 맹호를 방불케 하였다. 전투가 몇시간 지속되다 오후에 이르러서야 겨우 끝이 났다. 일본군 천여명을 사살하고 자동차 백여대를 격파하거나 로획하였다. 또 로획한 대형짐차, 총포, 탄알, 전마가 부지기수였다.

평형관대첩은 중국공산당의 무장력량이 처음으로 일본군과 대규모로 한 작전이였으며 전면적 항전이래 첫 섬멸전이기도 하였다. 이는 일본군을 전승할 수 없다는 신화를 깨뜨렸으며 전국인민을 분발시켰다.

　　평형관전역 후 얼마 안되여서 120사는 안문관에서 또 하나의 멋진 매복 기습전을 하였다. 10월 16일, 일본군은 300여대의 자동차를 집중하여 흔구(忻口)에 무기와 탄약을 운송하는데 도중에 안문관을 경과해야 하였다. 매복의 재차 습격을 방지하기 위해 그들은 남북에서 교행하는 방법으로 서로 경계하였다. 이날 오전 10시 좌우, 한떼의 일본군 자동차가 군용물자를 가득 싣고 북에서 남으로 왔고 또 다른 한떼의 빈 자동차가 남에서 북으로 갔다. 두 곳의 자동차가 모두 비좁은 산골짜기 흑석두구에 이르렀을 때 이미 매복한 120사 716퇀의 전사들은 퇀장 하병염(贺炳炎)의 호령에 따라 일제히 사격하였다. 원래 팔로군은 미리 소식을 듣고 매복 기습의 준비를 다 해놓았던 것이다. 격전한 결과 일본군 자동차는 대부분 못쓰게 되였고 일본 병사들도 산골짜기에서 목숨을 잃었다.

　　129사는 산서 북쪽 지구로 왔다. 선견대 769퇀은 적들의 비행기가 경상적으로 이 일대를 날아다니며 소사하고 폭격하며 매우 광폭하다는 것을 발견하고 적들의 비행장을 습격하기로 하였다. 퇀장 진석련(陈锡联) 등은 비행장이 양명보진(阳明堡镇)에 있다는 것을 정찰한 후 3영이 가서 습격하기로 결정하였다. 10월 19일 밤, 영장 조숭덕(赵崇德)이 전사들을 거느리고 길 안내자의 안내를 받으며 은밀하게 비행장으로 들어갔다. 그는 제10련에 명령하여 수비군을 대처하게 하고 제11련은 가서 비행기를 폭발하게 하였다. 뜻밖에 적들의 보초병이 사람이 나타난 것을 발견하고 급히 총을 쏘자 10련 전사들도 바로 발사하여 보초병을 쏴죽이고 또 화력으로 수비대의 주택을 봉쇄하여 병사들이 뛰쳐나오는 족족 바로바로 쏴죽이였다. 저쪽에서는 11련도 비행기를 향하여 사격하였는데 비행기에 앉아 당번을 서던 비행사가 황망히 기관총으로 반격하였지만 분분히 근처의 비행기만 명중하였다. 전사들이 수류탄을 내던지자 비행기에 바로 불이 나며 폭발하였다. 적들의 장갑부대가 도착하였을 때는 24대의 적기가 이미 전부 폭발되고 훼손되였으며 팔로군 전사들도 이미 모두 철수하였다. 불행한 것은 젊은 조숭덕영장이 영광스럽게 희생된 것이였다.

　　팔로군은 적들의 후방에서 유격전을 전개하여 하나하나의 승리를 취득하였고 정면 전장에서의 국민당 우군의 전투를 유력하게 배합하였다.

화중에서는 1938년 1월, 신사군 군부가 남창에서 정식 창립되고 4개 지대가 즉시 장강남북으로 힘차게 나아갔다. 5월 16일, 장강 북안의 신사군 제4지대가 장가하구(蔣家河口)에서 일본군과 첫 전투를 하여 일본군 함대를 습격하였고 인심을 분발시키는 승리를 취득하였다.

속유(粟裕)가 거느린 신사군 선견대는 강소 남부 지구에 진입하여 진강(镇江) 서남의 위강(卫岗)으로 왔다. 위강은 남경에서 진강으로 가는데 반드시 거쳐야 하는 곳으로 일본군 기동부대가 늘 왕래하며 순찰하고 있었다. 속유는 이곳에서 매복전을 하기로 하였다. 그는 먼저 한갈래 부대를 구용현(句容县) 일대에 파견하여 유격전을 하게 하고 현성을 공격하려고 한다고 소문을 퍼뜨리였다. 진강에 주둔하여 지키던 일본군은 과연 두 소대의 일본병을 파견하여 증원하였다. 마침 신사군이 위강에서 그들을 기다리고 있다는 것을 그들이 어찌 알 수 있었으랴. 6월 17일, 검은 승용차 한대가 다섯 트럭의 일본군을 인도하여 가랑비를 맞으며 위강으로 가는데 바로 신사군의 습격을 받았다. 이 싸움에서 일본군 장병 수십명이 격살되였고 자동차 4대가 격파되였다. 위강 매복전의 승리는 신사군의 명성을 온 중국에 떨치였다.

국민당의 정규군과 비하여 볼 때 팔로군과 신사군은 병력이 적고 장비가 차하였으나 정확한 전략전술을 취하고 또 인민대중의 지지를 받았기에 약한 력량으로 강대한 력량을 싸워 이길 수 있었으며 적들에게 확실히 유효한 타격을 주었다. 이 점에 대하여 많은 국민당인들마저도 매우 탄복하였다.

501

대아장혈전

　　1938년, 정면 전장에서 중국군대는 계속하여 일본군과 격전을 벌이고 있었다. 남경이 함락되고 일본군은 전국에서 시위하면서 경축하였다. 일본 여론은 중국의 수도가 함락되였고 미구에 중국은 멸망될 것이며 중국에 대한 침략전쟁도 곧 종말될 것이라고 하였다. 중국을 침략한 일본군 장령들은 기염이 더욱 사나워졌고 오만방자하고 무모하게 돌진하면서 모두가 전쟁이 종말되기 전에 '공을 세워 업적을 쌓으려고' 서둘렀다. '대일본 황군의 정수'라 불리우는 이소야(磯谷)사단과 이따가끼(板垣)사단은 '먼저 입관하는 자가 왕이다'라는 심정으로 한갈래는 진포(津浦)연선을 따라 남하하고 한갈래는 청도에서 서쪽으로 돌진하여 산동 남쪽의 군사요충지 대아장(台儿庄)에서 회합하고 남경에서 진포선을 따라 북상하는 제3로 일본군과 배합하여 교통동맥 진포선을 일거에 관통시킴으로써 첫 성과를 탈취하려고 망녕되게 시도하였다.

　　중국군대를 지휘하여 진포선에서 방어병력을 배치한 사람은 제5전구 사령장관 리종인이였다. 리종인은 용맹하고 싸움을 잘하였을 뿐만 아니라 너그럽고 온화하였기에 성망이 높았고 국민당의 비정규군 부대에서도 위망이 높았다. 대아장전역에서 여러 비정규군 부대들도 모두 그의 지휘에 복종하였다.

1938년 2월 상순, 이따가끼 사단은 산동 남쪽 요충지 림이(临沂)에 바싹 접근했고 리종인은 방병훈(庞炳勋)군단을 급히 이동시켜 수비하도록 하였다. 방병훈은 환갑이 지난, 자력이 매우 깊은 군인으로서 20여년간의 내전에서 각지를 전전하며 싸웠으며 실력보존에 능숙한 '교활한 사람'으로 유명하였다. 국난이 눈앞에 닥친 정세하에서 방병훈은 '밑천'을 아끼지 않고 자신의 5개 퇀의 '자제병'을 거느리고 일본군에서 '가장 우수한' 이따가끼 사단과 격전을 벌이였다. 이따가끼 세이시로는 일본의 명장으로서 9.18사변이 바로 그의 '걸작'이였다. 그러나 이번에 일본군은 밤낮 반복하여 싸웠고 사상자가 많았기에 림이를 공략할 수가 없었다.

	'정예(精锐)사단'으로 중국의 '비정규군(杂牌)부대'에 패한 이따가끼는 체면이 서지 못하자 직접 독전하며 성을 공격하였다. 포화가 매우 맹렬하였다. 방병훈의 부대는 비록 '군단'이라 부르지만 실제상 5개 퇀에 장비가 불량하였다. 그들은 점점 지탱하기 힘들었기에 여러차례 리종인에게 위급함을 알리고 구원을 청하였다. 리종인은 또 급히 장자충(张自忠)의 59군을 이동시켜 림이를 지원하게 하였다.

	장자충을 이동시켜 방병훈을 지원하게 한 것은 리종인이 정말로 이동시킬 수 있는 병력이 없어 어찌할 방법이 없었기에 결정한 것이다. 장자충과 방병훈은 원래 전우였고 다 풍옥상의 부하였는데 방병훈이 돌연히 배반하여 배후에서 장자충을 습격해 하마트면 살해될 번하였고 두 사람은 이때로부터 아주 깊은 원한을 맺게 되였다. 그러나 지금 국난이 앞에 닥치자 장자충은 이전에 품고 있던 원한을 버리고 방군단장의 지휘에 복종하여 림이를 구하겠다고 단호히 표시하였다. 3월 12일에 59군은 급행군하여 림이 교외에 도착하였고 이튿날 아침 이따가끼 사단과 접전하였다. 지원군이 이미 도착한 것을 보고 방병훈 부대는 사기가 크게 올라 성을 향해 풍폭우의 기세로 협공하였다. 이따가끼 사단은 지탱할 수가 없어 창황히 90여리 밖으로 도망쳐서야 기반을 다질 수 있었다. 그러나 연도에서 병력과 무기의 손실이 아주 컸다.

	림이에서의 실패로 이따가끼는 계획 대로 대아장에로 접근할 수 없었다. 이것은 이따가끼사단과 이소야사단이 '대아장에서 회합'하려던 계획이 철저히 파산되였을 뿐만 아니라 또 이소야사단이 고군으로 깊이 들어가게 함으로써 중국 군대에게 포위 섬멸되는 계기가 되였다. 진포선을 따라 남하한 이소야사단은 3월 중순에 산동 추현(邹县)에 도착하였고 리종인은 사천의 등석후(邓锡侯)부대를 급히 이동시켜 구원하게 하였다. 지원군이 등현(滕县)에 도착하였을 때 추현은 이미 함락되였고 등석후는 122사 사장 왕명장(王铭章)을 파견하여 공사를 구축하고 등현을 사수할 준비를 하였다. 일본군 쾌속부대는 아주 신속하게 등현을 포위하고 중포와 땅크로 밤낮없이 맹공격하였다. 왕명장사장은 친히 독전 사수하면서 3일간을 꼬박 혈전하였지만 실력이 현저하고 중과부적이라 등현은 끝내 함락되고 왕사장은 전 사단의 장병들과 함께 영광스럽게 순국하였다.

    림이, 등현 두 전역은 대아장전역의 관건으로 중국군대의 위풍을 떨치였다. 이전과는 다르게 장개석에게 줄곧 기시당하던 '비정규군부대'가 이룩한 것이였다. 특히 중요한 것은 림이, 등현의 수비전(守卫战)이 일본군의 공세를 지체하게 함으로써 중국의 주력부대 탕은백(汤恩伯)군단과 손련중(孙连仲)집단군이 때맞게 대아장에 달려와 회전에 참가하도록 보귀한 시간을 얻게 하였다.

    이소야사단은 등현을 함락한 후 진포선을 관통시키는 첫 성과를 탈취하기 위하여 아직 림이에 저지되여있는 동선의 일본군 이따가끼사단과 아직 방부(蚌埠)에 저지되여있는 남선 일본군의 불리한 국면도 돌보지 않고 위험을 무릎쓰고 고군으로 남하하였다.

    리종인은 이소야가 적을 경시하고 무모하게 돌진하는 동향을 보아내고 탕은백군단에 명령하여 적게 저항하고 계속하여 정면에 길을 내주고 포독강(抱犊岗)동남 산구에 물러나 배후로부터 이소야사단을 포위하게 하였다. 이때 이소야는 오만방자하여 배후의 탕은백군단은 근본 안중에도 없었고 전력을 다하여 4만 대군을 거느리고 진포선을 따라 림조(临枣)지선(支线)으로 내려가 대아장으로 곧추 뛰여들었다.

    3월 24일, 이소야사단은 대아장을 맹공격하기 시작하였다. 대아장

중국 통사 이야기 | 중화민국

수비군은 손련중장군의 제2집단군으로서 비정규군 부대이며 비록 장비가 락후하였으나 장병들 모두가 다 필사적인 정신으로 적들과 혈전할 것을 맹세하였다. 전투가 격렬할 때 대아장 진지에는 매일 6~7천여발의 포탄이 떨어졌다. 일본군은 포격한 후 땅크로 선도하면서 앞으로 맹렬하게 돌격하였다. 수비군은 보총, 수류탄으로 적들의 땅크와 박투하면서 죽을 때까지 후퇴하지 않았고 일
부 진지는 수비군 전부가 희생되여서야 비로소 적들의 수중으로 넘어갔다. 꼬박 3일간의 격전을 거쳐 성외의 진지가 전부 함락되였고 일본군은 끝내 성내를 공략하였다. 쌍방은 또 격렬한 시가전을 벌이였다. 27일, 수비군은 사상자가 이미 절반을 넘었고 점점 지탱할 수 없게 되였다. 쌍방은 건물마다 골목마다 뒤쫓으며 일진일퇴의 긴 싸움을 벌이였다.

　이러한 관건적인 시각에 탕은백은 장개석의 적계라고 우쭐대면서 공연히 리종인의 대아장 적군을 신속히 포위 공격하라는 명령에 대항하였고 적후 산구에 머물러 배회하면서 앞으로 나가지 않았다. 리종인은 벌컥 성을 내며 만약 또 군령을 듣지 않아 전투 시기를 놓치게 되면 장개석이 한복구(韩复榘)를 살해한 전례에 따라 엄하게 처리하겠다고 말하였다. 이때 탕은백은 "현령나리보다 현장관리가 낫다"는 것을 알고 있었고 또 리종인은 말하면 말한 대로 하는 사람이라 급히 군사를 거느리고 중화민국 중국통사이야기

남하하여 4월 3일에 대아장 근교에 도착하였다. 이때 대아장수비군은 이미 거의다 사상되었고 도시 전체의 3분의 2가 이미 적의 수중으로 넘어갔으며 동쪽의 이따가끼사단도 부근에 이르렀다. 이미 동선의 꽈르릉하는 포성을 들을 수가 있었으니 대아장은 매우 위급하게 되였다.

　이때 대아장 수비군은 남관 한구석만 거수하면서 필사적으로 철수하지 않았다. 이소야는 마음속으로 매우 초조해 하였고 중포, 땅크를 이동 집결시켜 맹렬하게 폭격하고 돌진하면서 필승에 목표를 두었다. 동시에 그는 이따가끼에게 전보를 보내 가능한 빨리 대아장으로 접근할 것을 간청하였다. 중국군대의 군심을 혼란시키기 위해 방송국의 방송을 통해 대아장이 이미 전부 점령되였다는것을 언명하게 하였다.

　힘이 빠진 손련중은 전화로 리종인에게 애원하였다. "아군은 이미 10분의 7이 사상되였고 적군은 위력이 매우 강하고 공세가 맹렬합니다. 잠시 철퇴시켜 제2집단군의 종자를 남기게 할 수 있다면 장군님의 대은덕이기도 합니다!" 리종인은 손련중의 처지에 대하여 매우 동정하고 탕은백의 행위에 대하여 매우 분노하였으나 이때 대아장을 포기한다면 필연코 최후의 노력이 실패로 돌아가는 것이라 고통을 참으며 손련중에게 방어하라고 엄하게 명령하는 수 밖에 없었다. 손련중은 눈물을 머금고 대답하였다. "좋습니다, 명령에 절대 복종하겠습니다. 전 집단군과 함께 끝까지 싸우겠습니다!" 그는 도시를 방어하는 31사 사장 지봉성(池峰城)에게 "병사들이 희생되면 자네가 가고 자네가 가서 희생되면 내가 가겠다!"고 말하였다. 장병들 전부가 다 더는 살아서 돌아갈 생각을 하지 않았다.

　그날 자정에 손련중, 지봉성이 조직한 수백명 결사대는 몇갈래로 나뉘여 큰 칼을 들고 적진을 향하여 반격하였다. 항일 장병들은 제각기 독립적으로 작전하였는데 야간에 칼을 휘두르며 대단히 용맹하였다. 이소야사단은 며칠간 혈전을 하여 이미 기진맥진하였는데 남아있는 수비군들이 또 공세를 조직할 줄은 완전히 생각 밖이여 창황히 응전하였으나 일시 혼란에 빠지였다. 수비군들이 한밤중까지 격전하여 대아장시의 4분의 3을 일거에 되찾고 적을 무수히 격살하였다. 일본군은 어쩔 수 없이 북문으로 물러나 지키면서 필사적으로 수비하였다.

날이 밝은 후 탕은백군단은 일본군의 배후에서 진공을 발동하였는데 적군은 미처 철퇴할 사이도 없이 점점 겹겹한 포위 속에 빠져들었다. 중국군대는 사기가 분발되여 전면 출격하였다. 질풍이 락엽을 쓰는 듯한 그 맹렬한 기세를 막을 수가 없었다. 이소야사단은 고군으로 깊이 들어가 련며칠 전전하다 나니 탄약, 휘발유가 떨어지고 기동 차량이 많이 격파되였으며 남은 차량도 연료의 결핍으로 마비상태에 빠졌다. 중국군대의 돌격에 직면하여 이소야사단 장병들은 투지가 완전히 상실되였고 이소야가 거느린 만여명이 포위를 뚫고 허겁지겁 꽁무니를 뺀 외 나머지는 전부 섬멸되였다. 대아장은 중국군대에게 수복되였다. 대아장전역은 '7.7'항전 이래 국민당군대가 첫번째로 거둔 승리였다. 일본군은 만여명이 사상되고 땅크 30여대가 격파되였다. 중국군대는 대량의 대포, 기관총 등 전리품을 로획하였다.

그러나 총적인 정세를 보면 국민당군대는 걸음마다 패하여 물러났다. 1938년 10월에 이르러 북평, 천진, 태원, 제남, 상해, 남경, 광주, 무한 등 대도시가 잇따라 함락되였고 화북, 화동, 화중, 화남의 넓은 국토가 적들의 수중으로 들어갔다. 장개석은 어쩔 수 없이 수도를 산간 도시 중경(重庆)에로 옮겨갔다.

중화민국 중국 통사 이야기

502
백산흑수의 항일봉화

　　1940년 2월 23일, 중국을 침략한 일본군은 동북 몽강현(濛江县, 후에 정우현이라 개칭)의 밀림에서 그들이 며칠간 추종한 항일련군 수령 양정우(杨靖宇)를 발견하고 즉시 그를 포위하면서 소리를 질렀다. "투항하라, 양정우! 이것은 너의 유일한 출로이다! 생명이 있어야 부귀도 있다!" 양정우는 견정한 소리로 그들에게 대답하였다. "나는 공산당원이다. 절대로 투항하지 않는다!"
　　당시 양정우의 대오는 사방으로 흩어졌고 경위원도 희생되였다. 홀로 남은 양정우는 이미 며칠 동안 음식을 먹지 못하였다. 그러나 그는 여전히 흰눈으로 뒤덮인 밀림에서 적들과 완강하게 선회하며 량손에 총을 들고 적 20여명을 살상하였으며 자기도 중상을 입었다. 이 틈을 타 적들이 달려들어 란사하였다. 이렇게 양정우는 동북대지에서 장렬하게 희생되였다.
　　일이 발생한 후에 일본군은 전공을 자랑하기 위하여 양정우의 머리를 베여 전리품으로 하였다. 그렇지만 그들은 죽어도 굴복하지 않는 이 중국사람이 대삼림에서 무엇에 의거하여 이렇게 오래 견지할 수 있었는지 도무지 알 수 없어 그의 시체를 해부하였다. 결과 양정우의 위 속에는 한톨의 낟알도 없었으며 오직 나무껍질, 풀뿌리와 목화섬유 뿐이였다. 그 자리에 있던 중국 의사는 몹시 감동되여 눈물을 흘렸다. 일본군 두목도 한참 동안 멍청해있다가 부득불 감탄을 표시하며 말하였다. "양정우야말로 중국의 영웅이다!"

양정우는 원명이 마상덕(马尚德)이며 하남 확산(确山)사람이였다. 그는 일찍 혁명에 투신하였고 무장투쟁과 적들의 혹형의 시련을 겪었으며 견정한 의지와 투쟁경험이 있는 간부로 되였다. 9.18사변후 그는 동북에 와서 항일활동에 종사하였고 유격대와 동북인민혁명군을 조직하였으며 후에는 동북항일련군 제1로군 총지휘와 제1군 군장을 담임하였다. 일본군에 대한 전투에서 그는 여러차례 대오를 거느리고 적들에게 심한 타격을 주었으며 적들의 간담을 서늘케 한 위대한 항일영웅으로 되였다. 양정우의 희생은 동북항일력량의 중대한 손실이였으며 사람들로 하여금 동북항일전선에서 견지하고 있는 애국지사들에 대하여 경의로 가득차게 하였다.

항일전쟁 가운데서 동북전장은 조건이 가장 간고하고 환경이 가장 험악한 지방이며 동북인민들도 침략자의 가장 가혹한 노역과 압박을 받았다. 일본이 동북을 침점한 후 국민당정부의 군대가 완전히 철수하였고 동북은 일본의 식민지로 전락되였다. 일본은 그들의 가장 정예한 부대 관동군(关东军)을 동북에 보내여 동북인민에 대한 엄밀한 통치를 실행하는 동시에 노예화 교육을 진행하였다. 동시에 일본이 세운 위'만주국'도 그 상전의 취지를 받들어 대중들을 통제하고 기편하였다. 항일활동에 대하여 일본군은 더욱 엄하게 방비를 하였다. 잔혹한 진압을 실행하였을 뿐만 아니라 또 각지에서 마을 합병을 강행하고 '무인지구'를 획분하여 말려들게 하고 '검거'하는 등 방법으로 항일인원에 대하여 엄밀하게 수사 체포하고 피비린 학살을 감행하였다. 이런 폭행은 동북의 항일투쟁에 극대한 곤난을 조성하였다.

그러나 동북인민은 굴복한 적이 없었다. 9.18사변 후 각지의 대중들은 끊임없이 대오를 조직하고 영용하게 항격하였다. 여러 항일대오 가운데서 동북의용군과 동북항일련군은 영향이 가장 큰 력량이였다.

9.18사건이 발생한 후 많은 동북군 장병들은 상급의 '부저항' 명령

에도 아랑곳하지 않고 일떠나 방위하였다. 료녕성 경무처 처장 겸 심양시공안국 국장을 담임한 황현성(黃显声)장군은 왕이철(王以哲) 려장 등과 함께 대책을 상의하여 견결히 저항할 것을 결정하였으며 동북을 절대로 포기하지 않겠다고 하였다. 그는 "이곳에서 싸우지 못한다면 끌고 나아가서라도 끝까지 싸울 것이다!"고 말하였다. 적들의 공세가 강대하여 부대의 사상자가 아주 많았다. 황현성은 명령을 내려 부대가 전이하여 금주(锦州)에 가서 집합하라고 하였다. 얼마 후 그는 세갈래 공안기병부대를 조직하여 적과 맞서 싸워 많은 한간과 괴뢰군을 소멸하였고 또 일본군의 고문을 붙잡아 아군의 사기를 고무하였다.

　　남경정부의 '부저항' 정책의 속박을 피하기 위하여 황현성은 장학량과 상의하여 대중조직의 명의로 항일무장을 조직하기로 결정하였다. 아주 빠르게 동북항일의용군의 성립을 선고하였고 황현성이 총지휘를 담임하였다. 그는 곧 금주로 가서 군사를 주관하였다. 소식이 전해지자 동북 각지의 애국지사들이 모두 금주로 달려와 항일에 참가하였는데 그중에 동북군 장병들로 구성된 자위군도 있었다. 관청에 반항하는 적지 않은 록림객들, 이를테면 대도회(大刀会), 홍창회(红枪会), 산림대(山林队) 등이 애국 항일의 열정적인 호소에 향응하여 항일을 위하여 힘을 다할 것을 표시하면서 의용군에 가입하였다. 황현성은 각 대오를 몇십개의 부대로 편성하였는데 총수가 5만여명에 달하였다. 의용군은 성립된 후 일본군과 격전을 벌이었다. 11월 하순, 한 의용군대오가 청강자(青岗子) 일대에서 금주로 침범해온 일본군과 조우하였다. 그들은 사전에 매복해있다가 적들에게 미처 손을 쓸 새도 없게 해놓고 완전한 승리를 이룩하였다. 황현성은 또 민간 자위단을 심양 주위에 파견하여 일본군을 습격하게 하였는데 철도와 다리를 파괴하여 적들의 전진을 저지시켰다. 하여 일본군의 제1차 금주공격계책이 실패하였다.

　　적들을 효과적으로 타격하기 위하여 황현성은 고숭민(高崇民), 염보항(阎宝航) 등이 령도한 동북민중항일구국회와 련락하고 구국회에서 료녕, 길림과 흑룡강 3성에 사람을 파견하여 각지에서 의용군을 조직하여 서로 배합하면서 협동 작전하게 하였다. 료녕의 의용군은 황현성의 직접적인 지휘하에서 한번에 수십개 현을 점령하였고 인수가 십여만에 달하였으며 화북으로 침범하는 일본군의 행동을 유력하게 저지시켰다. 이와 동시에 길림과 흑룡강의 의용군들도 리두(李杜)와 풍점해(冯占海) 등의 인솔하에 항일투쟁에 투입하였고 할빈, 의란(依兰) 등지에서도 적군에게 심한 타격을 주었다. 의용군에서 많은 전기식 영웅인물들이 용솟음쳐나왔고 군중들의 찬양을 받았다. 적들의 간담을 서늘케 한 사령 등철매(邓铁梅), 록림객 영웅 장해천(张海天, 별명 '로북풍') 등과 같은 영웅들이 있었다.

각지에서 온 의용군들은 제각기 싸웠기에 통일적인 령도와 중견력량이 결핍하였다. 게다가 일본군은 끊임없이 병사를 증가시키고 무기까지 훌륭하였지만 의용군은 정부의 지지를 얻지 못하였다. 때문에 1932년 하반년에 여러갈래의 의용군들이 잇따라 패하였다. 그러나 그들의 애국정신과 영웅적 사적은 전국인민들을 고무하였다. 당시 각지에는 모두 민중들이 자발적으로 조직한 '의용군'이 있었고 각종 형식으로 동북인민의 항전을 지원하였다. '의용군'은 중국항일대오의 상징으로 되였다. 전한(田汉)이 작사하고 섭이(聂耳)가 작곡한《의용군행진곡》은 장성 내외로 널리 퍼지였다.

의용군이 실패한 후 동북에서 항전을 견지한 것은 주요하게 중국공산당이 령도한 대오였다. 9.18사변이 있은 얼마 후에 중국공산당에서는 많은 훌륭한 간부들을 동북 각지에 파견하여 항일활동을 전개하였다. 그들 가운데는 양정우, 주보중(周保中), 리조린(李兆麟), 조상지(赵尚志), 위증민(魏拯民), 풍중운(冯仲云)과 조일만(赵一曼) 등이 있었다. 간고하고 끈기있는 조직 동원을 거쳐 그들은 한갈래 또 한갈래의 항일무장을 건립하였고 원 의용군과 각지의 유격대에 대하여 정돈과 재편성을 하였다. 1933년부터 시작하여 선후로 동북인민혁명군의 6개 군을 창립하였다.

1936년 년초, 동북인민혁명군 각부의 령도들은 흑룡강성의 탕원(汤原)현에서 련석회의를 소집하고 동북인민혁명군을 동북항일련군으로 개명하기로 결정하였다. 항일련군은 원래의 6개 군외에도 또 5개 군

을 새로 건립하였다. 이 11개 군을 각기 제1로군(총지휘 양정우), 제2로군(총지휘 주보중), 제3로군(총지휘 리조린)에 소속시켰다. 항일련군의 부대가 가장 많을 때는 근 5만명에 달하였다. 그들은 동북대지에서, '백산흑수(白山黑水)' 사이에서, 림해설원에서 보통 사람이 상상하기 어려운 고통을 극복하면서 십여년의 항전을 견지하였다. 동북항일련군이 적들과 싸우는 과정에 나타난 사람을 감동시키는 사적들은 이루다 말할 수 없다.

　　항일련군 제3군 군장 조상지는 일찍 항전 초기에 전쟁에 투신하였다. 그가 창건한 주하(珠河)유격대는 할빈 동부 일대에서 근거지를 건립하여 영향이 아주 컸는바 '홍지반(红地盘)'이라고 불리웠다. 일본군은 그를 뼈에 사무치게 증오하면서 일찍 상을 내걸고 조상지를 잡으면 '일전의 뼈에 일전의 금, 한냥의 살점에 한냥의 은'을 주겠다고 하였으며 여러차례 군사를 파견하여 '포위토벌'을 하였다. 그러나 조상지는 영용하고 기지가 넘쳤으며 련전련승하였다. 어느 한번, 그는 200여명의 대오를 거느리고 800여명의 적군과 부딪쳤다. 조상지는 기지가 넘치게 적군을 차거운 산골짜기에 끌고 가 매복권에 끌어들이였다. 적들은 매복습격을 당하자 되돌아 달아났는데 지면이 모두 얼음이여서 뛰기만 하면 넘어졌기에 천천히 기여갈 수 밖에 없었고 많은 사람들이 얼어서 기여나오지 못하였다. 이 싸움에서 적군 300여명을 소멸하였다. 일본군은 북만의 조상지와 남만의 양정우를 가장 대처하기 힘든 사람으로 간주하였으나 민중들은 그들을 '남양북조(南杨北赵)'라고 불렀다. 1942년, 조상지는 대오에 혼입해 들어온 특무가 몰래 쏜 총에 격중되여 중상을 입고 체포되였다. 그는 심한 고통을 참으며 분노하여 경찰들을 질책하였다. "너희들도 중국사람인가? 창피하지도 않은가? 항일련군은 몰살할 수 없다!" 그는 너무 많은 피를 흘렸기에 장렬하게 희생되였다.

　　항일련군은 장백산과 소흥안령 일대에서 투쟁을 견지하였다. 겨울철이 되자 그들은 또 저온과 엄한, 큰눈으로 막힌 산을 직면해야 하였다. 밀림에서 거처할 곳이 없어 땅굴을 파고 움막을 치고 굶주림에 시달리였다. 탕원유격대는 이런 간고한 조건에서 현위서기 하운걸(夏云杰)

의 인솔하에서 적들의 자위단을 습격하고 십여자루의 총과 탄약을 로획하였으며 항일련군 제6군으로 발전하였다. 하운걸은 한차례 전투에서 희생되고 전사들은 참모장 풍치강(冯治纲)의 인솔하에 밤에 탕원성을 습격하여 위경찰서를 쳐부시고 17명의 일본 참사관(参事官)을 격살하고 대량의 총, 포, 탄약을 로획하였으며 또 수감된 군중 300여명을 구출하였다. 탕원에서 6군의 영향이 갈수록 커졌고 일본군은 "탕원 지면이 3자 깊이로 붉게 물들었다!"고 놀라 부르짖었다.

1938년 봄, 적들은 완달산(完达山)에 있는 제2로군의 람봉산(蓝棒山)총지휘부를 향하여 진공을 발동하였는데 이곳을 수비하던 제5군 3사 8퇀의 1련 전사들이 련장 리해봉(李海峰)과 지도원 반로유(班路遗)의 인솔하에 밀영을 보위하고 총부의 철퇴를 엄호하였다. 그들은 침범해 온 적들과 격전을 벌이었다. 3월 18일에 16명의 전사들이 소고산(小孤山)에서 수백명의 일본군과 괴뢰군을 저격하였는데 적들의 네차례 진공을 격퇴하고 25명의 일본군과 70명의 괴뢰군을 사살하였고 부상자를 헤아릴 수 없이 내였다. 일본군 두목은 수백명이 십몇명을 싸워이기지 못하니 급한 나머지 소리를 지르며 보다 맹렬한 진공을 발동하였다. 11명의 전사들이 나라를 위하여 희생되였고 련장 리해봉의 두 다리는 폭탄에 절단되였다. 그는 침착하게 기타 네명 전우에게 명령하여 포위를 돌파하라고 하면서 자신은 수류탄으로 엄호해주었다. 네명의 전사들이 산을 내려간 이후 리련장은 조용히 진지에 누워있었다. 산을 올라온 적들이 자기에게로 다가오자 그는 마지막 하나의 수류탄을 당겨 적들과 함께 희생되였다. 후에 소고산을 '12렬사산'으로 개명하였다.

1938년 10월, 항일련군 제2로군 1부가 림구현(林口县) 우쓰훈강(乌斯浑河)변에 와 강을 건너 군부를 찾으려고 하였다. 부대 령도는 수영을 할 줄 아는 김참모더러 8명의 녀전사를 데리고 먼저 강변으로 가서 강을 건널 준비를 하라고 하였다. 뜻밖에 적군이 이 대오를 발견하고 즉시 포위해왔다. 대부대는 어쩔 수 없이 부근의 산 우로 철퇴하였다. 강변에 있던 녀지휘원 랭운(冷云)이 즉시 결단을 내리고 7명의 전우를 지휘하여 밀집된 화력으로 부대가 산 우로 전이하는 것을 엄호하였다. 부대

는 위험에서 벗어났지만 그들은 강변에서 적들에게 겹겹이 포위되였다. 동지들이 돌아와 그들을 구하려 하자 랭운과 전사들이 큰소리로 웨쳤다. "동지들, 빨리 산으로 올라가십시오! 무장을 보존하고 끝까지 항일합시다!" 녀전사들은 침착하게 응전하면서 적들을 살상하였고 보귀한 시간을 쟁취하였다. 그들은 탄알이 떨어졌다. 랭운과 전사들은 서로 부추기면서 물이 깊고 물살이 센 강물을 향해 의연하게 걸어갔다. 그들은 있는 힘을 다하여 높은 소리로 웨쳤다. "공산당원은 절대로 포로되지 않는다!" "일본침략자를 소멸하자!" 적들은 녀전사들을 향하여 련속 포를 쏘았고 거대한 파도는 녀영웅들을 삼켜버렸다. 8명의 녀전사들이 희생될 때 나이가 제일 어린 사람은 겨우 18세 밖에 안되였다.

    1938년 11월, 항일련군 제3군의 1부는 총지휘 리조린의 인솔하에 소흥안령을 넘어 령서일대에 도착하여 유격구를 개척하였다. 때는 이미 엄동이였으나 전사들은 아직 솜옷도 없었다. 후에 그들은 일본군 창고를 습격하여 면화와 포목을 로획하여 자기절로 솜옷을 만들었다. 산속의 군중들이 알고 모두가 솜옷을 보내왔으나 이것으로 모든 전사들의 방

한문제를 여전히 해결할 수가 없었다. 많은 전사들이 손과 발이 얼어터지고 얼굴에는 모두 얼음과 서리 뿐이였다. 밤의 기온은 령하 40도나 되여 모두가 모닥불을 피워놓고 둘러앉아있었다. 한 전사는 추위와 피곤으로 불속에 뛰여들었는데 다시는 깨여나지 못하였다. 굶주림도 마찬가지로 사람들을 위협하였다. 먹을 것이 없어 버섯을 찾아 허기를 채우거나 곰팡이가 낀 말가죽을 먹는 수 밖에 없었다. 이와 같은 어려운 행군이였지만 전사들은 추호의 불평도 없었다. 그들은 자기들이 민족해방을 위하여 고생하고 있다는 것을 너무나도 잘 알고 있었기 때문이였다. 리조린이 행군도중 쓴 〈야영의 노래(露營之歌)〉 가사는 항일련군전사들의 심경을 표달하였다.

삭풍은 울부짖고 세찬 눈보라 몰아치네.
출정에 오른 군마도 주춤하고 뼈속을 에이는 랭기에 잠들지 못하네.
모닥불에 앞가슴은 뜨거우나 찬바람에 뒤등이 차겁네.
장사들이여! 일편단심 분투하여 눈강벌을 휩쓰네.
원대한 지향을 어찌 굽힐 수 있으랴!
단결하여 나라의 위기에 맞서고 난관을 뚫으며 잃어버린 강산을 되찾으세!

동북항일련군은 동북 대지에서 10여년의 항일투쟁을 견지하였고 일본군과 괴뢰군 10여만명을 섬멸하였다. 극히 간고한 조건하에서 항일련군은 백산흑수 사이에서 전투를 견지하면서 수십만의 일본 '관동군'을 견제하여 전국의 항일전쟁 승리를 위하여 위대한 공헌을 하였다.

중화민국 | 중국 통사 이야기

503

적후에서

1938년 10월 이후 일본군은 정면 전장에서 중국 군대를 진공하는 속도를 늦추었다. 이것은 한면으로 그들의 병력과 재력의 소모가 너무 컸기에 이미 힘이 따르지 못하였고 다른 한면으로 그들의 점령구내에서 치명적인 화근—중국공산당이 령도한 항일근거지가 하나하나 나타났기 때문이였다. 일본군은 부득불 주요 정력을 근거지군민에 대처할 수 밖에 없었다. 이때로부터 적후근거지는 항일전쟁의 중요한 전장으로 되였다.

팔로군, 신사군은 항일전쟁에 투입한 후 적의 후방에 심입하여 많은 항일근거지를 건립하였다. 화북지구에 진찰기, 기중, 기동, 평서, 진서북, 대청산, 진수, 태항, 태악, 기남, 기로변, 기로예, 진기로예, 로중, 로남, 교동 등 10여개가 있었고 화동, 화중지구에 소남, 소중, 소북, 회남, 회북, 환중, 악예환, 절동 등 근거지가 있었다. 팔로군, 신사군과 근거지 인민들은 물과 고기처럼 군민이 공동 작전하였는데 적들과 유격전(游击战), 참새전(麻雀战), 갱도전(地道战), 지뢰전(地雷战), 습격파괴전(破袭战)…을 벌이였다. 민첩하고 변화가 많고 신출귀몰하였기에 적들을 허둥지둥하게 하였으며 인민전쟁의 위력을 충분히 과시하였다.

일본군은 항일 군민을 대처하기 위하여 근거지에 대하여 야만적인

'대소탕'을 감행하여 끊임없이 일본군과 괴뢰군을 파견하여 진공하였다. 이르는 곳마다 하나 또 하나의 참안을 빚어내였다. 그러나 근거지 군민들은 겁나하지 않았다. 그들은 적개심을 불태우며 적들과 완강하게 투쟁하였다.

　1939년 11월, 진찰기 팔로군은 래원(涞源)현에서 적들을 교묘하게 깊이 유인하여 일본군 '명장의 꽃'이라 불리우는 아베 노리히데(阿部規秀)중장을 산골짜기에 몰아넣고 그의 부대를 소멸하였다. 아베 노리히데도 포탄에 폭사하였는데 일본군계를 뒤흔들어놓았다.

　1941년 9월, 엄호 임무를 맡은 5명의 팔로군전사는 하북 역현(易县)의 랑아산(狼牙山)에서 수백명의 적들과 목숨을 걸고 격투하였다. 대량의 적들을 살상한 후 5명의 장사는 벼랑을 뛰여내렸는데 그중 세명이 장렬히 희생되고 나머지 두 사람은 나무가지에 걸려 다행히 죽음을 모면하였다. 그들의 뛰여난 명성은 인민들 속에 널리 류전되였다. 근거지 인민들은 항전을 위하여 중대한 희생을 하였을 뿐만 아니라 또 민병을 조직하여 부대와 배합하여 작전을 하였으며 인심을 분발시키는 기적을 창조하였다.

　1942년 5월 1일, 화북 일본군은 기중(冀中)근거지에 대하여 전례가 없는 잔혹한 5.1대소탕을 감행하였다. 보정(保定) 교외의 염장(冉庄) 인민들은 아주 큰 손실을 당하였다. 이리하여 그들은 갱도를 팠고 가가호호 련결시켜 하나의 갱도망을 형성하여 침범해온 적들로 하여금 사람과 량식을 찾을 수 없게 하였다. 1945년 5월 5일, 일본군 2개 련대와 괴뢰군은 대포를 가지고 염장을 폭격하여 쑥밭을 만들 준비를 하였다. 한바탕 폭격한 후 적들은 마을에 들어왔는데 즉시 민병들이 묻어놓은 지뢰를 밟았다. 갱도 속에 매복하여있던 민병들이 사격구멍으로 적들을 겨누어 사격하였다. 적들은 상대가 아직 어디에 있는지도 모른 채 총에 맞아 쓰러졌다. 그들이 퇴각할 때 또 부녀들이 묻어놓은 지뢰가 폭파하여 결국에는 70여구의 시체를 끌고 기가 꺾여 도망갔다. 또 하북 부평(阜平)현 오장만(五丈湾)의 민병대장 리용(李勇)은 민병을 인솔하여 각양각색의 지뢰를 제작하여 적들의 간담을 서늘케 하였으며 '지뢰대왕'이라고

불리웠다.

장강 량안에서 싸우고 있던 신사군도 끊임없이 공격을 발동하였다. 1944년 3월, 신사군이 강소 회안 차교진(淮安车桥镇)에서 진공을 발동하자 전사들은 생명을 아랑곳하지 않고 용감하게 긴 사다리로 기여올라 적의 진영으로 돌진하였다. 또 련이어 적들의 또치까를 폭파시키고 일본군 장병 400여명을 섬멸함으로써 회안 동쪽 광대한 지구를 해방하였고 소중, 소북, 회남근거지를 하나로 련결시켰다.

일본군은 강남의 하류가 종횡되고 호수가 많은 지형을 리용하여 수망지대(水网地带)에서 많은 '매화말뚝(梅花桩)'식의 또치까를 세워 신사군에 대하여 '소탕'을 감행하였다. 신사군은 부대를 소분대로 분산시켜 돌연 습격의 방법으로 이런 거점을 습격하였는데 많은 적들이 꿈속에서 살상되고 포로로 되고 또치까도 제거되여 적들로 하여금 막을래야 막을 수 없게 하였다.

유격전을 전개하는 동시에 근거지 군민들은 기회를 놓치지 않고 대규모의 운동전을 벌이기도 였다. '백퇀대전(百团大战)'이 바로 팔로군이 화북 적후에서 발동한 규모가 가장 큰 한차례 전역이였다.

　　1940년 여름, 일본군은 국민당 중경정부에 대하여 군사타격을 부차적으로 하고 정치상 투항유인을 위주로 하는 방법을 취하여 국민당을 가능한 빨리 투항시키도록 시도하였다. 동시에 중국공산당 령도하의 적후 항일근거지에 대하여 '수롱(囚笼)정책'을 실행하면서 봉쇄와 습격 교란을 다그쳤기에 근거지의 생존은 엄중한 위협을 받았다. 곤난한 국면을 돌려세우기 위하여 팔로군 총사령 주덕, 부총사령 팽덕회, 부참모장 좌권(左权)이 백여개 퇀을 동원하여 8월 20일 저녁부터 시작하여 화북 각 철도와 도로 연선에서 전면적인 전역진공을 전개하였다. 이번 전역에 전후하여 백여개 퇀이 참전하였기에 '백퇀대전'이라고 불렀다.

　　백퇀대전은 12월 5일에 기본상 종말되였는데 3개월 반 동안 진행되였다. 통계에 의하면 전반 전역에서 크고 작은 전투가 도합 1,800여차례 진행되였고 일본군과 괴뢰군 2만 5천여명을 살상하고 일본군 280여명, 괴뢰군 1만 8,000여명을 포로하였다. 적의 거점 293개를 공략하고 철도 940여리, 도로 3,000여리, 교량, 역전, 턴넬 등 철도건축물 260여 곳을 파괴하였다. 적들의 탄광 다섯 곳을 파괴하고 대량의 무기와 탄약 등 군용물자를 로획하였다. 백퇀대전은 일본침략자를 심중하게 타격하였다. 백퇀대전의 승리는 전국 국민의 항전승리의 신심을 북돋아주었고 투항 위험을 극복하고 전국의 전쟁정세의 호전을 쟁취하는데 대하여 적극적인 작용을 하였다.

　　화남에서도 중국공산당이 령도하는 인민군대가 활약하고 있었는데 화남항일유격대라고 통칭하였다. 그들은 광동 연해와 해남도에서 항일근거지를 건립하였는데 주강(珠江), 경애(琼崖) 두갈래 유격종대, 정규부대 1만 7,000여명과 군중무력 수만명이 있었다. 근거지 군민들은 일본군 한개 사단, 한개 려단과 광동 괴뢰 수정군(绥靖军) 5개 사 및 해남도 전부의 괴뢰군을 저항하고 반격하면서 수백리의 해안선을 통제하였고 적들이 점령한 향항, 광주 등 중요한 도시를 위협하였으며 화남 적후 항일의 중요한 력량으로 되였다.

　　항일전쟁 가운데서 중국공산당이 령도한 무장력량은 60%의 일본군과 95%의 괴뢰군을 저항하고 반격하였으며 항일의 중견력량으로 되였다.

섬북의 연안은 중국공산당 중앙위원회의 소재지이며 적후근거지 군민의 지휘중심이기도 하였다. 당시 연안은 여러 적후항일근거지에 많은 작전명령을 발포하였을 뿐만 아니라 또 '연안정신'으로 군민의 투지를 고무하였다. 항일전쟁 중기에 근거지는 일본침략군의 미친 듯한 진공을 받았다. 게다가 국민당의 봉쇄로 경제상에서 아주 큰 곤난에 봉착하게 되였다. 간부, 전사들의 옷과 량식이 결핍하였고 겨울에 덮을 솜이불이 없었고 신을 신이 없었으며 일용품마저 없었다. 이런 곤난을 어떻게 극복할 것인가? 해산하고 집으로 돌아갈 것인가? 적에게 투항할 것인가? 백성들한테 가서 수탈할 것인가? 이와 같은 것은 인민의 정당, 인민의 군대를 놓고 말할 때 생각도 할 수 없는 일이였다. 유일한 출로는 바로 생산에 의거하여 자신을 스스로 구제하는 것이였다. 이리하여 1942년 년말, 중공중앙은 근거지 군민에게 대생산운동을 전개할 것을 호소하였다.

연안의 각 기관, 부대, 공장, 학교와 가족 모두가 이 운동에 투입되였는데 누구도 례외가 아니였다. 모택동은 분배받은 자기의 땅에서 파종하고 물을 주고 비료를 주고 김을 매였으며 주은래는 방적능수로 평선되고 주덕은 광주리를 메고 똥거름을 주어 퇴비를 만들었다. 이것이 바로 '자기의 손으로 의식을 풍족하게 하자'는 것이였다.

가장 저명한 것은 359려가 남니만(南泥湾)을 개간한 이야기를 꼽을 수 있다. 남니만은 원래 잡초가 무성하고 황량하여 인적이 없는 지방이였다. 려장 왕진(王震)은 전사들을 거느리고 이곳에 와서 황무지를 개간하여 농사를 짓고 집을 지었다. 몇년간의 로동을 거쳐 전사들은 황무지 37만무를 개간하고 작은 규모의 거주구역을 건설하고 목공장, 철공장, 기름공장, 술공장, 방직공장, 비누공장, 제지공장 등을 개설하였다. 자기절로 숯을 굽고 소금을 만들고 석탄을 캐고 또 백화상점, 군인합작사, 밥점, 리발점과 목욕탕을 설립하였고 담요, 가죽구두, 사탕, 일기책, 치솔, 치약 등 일용품을 생산하였다. 그들은 간고한 로동으로 황폐한 산을 비옥한 전답으로 만들었고 황량한 남니만을 섬북의 '강남'으로 만들었다.

남니만 뿐만 아니라 전 항일근거지가 모두 이러하였다. 대생산운동을 전개하였기에 공산당은 근거지 인민을 령도하여 일본군의 경제봉쇄를 전승하였고 근거지 인민의 생활을 개선하였고 전선을 지원하였다. 이것은 항전의 최종 승리에 대하여 중요한 의의를 가지고 있었다. 간고분투하고 자력갱생하는 연안정신은 그 시절에 전 민족에게 남겨준 정신적 재부였다.

504

왕정위의 매국행위

중일전쟁이 시작된 후 중국전장에 투입된 일본의 병력은 무려 24개 사단으로 백만명 이상 되였으며 일본 본토에는 겨우 한개 사단(고노에 사단)만 남겨놓았다. 그렇지만 전국(战局)의 진전은 그들이 중국 군대를 소멸하고 국민당정부를 철저히 뒤엎을 능력이 없으며 전 중국을 점령한다는 것은 더 말할 나위도 없다는 것을 설명하였다. 이리하여 그들은 항일근거지에 대하여 '소탕'을 강화하는 한편 또 새로운 전략을 취하여 중국의 친일세력에 대한 롱락을 다그치면서 또 "사이 좋은 일중", "일중합작", "대동아공영권 건립" 등 구호를 제출하고 이것으로 중국 민중을 마비시키고 일본침략자에 대한 중국인의 증오를 줄이려 하였다. 동시에 일본은 또 국민정부 요인에 대하여 끊임없이 정치적 항복을 유도하였다. 그리하여 국민당 당내 항복세력의 활동도 빈번하게 일어나기 시작하였다.

1938년 12월 29일, 사람을 놀래우는 소식이 전해왔는데 왕정위(汪精卫)가 하노이(河内)에서 친일을 선포하고 공개적으로 투항하였다는 것이였다!

신해혁명 이후 왕정위는 줄곧 국민당의 중요한 지위에 있은 사람이였다. 항전이 폭발할 때 국민당 부총재, 중앙정치위원회 주석, 국민당참

정회 의장 등 중요한 직을 맡았고 장개석에 버금으로 가는 제2호 인물이였다. 왕정위가 적에게 투항한 것은 우연한 일이 아니였다. 남경이 함락된 후 일본 군벌은 일찍 장개석에게 항복을 유도하였으나 얼버무렸기에 일본정부로 하여금 요점을 알 수 없게 하였다. 일본 수상 고노에 후미마로(近卫文麿)는 분노하여 1938년 1월 16일에 "금후 국민정부를 상대로 하지 않고 새로운 정권의 창립과 발전을 기대한다"고 성명을 발표하였다. 그후부터 왕정위를 롱락하기 시작하였고 국민정부를 대체하는 하나의 괴뢰정권을 조직하려고 하였다. 1938년 10월, 광주, 무한이 함락되고 중일 전국이 교착상태에 처하여있었는데 일본은 보다 빨리 대치상태에서 벗어나기 위해 왕정위에 대한 책동모반을 다그쳤다.

　　왕정위는 항일에 대하여 줄곧 우왕좌왕하였고 중경에 온 후에는 또 '저조(低调)구락부'를 조직하였고 공개적으로 항전을 반대하다가 주전파의 반대를 받았다. 장개석도 그에 대하여 매우 경계하면서 그의 행동을 제한하였다. 그러나 일본에 항복하는 왕정위의 결심은 이미 결정되였는바 암암리에 심복들과 획책하고 중경을 떠나려고 하였다. 1938년 12월 18일, 그는 자동차를 타고 중경 산호패(珊瑚坝) 비행장에 도착하였는데 비행기를 타고 성도에 가서 한 군사학교의 졸업생들에게 강연을 한다고 하였다. 비행장의 사업일군이 특무 두목 대립(戴笠)에게 물어보았는데 대립도 감히 허락하지 못하고 또 장개석에게 물어보았다. 장개석은 "그가 외국에만 날아가지 않는다면 국내에서는 마음대로 행동하게 하라."고 말하였다.

　　뜻밖에 왕정위는 비행기를 타고 성도로 가지 않고 곤명으로 갔다. 국민정부는 아직 영문도 모르고 있는데 왕정위는 또 20일에 월남 하노이로 날아갔다. 22일, 왕정위의 도망과 서로 호응하여 일본 수상 고노에 후미마로는 제2차 성명을 발표하여 "중국의 유지 인사와 손을 잡고 동아시아 새 질서 건설을 향해 매진"하겠다고 하였다. 한 시기는 "국민정부의 밀령을 받은 왕정위는 화친과 전쟁 량면 사업의 사자이다."는 헛소문이 전해졌다. 영미 량국은 이것에 대하여 매우 민감해하였고 장개석이 의도적으로 일본과 화해하려고 하는 것이 아닌가고 분분히 알아보았다.

중화민국 | 중국 통사 이야기

장개석은 황망히 24일에 중국 주재 영미대사에게 헛소문을 평정시키는 설명을 하고 "왕정위는 어떤 누구와도 평화를 담판할 권리가 없다."고 말하였다. 왕정위는 즉시 29일 하노이에서 성명을 발표하여 공연히 일본의 중국 침략을 변호하고 고노에의 "선린우호, 공동방공, 경제협력"을 기초로 하여 일본과 담판할 것을 제출하였다. 이어 또 국민정부에 보내는 공개 편지에서 1년 전 장개석이 중국 주재 독일대사 트라우트만(陶德曼)을 통하여 일본과 화해한 비밀을 공포하였다. 이리하여 장개석이 일본에 대하여 타협하고 동요한 '내막'이 폭로되였다.

이렇게 되자 장개석은 매우 난처해졌고 왕정위가 "류언비어를 퍼뜨린다"고 질책하였으며 그의 부총재 직무를 취소하는 동시에 국민당 당적을 제명하고 대립에게 즉시 특무를 하노이에 파견하여 왕정위를 암살하라고 명령하였다. 왕정위는 하노이의 작은 서양식 다층 건물에서 살면서 좀처럼 외출하지 않았다. 또 일본 특무와 프랑스 군경이 보호하고 있었기 때문에 대립이 파견한 6명의 특무는 왕정위의 집 부근에서 3개월 넘게 정찰하였으나 줄곧 손을 쓸 사이가 없었다. 왕정위는 하노이를 거점으로 하여 중경정부를 향하여 선전활동을 빈번하게 하였다. 그렇지만 일본 사람들의 예상을 벗어나게 한 것은 왕정위의 호소가 있었음에도 불구하고 중경의 요인들은 움직이지 않았을 뿐만 아니라 도리여 왕정위를 매국노라고 욕한 것이였다.

어느 날 저녁, 특무들이 어둠을 타 담을 넘어 왕정위의 주택으로 뛰여들어 직접 2층의 거실로 올라갔다. 그들은 원래 거실로 들어가 쥐도 새도 모르게 예리한 도끼로 왕정위를 찍어 죽이려고 하였으나 아무리 해도 방문을 열 수가 없어 문에 작은 구멍을 뚫고 손전등으로 비추어 찾아보았다. 어수선한 가운데 그들은 침대 밑에 한 사람이 들어가 있는 것을 발견하고 련속 몇발을 쏘아 피못에 쓰러져 옴짝하지 않는 것을 보고서야 총총히 떠나갔다. 총소리는 방위하는 군경을 놀래웠는데 두 사람이 도망가고 4명의 특무가 체포되였다.

소식이 중경에 전해오자 대립은 매우 기뻐하면서 급하게 장개석에게 성공을 보고하였다. 이튿날 하노이의 방송을 듣고서야 왕정위는 무사하고 죽은 것은 왕정위의 심복 증중명(曾仲鸣)이라는 것을 알았다. 놀란 왕정위는 하노이에 더는 있을 수 없어 급히 향항을 에돌아 일본으로 가 직접 일본인의 품안에 안겼다. 1939년 12월 30일, 왕정위는 일본인과 상해에서 매국밀약─〈일지(日支) 신관계 조정요강〉에 정식 서명하였다. 그리고 나서 사람을 상해에서 향항으로 파견하여 일본과 왕정위의 밀약 내용을 장개석에게 보고하였다. 이때의 향항은 이미 일본, 장개석, 왕정위 삼자가 평화회담하는 지점으로 되어 사람들의 주목을 끌었다. 일본측의 대표 이마이 다게오(今井武夫), 우스이(臼井), 스즈끼(铃木), 장개석측의 대표 군통 특무 증광〔曾广, 가명 '송자량(宋子良)'〕, 지명인사 장계란(张季鸾), 허세영(许世英), 왕정위측의 대표 고경무(高京武), 도희성(陶希圣) 등은 향항을 종종 드나들었다. 삼자는 흥정을 하였지만 시종 실질성적인 돌파가 없었다.

    이 기간에 국제정세는 일본에 대하여 매우 불리하게 변하였다. 일본군은 노먼칸(诺门坎)지역에서 쏘련홍군과 격전을 하였는데 주력군 제23사단의 전군이 전멸에 가까운 타격을 받아 2만여명이 전사하고 참패를 당하였다. 미국은 또 일미 통상항해조약이 만기되여 실효가 되였다고 선포하고 일본에게 더는 전략자원을 공급하지 않았다. 하여 일본이 석유, 광석, 고무 등 전략자원을 얻으려면 미국, 영국과 싸우지 않으면 안되였다. 일본은 이미 막다른 골목에 이르렀다.

    빨리 남하하여 미국과 영국을 공격하기 위하여 일본은 반드시 중국에 대한 침략전쟁의 수렁에서 벗어나야 한다고 생각하였다. 일본은 왕정위에게 명령하여 '정부'건립을 다그치라고 하였다. 1940년 3월 30일, 왕정위를 대리 주석으로 하는 '국민정부'는 '환도(还都)'의식을 거행하였다. 왕정위가 '대리 주석 겸 행정원 원장'을 담임하고 진공박(陈公博)이 '립법원 원장'을 담임하고 주불해(周佛海)가 '행정원 부원장 겸 재정부장'을 담임하였다. 일본인이 왕정위를 '대리'로 내세운 것은 중경의 그 최고 수령에게 자리를 남겨놓는 동시에 몇개의 중요한 직위를 비워 놓음으로써 국민정부의 요인을 유인하여 배신하는데 쓰려고 하였다. 그러나 그것은 결국 여전히 북평 위'중화민국 림시정부'와 남경 위'중화민국 유지정부' 등 괴뢰정권의 합류에 불과하였으며 왕정위 괴뢰정권은 건립되자마자 전국인민들의 버림을 받았다. 전국인민들은 왕정위를 매국노, 대한간이라고 호되게 꾸짖었다.

왕정위가 공개적으로 한간이 되고 괴뢰정권을 성립한 것은 항전사업에 극히 엄중한 후과를 가져다주었다. 대량의 국민당 고급 관원과 고급 장령들이 공개적으로 일본에 투항하였는데 왕정위를 제외하고 선후로 남경 한간(汉奸)정부에 와 직무를 맡은 국민당 중앙위원이 20명, 기타 '당국' 요인이 24명, 고급 장령이 50여명, 적군에게 투항한 군대가 50여만명에 달하였다. 당시 사람들이 형용한 것처럼 정말로 '항복한 관원이 털처럼 많았고 항복한 장령이 조수가 밀려오 듯하였다.'

투항하는 사람이 많아짐에 따라 국민당 완고파의 반공기염도 갈수록 치솟았다. 그들은 사단을 조작하고 마찰을 빚으면서 항전을 견지하는 팔로군, 신사군에게 아주 큰 재난을 가져다주었다. 적에게 투항한 괴뢰군은 장개석 군대를 적으로 보지 않았지만 도처에서 일본군을 배합하여 중국공산당이 령도하는 항일부대를 진공하고 국민당 완고파를 협조하여 반공고조를 일으켰다. 왕정위 괴뢰정권이 건립된 지 얼마 안되여 1941년 1월, 중외를 진감한 '환남(皖南)사변'이 발생하였다. 신사군이 전이하는 도중에 국민당 완고파의 진공을 받아 7,000여명이 살상되고 포로되였으며 군장 엽정이 구류되고 부군장 항영이 살해되였다.

1944년 11월, 기꺼이 괴뢰로, 앞잡이로 된 왕정위는 일본에서 병사하였다. 왕정위는 비록 혁명한 력사가 있고 또 손중산의 계승자로 자처하였지만 민족대의에서 절개를 잃고 일본놈의 앞잡이가 되여 나쁜 짓을 하였기에 중화민족의 천고의 죄인으로 되였다.

505

'중통'과 '군통'

　　항일전쟁시기 중경에서 이런 일이 발생하였다. 어느 날 저녁, 한무리의 국민당 문무관원들이 녀자들을 데리고 한 구락부에서 마작을 놀고 춤을 추고 먹고 마시며 즐기였다. 갑자기 한 낯선 녀자가 들어왔는데 누구도 그를 알지 못하였다. 한 사람이 "뭐 하는 사람입니까?" 하고 물었다. 다른 한 사람이 "특무인 것 같습니다!"고 추측하였다. 옆에 있던 사람들은 "특무"라는 말을 듣고 놀라서 아연실색하였고 춤도 마작도 다 그만두었다. 국민당 군정부의 한 고관이 몰래 달아나자 기타 사람들도 쥐고양이 만난 것처럼 급기야 도망쳤다. 이들을 이렇게 벌벌 떨게 한 사람은 바로 장개석의 정보조직—'중통(中统)'과 '군통(军统)'의 특무들이였다. '중통'과 '군통'은 장개석의 정치생애에서 중대한 작용을 발휘하였으며 민국시기 영향이 지극히 큰 정치단체이기도 하였다. 그럼, 이런 특무조직은 어떻게 발전하여 온 것인가?
　　장개석이 출세하는 과정에서 한 사람이 일찍 그에 대해 중대한 영향을 일으켰는데 이 사람이 바로 동맹회 원로 진기미(陈其美)였다. 진기미는 손중산의 유력한 조수로서 반청투쟁에서 공헌을 하였다. 1910년, 장개석이 일본 다카다(高田)련대에서 실습할 때 진기미가 그를 소개하여 동맹회에 참가하게 하였다. 신해혁명이 폭발한 후 진기미가 상해도독을

담임할 때 즉시 장개석을 발탁하여 퇀장으로 임명하였으며 후에 또 그를 상해탄 해안거리로 진입하도록 인도하여 황금영(黄金荣), 두월생(杜月笙) 등 민간조직의 두목과 친분을 맺게 되였다. 진기미의 조카 진과부(陈果夫), 진립부(陈立夫)는 또 장개석과 거래소에서 투기장사를 하였는데 매우 가까웠으며 장씨와 진씨 두 집은 막역한 사이로 되였다.

1926년, 장개석이 국민혁명군 총사령으로 되였을 때 진과부를 요청하여 국민당 중앙조직부장으로 임명하였고 인사대권을 장악하게 하였다. 장개석이 '4.12정변'을 발동한 후 국민당 당내 몇개 파벌이 다 그를 불복하였는데 그중 왕정위와 '서산회의파'의 원로들이 령도권을 쟁탈하기 위해 가장 크게 떠들었다. 장개석은 한동안 방법이 없어 잠시 물러나 일본으로 피하였다. 떠나기 전에 장개석은 련루되여 함께 물러난 진과부를 찾아가 그에게 특무조직을 조직하여 재기를 준비하라고 하였다.

진과부, 진립부 형제는 과연 수완이 비범하여 기대를 저버리지 않았다. 장개석이 떠나자 그 둘은 상해에 남아있는 당정간부를 발동하고 각지 장씨 계통의 사람들에게 일치하게 행동할 것을 호소하여 한개 조직을 구성하였는데 '중앙구락부'라고 하였다. 영문 역명은 CentraI CIub인데 CC라고 략칭하였다. 어떤 사람은 두 진의 성씨 첫번째 자모도 C이므로 CC는 바로 두 진의 략칭이라고 하였다.

CC는 성립된 후 곧 행동을 취하였다. 1927년 11월 22일, 남경시에서 한창 대회를 열고 있을 때 진과부는 한무리의 측근과 도당에게 지시하여 몰래 총을 쏘게 하여 회장 안팎이 혼란에 빠졌다. 그 자리에 있던 경찰들이 마구 총을 쏘아 군중 백여명이 살상하는 참안이 빚어졌다. 이때 진과부가 또다시 일부 사람들을 부추겨 큰소리로 "피값을 받아내고" '11.22'참안의 원흉을 징벌해야 한다고 웨쳐댔으며 '서산회의파'가 한 짓이라고 단언하였다. 결과 '서산회의파'가 공격을 받아 물러나고 왕정위파도 배척되여 발을 붙이지 못하게 되자 어쩔 수 없이 장개석을 요청하여 다시 정권을 잡게 하였다.

두 진씨가 첫 싸움에서 승리하자 장개석은 매우 득의해하면서 정성껏 CC특무조직을 키웠고 진립부를 국민당 중앙조직부에 파견하여 조사과 과장으로 임명하였다. 과장직위가 높지는 않지만 장개석의 지지가 있었기에 경시하지 못했다. 진립부는 '조사'의 명의를 리용하여 측근들을 끌어모으고 각 성시에 가서 '조사실'을 설립하고 국민당내의 대소 관원, 군대와 일반 당원들에 대하여 감시와 비밀수사를 하였다. 무릇 공산당에 관한 혐의가 있고 공산당을 동정하는 사람이거나 장개석을 옹호하지 않는 사람이면 체포하고 지어는 암살해버렸다.

두 진씨의 이런 공포수단은 장개석을 위하여 진력한 동시에 암암리에 자기의 세력도 발전시켰다. 그들 둘은 선후로 국민당중앙의 조직부 부장을 담임하고 장기적으로 당권을 틀어쥐고 측근을 끌어모으고 도당을 키웠기에 '장씨의 천하 진씨의 당'이라는 말이 생겨났으며 지어 장개석도 한동안 약간 불안해하였다. 한번은 국민당이 전국대표대회를 열고 중앙위원을 선거하는데 진립부가 선거를 조종하여 그가 누구를 선거하라고 하면 누구를 선거해야 하였다. 선거결과 진립부 본인이 장개석보다도 4표가 많았다. 심상치 않다는 것을 느낀 그가 급히 흑판 앞으로 뛰여가 '正'자 하나를 지워버리고서야 장개석보다 한표 적어지게 되였다. 장개석은 사후에 알았지만 그래도 화가 머리끝까지 치밀어올랐다. 진립부는 소식통이였기에 급히 '료양'한다는 핑게로 천목산(天目山)에 가서 숨었다. 또 남에게 부탁하여 장개석에게 여러번 사정하고 사죄하고서야 이 일이 마무리되였다.

이런 일을 통하여 장개석도 두 진씨 특무계통을 마음대로 지휘할 수 없다는 것을 느끼고 하나의 평형되는 힘을 찾았다. 그는 눈길을 자기의 측근인 황포계로 돌리였다. 1931년 11월, 장개석은 하충한(贺衷寒), 계영청(桂永清), 정계민(郑介民), 대립(戴笠) 등 황포학생들을 소집하여 회의를 열고 새로운 특무조직을 준비하였다. 1932년 3월초에 장개석이 직접 주관하여 '중화민족 복흥사(复兴社)'를 성립하였다. 이 조직은 당시 영향이 가장 큰 파쑈주의를 신봉하고 '수령지상'을 선양하고 무쏠리니의 흑삼당(黑衫党)과 히틀러의 갈삼당(褐衫党)을 모방하여 성원들이 일률로 남색제복을 입을 것을 요구하였기에 또 '람의사(蓝衣社)'라고도 불렀다. 이 특무조직의 명칭이 후에 여러 차례 변하였지만 기반은 변

화가 없었고 13명의 큰 두목이 있었는데 '13태보(太保)'라고 하였다. 그 중 가장 장개석의 신임을 받은 인물은 후에 복흥사 특무처 처장을 담임한 대립이였다.

CC와 복흥사 이 두 특무조직은 각지에서 정보를 정탐하고 미행하고 암살하고 혹형을 하면서 애국민주운동을 진압하였다. 중경, 상요(上饶), 식봉(息烽) 등지에서는 집중영을 설립하고 공산당원과 국민당 당내 부동한 정견을 가지고 있는 사람들을 수감하였다. 이 두 특무조직은 또 문호를 자립하고 경상적으로 권리를 쟁탈하고 내분으로 서로 싸웠지만 모두 장개석을 '수령'으로 받들고 장개석의 독재명령을 따랐다. 그들의 구호는 "복종은 맹종하는 정도로, 신앙은 미신하는 정도로"였다.

두 특무조직은 급격히 팽창하여 하나는 CC라고 부르고 하나는 복흥사라고 불렀는데 대의명분이 서지 않았기에 국민당 내외 인사들의 반대를 받았다. 1938년 장개석은 이 두개 조직의 이름을 바로잡아주었는데 하나는 국민당 중앙집행위원회 조사통계국이라 하여 '중통국(中统局)'이라 략칭하였으며 두 진씨의 CC계 특무를 위주로 하였다. 다른 하나는 군사위원회 조사통계국이라고 하여 '군통국(军统局)'이라 략칭하였으며 복흥사세력을 위주로 하였다. 이것이 바로 사람들로 하여금 떨게 하는 '중통'과 '군통'이였다.

후에 와서 '중통'은 점점 총애를 잃었고 대립을 두목으로 하는 '군통'세력이 급격히 팽창하여 30여만명 특무의 규모로 발전하였으며 '중통'을 초과하여 장개석이 통치하는 가장 흉악한 한갈래 력량으로 되였다. '군통'이 비록 일부 한간들도 처벌하였으나 주요한 정력은 그래도 진보 인사와 부동한 정견을 가지고 있는 자를 대처하는데 두었다. 항일전쟁이 폭발한 후부터 1949년에 이르기까지 '군통'은 수십만명을 집중영과 감옥에 투입시켰다.

'중통'과 '군통'은 장개석의 배육하에 한개 '무형제국(无形帝国)'으로 되였다. 혁명자들이 학살을 당하고 일반 백성들이 구타당하고 기만당한 건 말할 것도 없고 국민당의 고급 관원들도 '중통'과 '군통'의 억압을 받았다. 어느 한번, 풍옥상이 차를 타고 중경에서 구강(九江)중학교로

가 강연을 하게 되였는데 청목관(青木关) '군통'검사역 특무가 무리하게 통행을 허가하지 않아 화가 난 풍옥상이 차를 몰고 특무를 향해 돌진해 갔다. 리종인이 '대총통'으로 된 후 명령을 내려 장학량과 량호성 장군을 석방하라고 하였지만 특무들이 말을 듣지 않았다. 리종인은 어찌할 방도가 없어 스스로 재수없다고 생각하였다. '중통'과 '군통'의 기고만장함을 여기서 엿볼 수 있다.

중화민국 중국통사이야기

506

'북경인'의 발견

민주와 과학정신이 점차 사람들의 마음에 심입됨에 따라 민국시기 우리 나라의 과학기술은 일정한 발전을 가져왔다. 그러나 당시의 전쟁환경은 또 이런 과학성과로 하여금 포화의 세례를 받게 하였고 고난을 겪게 하였다. 그중에서 한가지 사람들의 주목을 끈 것은 바로 주구점(周口店)에서 '북경인'을 발견한 것이였다.

북경성 서남쪽 48킬로메터 되는 곳에 백십여 가구가 되는 작은 진이 있는데 주구점이라 불렀다. 주구점 서쪽에 있는 작은 산을 룡골산(龙骨山)이라 불렀다. 주구점 주위의 산속에는 석회가 많이 났다. 당시 북경성에서 쓰는 석회는 다 여기에서 온 것이였다. 룡골산에는 석회가 나지 않았지만 '룡골(龙骨)'이라고 하는 중약이 났다. 기실 룡골은 룡의 뼈가 아니고 고생물 화석이였지만 그 때의 사람들 모두가 이렇게 불렀다.

1914년, 북양군벌정부의 농상부에서는 안데르쏜(安特生)이라는 스웨리예 사람을 광업고문으로 초빙하였다. 안데르쏜은 지질학자로서 고생물연구에도 많은 흥취를 가지고 있었다. 1921년의 어느 날, 그가 동인당(同仁堂) 약방에서 룡골을 보고 매우 기뻐하였는데 갖은 방법으로 알아본 결과 이 룡골은 북경 서남쪽 주구점의 룡골산에서 난다는 것을 료해하였다. 그는 즉시 차를 세내여 주구점으로 갔다. 룡골산에 이르자 안데르쓴은 눈이 부시였다. 그 찐빵형의 작은 산과 부근의 계골산(鸡骨山) 도처에 고생물 화석조각이 널려져 있었기 때문이였다. 안데르쓴은 사람을 고용해 몇상자의 룡골을 채집하여 스웨리예의 우프사라(乌普萨拉)대학으로 운송해 가서 정리하고 연구하였다. 1923년, 안데르쓴은 고인류의 유아구치(幼儿臼齿) 두개를 발견하였다고 선포하고 이것에 근거하여 룡골산의 고대인류를 '중국원인(中国猿人)'이라고 명명하였다.

이 발견은 세계를 뒤흔들었다. 이후 많은 '도금자(淘金者)'들이 세계 각지에서 룡골산에 와 행운을 잡으려고 하였다. 이런 사람들 가운데 블래크(步达生)라고 하는 카나다 사람이 운수가 가장 좋다고 꼽을 수 있었다. 1927년에 그가 고대인류의 성인구치 한개를 발견하였다. 블래크는 이 이발의 주인을 '중국원인 북경종'이라고 명명하고 그것을 가지고 여러 나라를 두루 돌아다니면서 다시 한번 세계를 뒤흔들었다.

중국인의 태고 선조의 유골을 외국'학자'들에게 맡겨 마음대로 파고 채취하게 하고 중국의 고대인류를 외국'학자'에 맡겨 명명하게 한 이 사건은 한 중국청년과학자의 마음에 깊은 상처를 남겼다. 이 과학자가 바로 북경대학 지질학부 고생물전업을 방금 졸업한 배문중(裴文中)이였다.

배문중은 1904년 하북 란현(滦县)에서 태여났다. 그는 어려서부터 가정형편이 가난하여 대학교 전부 과정을 고학으로 졸업하였다. 그는 필생의 정력을 자기가 진심으로 사랑하는 사업에 바치겠다는 포부를 지니고 1928년 봄에 룡골산의 발굴현장으로 왔다. 당시 몇년간의 도굴(盗掘)로 룡골산은 이미 상처투성이가 되였다. 1929년 봄에 이르러 룡골산의 발굴사업은 이미 막다른 골목에 이르렀다. 제5층까지 발굴하였을 때 사람들은 견고한 암석에 부딪쳐 파기가 아주 힘들었고 진전도 매우 완만하였을 뿐만 아니라 고생물화석도 차츰차츰 적어졌다. 이리하여 많은 사람들은 이미 동굴바닥까지 팠으니 계속 발굴할 가치가 없다고 단언하고 분분히 주구점을 떠나갔다. 겨우 25세 밖에 안된 배문중은 의연히 발굴사업을 지도하고 주관하는 중임을 짊어졌다. 자금이 곤난하고 인심이 안정되지 않고 진전이 완만한 이 모든 것들은 배문중의 결심을 동요시킬 수

없었다. 그는 솔선수범하여 전체 사업일군들과 동고동락하며 룡골산에서 최후의 노력을 하였다.

　뜻밖에 제5층의 견고한 암석 아래 또 비교적 부드러운 토석층이 나타났을 뿐만 아니라 화석도 점차 많아지고 특히는 제7층까지 발굴하였을 때는 화석이 많고 완정하였으며 또 새로운 고생물종류가 나타났다. 아주 분명한 것은 보다 아득한 옛날의 퇴적이라는 것이였다.

　이때는 이미 1929년의 엄동이여서 땅이 이미 얼기 시작하였다. 12월 2일 오후, 현장은 쓸쓸하였고 찬바람이 불어와 사람들의 손발은 얼어 마비되였다. 오후 네시가 되자 날이 어두워졌다. 30여메터의 깊은 동굴속은 더욱 캄캄하였다. 배문중과 발굴인원들은 모두가 말없이 미약한 초불과 손전등의 광선에 의거하여 엄한을 무릅쓰고 차디찬 산굴속에서 노력을 하였다. 갑자기 로동자 류의산(刘义山)이 적막을 깨뜨리며 흥분하여 웨쳤다. "배선생, 와서 보세요, 이것이 뭡니까?" 배문중은 손전등의 희미한 빛을 빌어 몸을 구부리였다. 강철같이 단단한 갈색 땅속에서 궁륭형의 담황색 고생물화석이 드러났다. 물체의 외관으로 볼 때 분명히 고생물의 두뇌정수리였으나 몇년래 출토된 천을 헤아리는 이몸이 큰 고대사슴(肿骨鹿), 삼문말(三门马), 검치호(剑齿虎)의 두개골과는 뚜렷하게 달랐다.

　"바로 이것이다!" 섬세한 관찰을 한 배문중은 흥분하여 웨쳤다. "고대인류의 두개골이다! 두개골을 야외에서 밤을 지내게 할 수 없으니 아무리 힘들어도 오늘밤에 꼭 파내야 한다." 배문중은 망치를 들고 매우 조심스럽게 주위의 단단한 토층을 두드리였다. 50만년의 세월은 이 진귀한 두개골로 하여금 주위의 토양과 함께 긴밀하게 엉켜 돌처럼 단단하게 되게 하였는데 조금만 조심하지 않아도 이 진귀한 보물을 마사버릴 수 있었다. 몇시간 동안 간고하게 벗겨낸 끝에 '북경인'의 높은 눈섭뼈가 드러났다—이것은 세계에서 보기 드문 한개 완정한 고대인류의 두개골이였다! 중국 과학자는 자기의 힘으로 중국에서 첫 완정한 고대인류의 두개골을 출토하였다. 이는 당시 세계상에서도 가장 완정한 고대인류의 두개골로서 황하류역은 세계상에서 가장 오래된 인류의 서식지의

중국 통사 이야기 　중화민국

하나라는 것을 증실하였다. 그전까지만 해도 사람들은 독일과 인도네시아에서만 고대인류의 지골과 두개골화석을 발견한 적이 있었다. 당시의 교과서에서 사람들은 오직 네안데르탈인(尼安德特人)과 하이델베르그인(海德堡人)과와 쟈바(爪哇)의 '직립원인' 밖에 모르고 있었다. 인류 기원과 인류 발전사에 관하여 여러가지 오류와 편견이 가득차 있었다. '북경인'의 발견은 인류가 자신의 기원과 발전사에 관한 인식을 한개 참신한 단계에로 밀어올렸다.

'북경인'이 세상에 나오자 12월 3일, 4일에 세계 여러 큰 통신사, 여러 큰 신문사에서 모두 사람을 놀래우는 이 소식을 발포하였다. 중국정부는 즉시 은화 2,000원으로 룡골산을 수매하였고 아울러 전면 발굴하기로 결정하였다. '북경인' 발견지를 제1지점으로 정하고 그 후 륙속 20여개 지점을 발굴하였다. 후에 또 북경인이 불을 사용한 유적을 발견하였는데 이것은 50여만년 전 인류가 이미 불을 사용하였다는 것을 증실하였다.

과학이 발견한 운명과 민족운명은 긴밀히 련결되였다. 1937년 7월 7일, 일본침략군은 주구점에서 멀지 않은 로구교에서 사변을 발동하고 12일에 룡골산을 점령하였다. 일본인은 룡골산을 군영으로 만들었으며 배문중을 체포하고 그의 집을 수사하고 몰수하였다. 가장 사람을 분개하게 한 것은 보귀한 '북경인'의 두개골도 이번 침략전쟁에서 행방불명이 된 것이였다.

　배문중이 령도한 룡골산 발굴사업은 미국의 록펠러(洛克菲勒)기금회에서 자금을 제공하였다. 이로 인하여 중국측은 가혹한 조건을 접수해야 했는바 블래크만 연구할 수 있고 중국 사람은 자신이 발굴한 것에 물어볼 권한마저 없었다. '북경인'의 두개골은 최초에 협화(协和)병원에 가져다 놓고 블래크가 보관하고 연구하였으나 블래크가 죽게 되자 연구사업이 중단되였다. 7.7사변 후 일본 침략군은 북경성을 점령하였다. 1941년 진주항사건의 폭발 전야에 '북경인'화석의 안전을 위하여 병원측에서는 그것을 미국의 해병대로부터 미국 뉴욕의 자연력사박물관에 전이시켜 잠시 보존하도록 총망히 결정하였다. '북경인'화석을 공 들여 포장한 후 상자에 넣어 미국 병사가 비밀리에 진황도로 운송하여 왔고 그 곳에서 다시 군함에 싣고 미국으로 가려 하였다. 그런데 그 곳에 와서 인계 운반하려던 군함이 격침되였고 화석을 보관한 미국 병사도 일본군에게 포로되였다. '북경인'화석을 포함한 물자는 이때로부터 그림자도 보이지 않았다. 이후 사람들이 갖은 방법을 다하여 '북경인'을 찾아보았으나 줄곧 찾지 못하였다. 어떤 사람은 일본이나 인도네시아로 류실되였다고 하고 어떤 사람은 선박과 함께 바다밑에 가라앉았다고 하고 또 어떤 사람은 줄곧 국내에 매장되여있었다고 하는 등 의론으로 분분하였다. '북경인'의 화석이 구경 어디에 있는가 하는 것은 중국 과학사상의 미스터리로 되였다.

중국 통사 이야기 　중화민국

507

전당강대교를 건설하다

민국시기 우리 나라의 일부 과학프로젝트(项目)는 만족스러운 진보를 이룩하였다. 례를 들면 지질학자 리사광(李四光)은 력학의 관점으로 지각운동을 연구하여 지질력학을 창립하였을 뿐만 아니라 지하자원의 분포에 대하여 돌파성적인 공헌을 하였다. 기상학자 축가정(竺可桢)은 기상학, 기후학, 물리학과 지리학의 연구에 대하여 아주 큰 공헌을 하였다. 화학자 후덕방(侯德榜)은 소다제조공업상에서 새로운 창조를 하였다. 그리고 수학, 천문, 물리 및 수리, 건축공사에서 다 사람들이 주목하는 성과를 이룩하였다. 이 모든 것은 과학기술사업일군들이 근면하게 로동하여 창조한 것이다. 그들은 현대중국의 과학기술을 위하여 기초를 닦아놓았다.

1934년 11월, 각 방면에서 온 5,000여명의 대표가 항주의 전당강(钱塘江)변에 모여 전당강대교의 착공의식에 참가하였다. 대교의 설계사는 38세의 모이승(茅以升)이였다.

모이승은 강소 진강(镇江)사람이였다. 청년시기에 일찍 당산로광학당(矿学堂)에서 교량학을 전공하였고 후에 미국의 코넬(康奈尔)대학에서 연수하였고 또 피츠버그(匹兹堡)의 한 교량회사에서 실습하고 박사학위를 획득하여 교량학의 전문가로 되였다. 당시의 중국에는 모이승과 같은 이런 교량전문가는 드물고 귀한 인재였으며 국가에서도 급히 필요되는 인재였다. 모이승 자신도 조국의 교량건설을 위하여 힘을 다할 것을 갈망하였다. 당시 미국의 여러 곳에서 그를 교수로, 공정사로 초빙하였고 봉급도 적지 않았다. 미국인은 또 그에게 "과학에는 조국이 없고 과학은 전 인류에게 속한다. 지금 중국의 조건이 너무 차하므로 당신이 미국에 남으면 공헌이 더 클 수 있다."고 말하였다. 모이승은 "비록 과학에는 조국이 없지만 과학자에게는 조국이 있습니다. 나는 중국 사람이고 나의 조국은 나를 더 수요합니다!"고 대답하였다.

    1920년 년초, 모이승은 조국으로 돌아왔다. 그는 선후로 당산교통대학과 천진북양공업학원 등 학교에서 교편을 잡았고 교장직도 맡았으며 국내교량학의 권위로 공인 받았다. 그러나 국가의 경제실력이 차하고 전쟁이 빈발하였기에 그가 국가를 위해 교량을 세우려는 희망은 한동안 실현하기 어려웠다. 1933년 여름철에 이르러서야 하나의 기회를 얻게 되였다. 그해, 절강 항주의 유관부문에서 전당강에 대교를 부설하기로 결정하고 모이승을 초빙하여 설계를 주관하게 하였다. 모이승은 매우 흥분하여 항주로 왔다.

    전당강은 물살이 세고 강바닥은 전부 류사이며 또 많은 깊은 모래판이 있었다. 게다가 상류의 산홍수와 하류의 해조가 매우 거세여 배를 젓기가 여간 쉽지 않았다. 그럼에도 불구하고 다리를 건설한다는 것은 더 없이 어려운 일이였다. 워델(华德尔)이라는 한 미국 사람이 방안을 내놓았다. 그가 설계한 전당강교는 다리바닥이 넓지는 않았으나 철도, 도로, 인행도가 배렬되여있었고 건설비는 무려 758만 은원이나 되였다. 모이승도 자기의 설계를 제출하였다. 다리는 상하 두층으로 나뉘였는데 아래층에는 기차가 통하고 웃층은 도로와 인행도가 있으며 넓고도 편리하고 외형도 아름다웠으며 건설비는 510만 은원 밖에 안되였다. 결과 모이승의 방안이 일치하게 통과되였다. 그는 다리공사처 처장으로 임명되고 대교건설을 책임지였다. 이것은 중국 사람이 설계하고 세우는 첫 현대 대교로서 모이승은 꼭 이 대교를 잘 건축하여 중국 사람을 위하여 힘을 내고 체면을 세우리라고 결심을 다지였다.

착공한 후 먼저 교각을 세워야 하였다. 전당강 수면은 넓고 강바닥은 두께가 무려 40여메터나 되는 류사였다. 교각은 반드시 류사층을 꿰뚫고 암석층에 견고하게 세워야 하였다. 그러나 류사층이 이상하게 견고하여 첫번째 말뚝을 박는 데 옹근 하루가 걸리였다. 대교에는 9개 교각에 필요한 말뚝을 박아야 하는데 매 교각에 160여개 말뚝을 박는다면 말뚝을 박는 데만 적어서 몇년의 시간이 걸리였다. 모이승은 반복적으로 사색한 결과 한가지 방법을 생각해내였다. 그는 고압물뽐프 한대를 가져다 고압수류로 강바닥까지 곧바로 닿게 함으로써 모래층 속에 깊은 구멍을 뚫은 다음 신속히 말뚝을 넣게 하였다. 그 다음 공기망치로 두드리니 말뚝이 순리롭게 강 밑에 똑바로 섰다. 이렇게 하니 하루에 30개의 말뚝을 박을 수 있었다. 로동효률이 제고되였고 질도 확보하게 되였다. 다리를 건설하는 로동자들은 기쁜 나머지 이런 방법을 '사수법(射水法)'이라고 불렀다.

여름이 되자 홍수가 나 거센 물결이 방죽을 휩쓸어버렸으며 강바닥 강판의 잠함도 수십리 밀려 내려가게 하였다. 물 밑에서 시공할 수 있게 하고 교각을 튼튼하고 단단하게 하여 강물의 충격을 견디게 하기 위해 모이승은 로동자들과 함께 상의하여 철근콩크리트잠함을 만들었다. 매 거대한 잠함의 길이는 18메터, 너비는 11메터, 높이는 6메터, 무게는 600톤이였다. 거형의 콩크리트잠함을 강바닥에 내려놓고 고압공기로 잠함 속의 물과 류사를 뽑아낸 다음 잠함에 교각을 세웠다. 이 방법을 사람들은 '잠함법(沉箱法)'이라고 하였다. 이는 교량건설에서 전례 없는 시도였다.

교각은 끝내 다 세웠는데 이층 철제 대들보를 어떻게 하나하나의 교각 우에 안전하게 놓을 수 있겠는가? 방대한 기중기계가 없이 무려 260톤이나 되는 거대한 철제 대들보를 어떻게 제자리로 가져갈 수 있겠는가? 모이승은 고대 조충이 코끼리의 무게를 단 이야기를 생각하고 방법 하나를 제출하였다. 밀물이 올 때 철제 대들보를 배로 두 교각사이에 운반하여다 놓고 썰물이 될 때 철제 대들보를 교각 우에 놓는 것이였다. 품도 덜고 시간도 절약할 수 있었는데 이것을 '부운법(浮运法)'이라고 하였다.

중화민국 | 중국 **통사** 이야기

　　하나 또 하나의 난제가 순리롭게 해결되였다. 2년 넘는 간고한 로동을 통하여 1937년 여름에 이르러 철교가 이미 초보적 형체를 드러냈다. 그러나 모이승의 심정은 그렇게 유쾌하지 않았다. 이때 일본침략자가 이미 전면적인 침화전쟁을 발동하였기 때문이였다. 8월 13일 이후, 일본군은 또 상해를 대거 침략하였다. 중일 쌍방은 송호회전을 시작하였고 일본 비행기는 전당강다리에 하나 또 하나의 폭탄을 투하하였다. 모이승과 로동자들은 적들의 폭격을 무릅쓰고 밤낮없이 시공을 다그쳤다. 1937년 9월 26일, 전당강교의 철교가 건설되여 통차하였다. 다리를 건설하는데 3년도 걸리지 않았다.

　　전당강대교의 전체 길이는 1,453메터로서 대교의 아래층에는 기차가 통하고 웃층의 도로에는 두대의 차량이 동시에 통행할 수 있으며 또 두갈래 1.5메터의 인행도가 있었다. 대교는 수면에서 6.7메터 떨어져있어 선박이 자유롭게 통과할 수 있었다. 항주사람들은 대교가 다 건축되였다는 말을 듣고 분분히 늙은이를 부축하고 어린이를 데리고 와서 구경하였다. 전당강에 이와 같이 웅장한 대교가 놓여 전당강을 두발로 걸어 건넌다는 것이 더는 환상이 아니였다. 사람들은 매우 기뻐하였다. 한편 사람들의 마음 또한 비통하였다. 그것은 남쪽으로 오는 렬차마다 그안에 앉은 모두가 피난오는 동포들이였기 때문이였다.

　　전방으로부터 전해온 전황은 사람들을 긴장하게 하였다. 상해가 이미 적들의 수중에 함락되였다. 11월 16일, 한 공병군관이 모이승을 찾아와 비밀명령을 내보이였다. 내용은 상해가 이미 함락되였기에 신속하게 다가오는 일본침략군을 방어하기 위하여 반드시 전당강대교를 폭파시켜 일본군이 리용하지 못하게 하라는 것이였다. 모이승은 군관이 완전히 생각하지 못한 대답을 하였다. "다리를 건축할 때 나는 이미 일본침략의 상황을 예견하고 여러가지 준비를 하였습니다. 대교 옆에 전부의 시공기계를 보류하여 포격을 당한 후 제때에 서둘러 건설할 준비를 하였습니다. 대교의 각개 교각과 제철 대들보가 모두 다 같으므로 하나가 파괴되면 아주 쉽게 수리하여 복원할 수 있습니다." 모이승은 마음속의 비통을 억제하면서 낮은 소리로 말하였다. "대교의 두번째 교각 속에 미리 장방형 구멍을 하나 남겨놓아 폭약을 넣을 준비를 하였습니다. 막부득이 한 경우에 사용하려고 하였습니다. 우리는 일본 사람이 절대로 대교를 통과하게 할 수 없게 해야 한다고 생각하였습니다." 이와 같은 주밀한 준비에 대하여 이 군관은 심심한 경의를 표시하였다.

    12월 22일, 일본군이 이미 항주로 바싹 다가왔다. 전당강대교에는 남쪽으로 도망가는 행인들이 더욱 많아졌고 전당강대교는 철수하는 유일한 통로로 되였다. 당시의 철도국의 예측에 의하면 22일 이날에 300여대의 기관차와 2,000여바구니의 객차, 화물차가 대교를 통과하였다. 이튿날 12월 23일, 일본군은 항주를 공격하기 시작하였다. 당일 오후 1시가 넘어서 모이승은 다리를 폭파시키라는 명령을 접수하였다. 오후 3시에 다리를 폭파시킬 준비사업이 다 되였다. 이 시각 다리 어구에 서서 다리에 있는 난민들을 바라보는 모이승의 마음이 한동안 떨리였다. 5시가 되여 일본 기병이 일으킨 먼지가 이미 흐릿하게 보이자 모이승은 비로소 명령을 내려 대교를 봉쇄하고 폭파를 진행하였다. 꽈르릉하는 큰소리와 함께 전당강대교는 여러 곳에서 동시에 짙은 연기를 뿜으며 전당강 바닥으로 내려앉았다. 이때는 대교가 건설된 지 89일 밖에 되지 않았다.

    제손으로 설계하여 지도하고 시공한 대교를 직접 폭파시킨 모이승은 얼마나 마음이 아팠겠는가! 대교를 폭파시킨 그날 저녁에 모이승은 "항전은 필연코 승리할 것이고 이 다리는 필연코 다시 재건될 것이다!"는 글귀를 남기였다. 한편 그는 또〈전당강을 리별하노라〉는 시 한수를 지었다.

    갑자기 풍운이 돌변하여
    눈물을 휘뿌리며 전당강대교를 끊었네.
    오행에 빠진 화가 왔거늘
    다리를 복구하지 못하면 대장부가 아니노라.
    (斗地风云突变色, 炸桥挥泪断通途。
    五行缺火真来火, 不复原桥不丈夫。)

　　모이승은 다리를 폭파하는 동시에 앞날 대교를 수리하여 복원할 준비도 다하였다. 그는 시공처 사업일군들과 함께 견지하면서 다리를 건축하는 전부의 자료와 설계도를 다 정리해놓은 후에야 항주를 떠났다. 항일전쟁년대에 모이승은 몇번이나 이사하면서 정처없이 떠다니였다. 그러나 어디를 가든 막론하고 몸에는 언제나 전당강대교의 설계도와 자료를 지니고 다녔다. 집에 있는 가구와 짐은 하나하나 버렸지만 설계도와 자료를 담은 14개의 상자만은 줄곧 신변에 가지고 다니였다. 1945년 8월, 항일전쟁이 승리한 후 모이승은 아주 빨리 항주로 돌아와 대교의 수리복원을 조직하였다. 1948년 3월, 전당강대교가 새롭게 탄생되였고 차도 다시 통하였다. 중국인 자신이 설계하여 건축한 첫 현대 교량은 모이승이 조국건설에 탁월한 공헌을 한 견증이며 그 시대 과학기술 발전수준의 중요한 표징이기도 하였다.

중국 통사 이야기 중화민국

508

전화 속의 대학교

　　1937년 7월 30일, 7.7사변 후 23일이 지나 천진에 주둔한 제29군 38사 26독립려가 부사장 리문전(李文田)의 인솔하에 천진보안경찰부대와 함께 천진 주재 일본의 여러 기관과 일본조계지를 향하여 진공을 발동하였다. 리문전과 29군 제2로군 부총지휘 류가란(刘家鸾) 및 천진시 비서장 마언충(马彦翀)은 련명으로 통전을 내여 "천진시와 생사를 같이하고 피흘려 항전하며 정의를 위해 용감하게 싸우겠다."는 것을 표시하였다. 공격을 최선의 수비로 삼은 이번 전투에서 중국 군대는 시작부터 우세였으나 일본군 증원부대가 들이닥쳐 전쟁의 국면은 아주 빨리 피동으로 넘어갔다. 일본군은 전차와 비행기의 엄호하에 중국 군대를 향하여 반격하였는데 쌍방의 실력 차이가 현저하였다. 장비가 아주 차한 29군은 꼬박 하루를 혈전하였지만 더는 지탱하지 못하고 철퇴하는 수 밖에 없었다. 일본군은 북방의 최대 공상업도시 천진을 점령하였다.

　　일본군의 비행기가 무차별 폭격을 하였기에 천진시내의 많은 건축물들이 파괴되었다. 가장 사람을 분개하게 한 것은 일본군영의 포구가 성남 팔리대에 있는 남개대학(南开大学) 교정을 겨누고 야만적으로 포격한 것이였다. 교정이 갑자기 불바다로 되고 도서관, 교수청사와 숙사가 페허로 되였다. 일본침략자는 무엇 때문에 군사시설이 없는 한 대학교에 대하여 이렇게 증오하며 이런 악독한 수단을 썼을가? 이것은 일본침략자에 대한 남개대학 사생들의 태도로부터 말해야 할 것이다.

　남개대학은 1919년에 창건된 한개 사립대학으로 창건자 엄수[严修, 자 범손(范孙)]와 장백령(张伯苓)은 모두가 우리 나라 근대의 걸출한 교육가이다. 그들이 세운 남개학교(후에 남개중학교로 고침)는 중국 근대에 최초로 완전히 개인투자에 의거하여 건립된 서양식 학교의 하나였다. 남개대학교 총장 장백령은 강렬한 애국감정이 있는 사람이다. 그는 일찍 청나라 해군에 참가하여 일본이 중국 해군을 업신여기는 것을 친히 목격하였기에 신식교육으로 새로운 세대를 육성하며 국가의 생존을 도모하기 위하여 힘을 다할 것을 맹세하였다. 그는 학교를 꾸리는 과정에서 애국사상의 전승을 매우 중시하고 항상 학생들을 조직하여 일본조계지에 가서 외국세력이 꾸린 도박장, 기생집, 아편이 중국인을 해친 짓거리를 료해하게 하였다. 천진의 일본 군영은 바로 남개대학 부근에 있었는데 일본군 병사들은 언제나 조금도 망설이지 않고 학교 교수청사 앞에 와서 사격훈련을 함으로써 학생들의 학습에 영향을 주었으므로 그는 일본침략자에 대하여 특별히 증오하였다. 천진 당국은 감히 단속하지 못하였으나 장백령은 일본측에 엄숙하게 항의를 제출하였다. 그는 또 학교에서 전문 동북연구회를 성립하였고 교수들을 조직하여 동북에 가 동북에서의 일본의 침략행위를 조사하고 '일본문제특집호'를 집필해 냄으로써 정부와 사회 각계에 일본 침략동태를 제시하였다. 한차례 태평양국제학술회의에서 장백령은 일본 대표의 거짓말을 신랄하게 반박하였다. 9.18사변 이후 장백령은 항일활동에 투신하여 천진항일구국회를 조직하고 또 남개대학 교정에서 류랑하는 동북학생과 조선청년을 받아들이였다. 장백령과 남개대학 사생들이 일본의 음모를 폭로하고 견결히 항일하는 태도에 대하여 일본인은 매우 분노하고 원망하였으며 그들을 눈에 든 가시처럼 간주하면서 벌써부터 기회를 타 복수하려 하였다.

　1934년, 제18기 화북운동회가 천진에서 거행되고 장백령이 총재판장을 담임하였다. 장백령은 중국에서 최초로 올림픽을 주목한 사람이며 중국 체육사업의 창시자이다. 그는 줄곧 체육을 중시하고 체육을 학생소양을 평가하는 중요한 내용으로 간주하였다. 당시 일본이 동북을 이미 점령하고 화북을 향해 침범하였기에 국세가 아주 긴장하였다. 개막식 당일, 남경정부와 각지의 요원 및 일본을 망라한 천진 주재 각국 대표 모두가 운동회에 와서 관람하였다. 화북, 서북, 동북에서 온 운동원들이 입장한 후 관람석에 앉아있던 남개대학 사생들이 "국치를 잊지 말자", "잃어버린 땅을 수복하자"란 기발을 내걸었는데 전체 관객과 운동원들의 박수소리가 사방에서 일어났고 애국열정이 앙양되었다. 관람석에 앉아있던 일본 대표 우메즈(梅津)는 즉시 장백령에게 '항의'를 제출하였다. 장백령은 "중국 사람이 자기의 국토에서 애국활동을 하는 것은 학생들의 자유이다. 외국인은 간섭할 권리가 없다."고 대답하였다. 난처하게 된 우메즈는 퇴석할 수 밖에 없었다. 사후 그는 또 일본사관으로 하여금 중국정부에 '항의'하라고 하였다. 남경정부는 장백령에게 학생들을 단속할 것을 요구하였다. 장백령은 학생대표를 불러다 세마디 말을 하였다. "너희들은 얄밉다. 너희들은 얄밉게 잘 놀았다. 다음에도 얄밉게 놀되 보다 더 교묘하게 얄밉게 놀거라."

　　일본침략자는 남개대학 사생들을 줄곧 눈에 든 가시로 보았기에 천진을 점령할 때 특히 남개대학 교정을 폭격함으로써 이 저명한 대학교를 철저히 궤멸하려고 망상하였다. 일본군이 로구교사변을 발동하고 북평과 천진을 진공할 때 장백령은 정부가 려산에서 소집한 교육문제에 관한 회의에 참가하고 있었다. 1936년에 그는 전란을 예방하기 위해 중경의 남개대학 분교의 건설을 계획하기 시작하고 남개대학의 금후 발전에 대하여 구상을 하였다. 남개대학 교정이 폭격되였다는 소식이 전해오자 그는 매우 분개해 하였다. 그러나 비관하지는 않았으며 남경에서 연설을 발표하여 "적들이 이번에 남개대학을 폭격하였는데 파괴된 것은 남개대학의 물자이다. 남개대학의 정신은 이로 하여 좌절되지 않을 것이며 더더욱 분발할 것이다."고 표시하였다. 그의 말은 남개대학 사생들의 마음속에서 우러나오는 목소리로서 각계 인사들의 찬양을 받았다. 장개석도 그를 접견할 때 "중국이 있는 한 남개대학도 반드시 있을 것이다."라고 고무격려하였다. 뒤이어 장백령은 학교를 남으로 이사시키는 사업에 투입하였다.

　북평, 천진이 잇따라 함락된 후 여러 대학교의 사생들과 종업원, 로동자들이 분분히 남방 혹은 서북으로 달려갔다. 이런 사람들 가운데는 교육과 학술의 명인과 권위를 지닌 사람들이 많았고 애국열정으로 가득찬 청년학자들은 더 많았다. 이런 국가의 드문 인재들을 어떻게 보호할 것인가 하는 것은 집권자와 교육가들이 반드시 고려해야 할 문제였다. 교육부에서는 북경대학, 청화대학과 남개대학 세 유명한 학교를 합병하고 림시대학을 구성하여 남방에서 가능한 빨리 수업을 시작할 것을 제출하였다. 세 대학의 총장들이 상의한 후 일치하게 동의하였다. 지점은 호남 장사를 선택하였는데 그것은 장사에 청화대학의 예비 기지가 있고 교학시설이 비교적 완비하여 학교의 소재지로 할 수 있었기 때문이였다. 학교의 명칭은 장사림시대학이라고 하였다.

　이 세 학교는 비록 다 유명한 학교이지만 배경은 아주 큰 차별이 있었다. 북경대학은 줄곧 국립대학으로서 자금은 국가에서 지원하였고 청화대학은 본래 미국이 반환한 '경자배상금(庚子賠款)'에 의거하여 꾸린 학교로서 후에야 국립학교로 고쳤고 자금도 풍부하였다. 남개대학은 사립대학으로 개인 자금을 모아 학교를 꾸린 것이였다. 세 학교를 합치여 공동으로 경영하면 공적인 것도 있고 사적인 것도 있어 자금을 어떻게 안배하는가 하는 문제가 나섰다. 장백령은 줄곧 사립학교를 세울 것을 주장하였으나 당시의 실제정황을 고려하여 자기가 몇년간 경영해온 남개대학을 의연히 국가에 바치고 국립으로 고치기로 하였다. 그러나 앞으로 천진으로 되돌아온 후에는 다시 사립으로 고치겠다는 그의 희망도 제출하였다. 남개대학을 사립으로부터 공립으로 고친 후 북경대학, 청화대학과 동일하였기에 통일 관리하는 데 편리하였다.

　1937년 11월 1일, 장사림시대학이 개학을 하였으나 한달 만에 적들의 비행기폭격을 받아 학교의 안전이 보장이 없게 되였다. 학교에서는 계속하여 남쪽으로 이사하여 운남 곤명(昆明)에서 학교를 꾸리기로 결정하였다. 전교 사생들은 각종 설비와 함께 모두가 다시 한차례 대이전을 해야 했다. 본래는 기차를 타고 광주, 향항을 거쳐 다시 곤명으로 가려고 준비하였으나 3,000여명 남학생들이 도보로 곤명까지 가기로 결정하였기에 교사와 녀학생들 및 몸이 허약한 학생들만 기차를 타기로 하였다. 문일다(闻一多), 증소륜(曾昭伦) 등 11명 교사와 종업원들도 자발적으로 떨쳐나서 학생들과 함께 보행하겠다고 하였다. 문일다는 "나는 신체가 좋아서 학생들과 함께 도보려행하겠소. 또 연도의 국민의 사정과 형편을 고찰할 수 있고 견식도 쌓을 수 있소."라고 말하였다.

1938년 봄, 학생들과 선생들이 곤명에서 회합하였고 5월 4일에 개학하였다. 동시에 학교의 명칭을 '서남련합대학'으로 고쳤다. 그러나 력사상 서남련합대학의 건교일은 여전히 1937년 11월 1일로 하였다. 서남련합대학의 략칭은 '서남련대'라고 하고 그 교무위원회 주석은 3대 대학교의 교장이 공동히 담임하였다. 그러나 사업을 주관하는 사람은 오직 한사람이여야 했다. 세 교장가운데서 장백령은 경험이 풍부한 교육가이고 년세도 가장 많았다. 북경대학의 장몽린(蒋梦麟)은 교육부 부장을 담임하였었고 경력도 적지 않았다. 청화대학의 매이기(梅贻琦)는 가장 젊었고 또한 장백령의 학생이였으므로 후배에 속하였다. 련합대학의 기초설비는 청화대학에서 제공하였기에 장백령과 장몽린은 매이기를 추천하여 일상사무를 주관하게 하였다. 장백령은 매이기에게 "나의 시계를 자네가 차게!"라고 유모아적으로 말하였고 장몽린도 "내가 관리하지 않는 것이 관리하는 것이다."고 말하였다. 그들은 중경에 거주하면서 학교를 꾸리는 일을 완전히 마음 놓고 매이기에게 넘겨주고 서남련대의 교무사업에 기본상 참여하지 않았다.

매이기는 천진사람이다. 그는 남개중학 제1기 학생으로 후에 미국에 류학하였고 1915년에 조국으로 돌아와 청화대학에서 교편을 잡았으며 1931년부터 청화대학 교장을 담임하였다. 그는 우리 나라에서 가장 성과가 있는 교육가의 한사람으로서 수업이나 학교경영을 막론하고 매우 엄숙하고 진지하였으며 계획이 주밀하였다. 그는 겸손하고 말수가 적지만 일에 부딪치면 태도가 선명하고 학생을 매우 사랑하였기에 청화대학에서 위신이 매우 높았다. 청화대학의 학생들은 교장의 능력에 대하여 아주 중시하였는데 일찍 학생운동을 일으켜 여러명의 교장을 쫓아냈

었다. 그러나 매이기가 교장으로 된 후부터는 그가 품덕이 고상하고 청렴하고 맡은 일에 대하여 전심전력하고 학교경영에 방법이 있었기에 학생들의 추대를 받았고 학교는 장기적인 안정을 유지하였다. 사람들은 그를 칭찬하였지만 그는 도리여 담담하게 "학생들이 다른 총장을 넘어뜨리기 좋아하나 모두가 재수없으려 하지는 않는다네!"라고 말하였다. 매이기의 주관하에 서남련대는 전쟁의 독특한 환경 속에서도 잘 꾸려졌고 민중들로 하여금 국가의 미래의 희망을 보게 하였다.

서남련대는 처음에 곤명의 일부 학교와 회관을 세내여 교사로 하여 아주 분산되여있었다. 후에 또 곤명시 서북쪽 교외의 황무지에 새로운 학교건물을 지었다. 1939년 4월, 교사가 준공되여서야 전교의 사생들이 한곳에 모이게 되였다. 그러나 전쟁기간에 초라한 조건은 상상하기조차 어려웠다. 학생들의 숙사는 전부 흙담에 짚으로 엮은 이영을 올렸고 교실, 사무실, 실험실 56채는 흙담에 철판을 올렸으며 식당, 도서관은 벽돌과 목제로 지었다. 학생의 숙사는 황토벽에 몇개의 네모난 구멍을 내여 창문으로 하고 몇개의 나무막대로 창살을 하였는데 겨울에는 종이 한층을 붙였다. 큰비가 오면 지붕이 새여 우산을 펼쳐들고 비가 멎기를 기다리는 수 밖에 없었다. 아침에 일어나면 세수대야를 들고 우물가에 가서 물을 길어 세수하였지만 봄이면 우물에 물이 없어 세수도 하지 못하였다. 교원들의 숙박시설도 마찬가지로 곤궁하였다. 문일다 일가 8명과 화라경(华罗庚) 일가 5명은 15평방메터 되는 작은 집에서 중간에 흰카텐을 걸고 함께 비좁게 살았다. 어떤 교수는 농촌의 집을 세내여 살았는데 마루판 아래는 집주인이 기르는 돼지와 양, 쌓아놓은 짚더미가 있었고 방안에는 온종일 코를 찌르는 고약한 냄새가 가득 차있었다.

학교에서는 매 학생에게 적삼 한견지에 황색 천바지를 하나씩 발급하였는데 많은 학생들이 2~3년을 입었다. 아침밥은 두개 큰통의 희멀건 죽이였고 그것도 조금 늦게 오면 랭수 한사발로 배를 채울 수 밖에 없었다. 점심과 저녁에는 현미밥을 먹었는데 벼의 겿겨, 쌀겨, 모래, 돌피 지어는 쥐똥도 섞여있었는데 학생들은 8보밥(八宝饭)이라는 듣기 좋은 이름을 지어주었다. 두부찌꺼기는 그래도 좋은 반찬이였다. 한달의 식비로는 겨우 20일을 먹을 수 있었고 남은 10일은 고학을 하면서 돈을 벌어 유지해야 했다.

이렇게 간고한 상황에서 서남련대는 여전히 높은 수준의 수업을 견지하였다. 교장 매이기는 줄곧 학교운영은 '대사(大师)', 즉 우수교사가 있어야 하며 '교수가 학교를 다스려야 한다'는, 즉 전문가가 주도해야 하며 '다재다능한 교육'을 해야 한다는, 즉 덕, 지, 체, 미, 로가 전면 발전한 학생을 배양해야 하며 학술이 자유로와 모든 것을 다 받아들여야 한다는 것을 주장하였다. 서남련대는 도합 5개 학원에 26개 학부를 설치하였으며 또 두개 단기 연수반과 한개 선택 과목 연수반이 있었다. 300여명의 교수 가운데 구미에 류학한 우등생이 적지 않았고 성과가 우수한 과학자도 있었고 유명한 교사도 있었고 독학으로 재능을 갖춘 전문가도 있었다.

서남련대는 1938년부터 1946년까지 9년 동안에 8,000여명의 학생들이 교육을 받았고 2,500여명 학생들이 정식으로 졸업하였다. 이런 학생들은 전화가 흩날리는 세월에 공부하면서도 나라를 구하는 것을 잊지 않았고 나라를 구하면서도 공부하는 것을 잊지 않았다. 그들은 얻기 어려운 학습환경을 매우 소중히 여기면서 고통을 락으로 삼았다. 교과서가 없으면 그들은 자기절로 베끼거나 몇 사람이 함께 프린트하였고 자습실이 없으면 나무 밑에, 산비탈에 가서 자학하였다. 거리의 작은 다방에는 공부하고 토론하는 학생들이 어디나 다 있었다. 동시에 모두가 국내외 국세를 매우 관심하였는바 늘 각종 보고회, 좌담회, 변론회를 개최하고 각종 신문과 잡지를 출판하고 거리에 나가 항일을 선전하였으며 사상이 매우 활약적이였다. 이런 학생들 가운데서 많은 사람들이 후에 탁월한 성과를 내였고 국내외에 이름을 떨친 과학자와 학술대가로 되였다. 가장 귀중한 것은 많은 학생들이 항일구국을 위하여 학업을 중단하고 당시의 항전에 직접 참가한 것이였는데 그중에서 어떤 사람은 비행사가 되였고 어떤 사람은 원정군에 들어가 출국하여 작전하였고 어떤 사람은 참군하여 번역을 하였다. 군대에 간 서남련대의 이런 학생들 가운데 일부 사람들은 전투중에 영용하게 희생되여 불후의 렬사로 되였다.

　　서남련대의 교훈(校训)은 "의지가 확고부동"이고 교풍은 "민주자유, 실사구시, 활발혁신, 단결착실"이였다. 학생들은 학교에서 정신과 학술의 이중 훈도를 받았다. 한 교수는 감개하여 말하였다. "서남련대의 사생들은 물질상에서는 아무 것도 없었지만 정신상에서는 대단하였다." 서남련대는 항일전쟁시기의 기적이며 중국 교육사에 휘황한 한페지를 남기였다.

509

신문예의 흥기

 민국시기 문화, 사상 분야에서도 사람의 심금을 울리는 계몽선전극이 많이 공연되였다. 여러가지 사상이 격렬하게 쟁론하였고 여러가지 문화가 서로 경쟁하였으므로 많은 우수한 작품과 문화명인들이 용솟음쳐 나왔다. 력사상에는 언제나 란세에 영웅이 나타나고 인재가 나타나고 걸작이 나타나는 현상이 있었다. 이 수십년이 바로 그러하였다. 정치 군사면에서 표현되였을 뿐만 아니라 문화면에서도 표현되였다. 문화분야에서 가장 시대적 특색이 있는 것은 신사상, 신문학과 신예술 형식의 산생과 발전이였다.
 당시 가장 영향이 있는 문화계 인물로는 로신(魯迅)과 호적(胡适)이였다. 로신과 호적은 모두 신문화운동의 창도자와 실천자로서 각기 성적을 취득하였었다. 그러나 후에 그들은 부동한 인생길을 걸었다.
 호적은 일찍 신문화운동을 창도하고 추진하였으며 최초의 백화시가를 써내였다. 후에 그는 문화, 력사와 철학분야에서 많은 연구성과와 독창적인 견해가 있었고 일련의 연구방법을 제출한 동시에 장기적으로 교육활동에 종사하였다. 게다가 글재주와 말재간이 각별히 훌륭한 그는 학술계와 교육계에서 사람들의 주목을 가장 끄는 인물로 되였으며 한 세대에 영향을 주었다. 호적은 미국에 류학하였고 스승 듀이(杜威)의 사상

을 신봉하여 "쓸 데 있는 것이 곧 진리이다"는 실용주의를 주장하면서 미국식의 '민주'를 건립할 것을 희망하였다. 그는 또 중국의 전통문화를 매우 중시하고 중국의 현실도 관심하였다. 그는 장개석의 어떤 정책은 지지하였으나 전제 독재는 반대하였으며 아주 강한 개성으로 민국시기에 아주 깊은 자취를 남기였다.

 5.4운동 이후 로신은 많은 소설과 산문을 발표하였다. 이를테면《아Q정전》,《축복》등이였는데 사회모순을 심각하게 드러내였다. 그는 학생의 애국운동을 지지한 탓으로 북양군벌정부의 눈에 든 가시로 되고 지명수배도 받았다. 1927년 이후 그는 상해에 정착하였다. 이후의 10년에 그는 정세의 발전을 시시각각 주목하면서 각종 사상의 동태를 분석하여 세련되고 예리하고 전투성이 아주 강한 짧은 잡문으로 자기의 태도를 표달하였다. 그는 좌익작가련맹을 핵심으로 하는 좌익문예운동에 열정적으로 뛰여들어 문예운동의 기수로 되였다. 로신은 백색테로에 직면하여 추호도 두려워함이 없이 진보적 문화인과 단결하여 진보적 문예창작에 종사하였다. 그의 잡문은 그 시대의 문학 신품종이라고 일컬을 수 있었고 심원한 영향을 가지고 있었다.

 5.4운동시기 백화시〈녀신〉으로 전국에 유명해진 곽말약(郭沫若)은 1926년 붓을 내던지고 종군하여 북벌전쟁에 참가하였고 또 중요한 직무를 담임하였다. 후에 그는〈오늘날의 장개석을 보라〉라는 문장을 써 장개석의 배반행위를 폭로하였으므로 지명수배되여 일본에 가서 피난하였다. 이 기간에 곽말약은 철학, 력사, 고고학, 고문자학 등에 대하여 깊게 연구하였고 사람들이 주목하는 학술전문저서를 발표하였으며 한 세대에 성과가 있는 학자로 되였다. 항전이 시작된 후 국내로 돌아온 그는 문화계의 항일활동에 참여하고 지도하였으며 로신을 이어 신문화의 선구자가 되고 력사극《굴원》등 대량의 연극과 시가를 창작하였으며 아주 큰 영향을 일으켰다.

 문학창작면에서 민국시기에 풍성한 성과가 있었다. 특히는 현대 진보적인 문학이 시대의 주류로 되였다. 뛰여난 재능이 있고 포부가 있는 많은 청년과 문화인들이 문학창작에 몰두하여 혁명적인 진보사상으로 사회현실을 심각하게 반영하고 로고대중의 생활을 반영하였다. 이것은 이왕의 문학창작에서는 찾아볼 수 없는 것이였다. 례하면 모순(茅盾)의 소설은 시대의 특점을 반영하였다. 그가 창작한 장편소설 《밤중(子夜)》은 신문학운동의 걸작이라고 할 수 있다. 이 밖에도 파금(巴金)의 소설 《집(家)》, 로사(老舍)의 소설 《락타샹즈(骆驼祥子)》및 장광적(蒋光赤), 정령(丁玲), 장천익(张天翼) 등의 소설, 조우(曹禺)의 극본 《뢰우》,《일출》, 하연(夏衍)의 극본 《상해의 처마 아래(上海屋檐下)》와 보고문학 《로무로동자(包身工)》, 전한의 극본 《명배우의 죽음(名优之死)》과 가사가 있었다. 또 문일다, 애청(艾青), 장극가(臧克家), 호풍(胡风) 등의 새로운 시가가 있었으며 주자청(朱自清), 빙심(冰心) 등의 산문 모두가 신문학의 중요한 성과였다.

　　예술창작면에서 민국시기 가장 사람의 주목을 끈 것은 서방으로부터 들어온 음악, 연극, 영화, 회화, 조각(雕塑) 등 새로운 형식의 작품들이였다. 음악에서 특히 가극은 민중 속에서 신속히 류전되였고 영향이 거대하였다. 20세기 20년대 후에 려금휘(黎锦晖)가 창작한 아동가무곡과 가무극은 누구나 거의다 알고 있었으며 아동가곡의 창작을 위하여 길을 열어놓았다. 20세기 30년대 이후 예술가곡과 류행가곡이 널리 불리웠고 또 대량의 작곡자와 가수들이 용솟음쳐나왔다. 시대를 대표하는 가장 큰 목소리는 섭이(聂耳), 선성해(冼星海), 하록정(贺绿汀), 려기(吕骥), 정률성(郑律成) 등 혁명음악가들이 창작한 항일구국가곡과 로고대중의 생활을 반영한 가곡이였다. 〈의용군행진곡〉,〈졸업가〉,〈황하대합창〉 등은 후세에 전해지는 뛰여난 작품으로 되였다. 연극은 중국으로 전해들어온 후 20세기 20년대에 고조를 일으켰다. 전한, 구양여천(欧阳予倩), 홍심(洪深) 등이 중국의 연극을 위하여 기초를 다지는 역할을 하였고 조우, 하연, 곽말약 등이 성숙된 작품을 써내였다. 무대에서도 대량의 우수한 배우들이 출현하였는데 례하면 석휘(石挥), 서수문(舒绣文) 등이였다. 영화도 20세기 30년대초에 상해를 중심으로 고조기가 출현하였다. 더우기 일부 좌익문예사업자들이 영화계에 진출함으로써 영화는 인민생활과 항일구국을 반영하는 제재에서 적지 않은 걸작들이 나타났

다. 하연, 양한생(阳翰笙), 채초생(蔡楚生), 손유(孙瑜), 원목지(袁牧之) 등 극작가와 감독, 완령옥(阮玲玉), 김염(金焰), 조단(赵丹) 등 배우들은 모두 특별히 훌륭한 창작을 하였다. 회화의 중요한 성과로는 중국과 서방의 회화특점을 결합하여 현실제재를 표현한것이다. 서비홍(徐悲鸿), 류해속(刘海粟) 등은 회화에서 새로운 길을 열어놓았고 후세에 전해지는 많은 작품을 남기였다. 서방의 조각과 소조법이 들어온 후 중국의 조각과 소조예술도 새로운 기상이 있게 되였다.

　　이 시기 전통민족예술도 아주 크게 발전하였는바 가장 돌출한 것은 경극과 중국화의 번영이였다. 경극은 본래 봉건시대의 산물이고 표현한 것도 다 낡은 제재였고 공연형식도 구식이였다. 그러나 민국시기에 이르러 신문화사조의 영향을 받아 경극계에서도 개혁의 바람을 불러일으켰다. 매란방(梅兰芳)을 대표로 하는 한세대 극작가, 연기자들이 대담하게 혁신하여 새로운 연극을 만들고 새로운 가락을 창조함으로써 경극으로 하여금 끝내 새롭게 번영하게 하였다. 매란방과 정연추(程砚秋), 순혜생(荀慧生), 상소운(尚小云) '4대 유명 녀배우(四大名旦)'는 군중들에게 가장 환영받는 배우로 되였다. 중국화도 새로운 성과가 있었는데 제백석(齐白石)과 같이 민간의 생활과 정취 표현에 능하고 수법이 참신한 걸출한 화가들이 출현하였다.

　　또 주의할 만한 것은 혁명근거지의 문예활동이였다. 혁명정신의 고무하에서 근거지의 문예사업일군들과 로농병이 서로 결합하여 인민의 투쟁과 생활을 반영한 대량의 우수한 작품을 창작해내였는데 소설, 연극, 시가, 보고문학 등이 있었고 강서, 사천, 섬북 등지의 민가가 있었고 또 양글극(秧歌剧)《남매개황(兄妹开荒)》, 가극《백모녀》등이 있었는데 인민의 사랑을 받았고 사회진보와 혁명활동을 유력하게 배합하였다.

중국 통사 이야기　중화민국

510
'O'의 기록

　　구중국은 정치가 부패하고 경제가 빈궁하고 과학기술이 락후하였을 뿐만 아니라 사람들의 체질도 약하였다. 우리 나라는 비록 무술, 기공 등 세계적으로 유명한 호신술과 건신술이 있었으나 줄곧 통치자들에게 중시받지 못하였고 민간에서만 류전되였다. 게다가 현대체육운동도 아주 늦게 전개되였다. 국제상 현대올림픽운동회는 세계체육의 성대한 모임이였지만 구중국은 올림픽운동회에서 'O'의 기록이였다.

　　1896년 제1기 현대올림픽운동회를 거행할 때 일찍 중국을 요청하여 참가하게 하였으나 당시의 청정부는 무엇이 체육인지조차 몰랐으므로 당연히 참가할 방법이 없었다. 그후의 북양정부, 국민당정부도 체육에 대하여 다 중시하지 않았다.

　　1932년 7월, 제10기 올림픽운동회가 미국 로스안젤스(洛杉矶)에서 거행되였다. 이 시기 악명 높은 위만주국이 자태를 드러내였는데 일본의 총검으로 지탱해오던 이 괴뢰정권은 국제상에서 매우 고립되였다. 여론을 조작하기 위하여 이 해 봄에 그들은 위만주국의 신문지상에서 당시의 국내 체육능수 류장춘(刘长春)과 우희위(于希渭)가 "만주국을 대표하여 제10기 올림픽운동회에 참가한다."고 떠벌이였다. 아울러 그들은 사람을 여러차례 대련에 파견하여 류장춘의 부친을 위협하기도 하고

중화민국 | 중국 통사 이야기

재물로 유혹하기도 하면서 북평에서 공부하고 있는 아들을 불러오라고 하였다. 그러면서 "류장춘이 대련에만 돌아온다면 만주국은 그에게 교육부문과 체육부문에서 가장 큰 벼슬을 하게 하겠다."고 승낙하였다.

일본괴뢰의 비렬한 행실은 애국인민들의 극대한 분개를 불러일으켰지만 뜻밖에도 국제올림픽위원회는 위만주국의 제의를 동의한다는 회답을 보낸 동시에 "국가와 국기를 빨리 보내여 그 때에 쓸 수 있도록 준비할 것"을 요구하였다. 남경정부는 경비가 부족하다는 구실로 얼버무리면서 올림픽위원회에 대하여 항의를 표시하지도 않았고 일본괴뢰의 음모를 제압하는 조치도 취하지 않았으며 지어는 제10기 올림픽운동회에 사람을 파견하여 참가할 타산도 하지 않았다.

류장춘이 위만주국에 따끔하게 경고하였다. 5월초, 그는《대공보(大公报)》에 "나는 중화민족의 황제자손으로서 중국 사람이다. 절대로 위만주국을 대표하여 출석하지 않겠다."고 장엄하게 성명하였다.

류장춘은 1905년 대련 해변의 한 빈곤한 농가에서 태여났다. 그는 어려서부터 달리기와 뛰여넘기를 좋아하였고 또 맨발로 산을 넘고 물을 건느기를 좋아하였다. 한번은 그가 맨발로 해변가에서 깡충깡충 뛰여 놀다가 갑자기 한치가 넘는 쇠못에 발바닥 가운데를 깊게 찔리워 선혈이 줄줄 흘렀다. 그러나 고집이 센 그는 이발을 사려물고 억지로 쇠못을 뽑아내였다. 그런데 어린 류장춘의 마음속에는 뽑아버릴 수 없는 못이 있었다. 그것은 바로 당시 대련시를 통치하고 있었던 일본침략자들이 대련의 유일한 운동장을 강점하고 중국 사람이 사용하지 못하게 한 것이였다. 한번은 류장춘이 남몰래 운동장에 가서 달리기를 하다가 일본 관리원에게 발견되였는데 몽둥이로 그를 두들겨 패였다. 중국 사람이 자기의 땅에서 받은 여러가지 불공평한 대우를 생각하자 류장춘은 노여움을 억제할 수 없었다.

후에 류장춘은 륙상운동면에서 뛰여난 재능을 드러내였다. 그가 14세 되던 해에 한차례 중일중소학생 륙상시합에서 100메터 11.8초, 400메터 57초의 뛰여난 성적으로 모든 일본 소년선수들을 전승하고 제1위를 차지함으로써 동북체육계를 뒤흔들었다. 1928년 10월, 심양에서 거행한 중국, 일본, 독일 3국의 륙상경기에서 류장춘은 또 일본의 저명한 선수 요시오까(吉岗)를 일거에 패배시키고 원동지구에서 가장 빨리 뛰는 사람으로 되였다. 일본 사람이 제멋대로 날뛰던 심양성에서 류장춘은 100메터 트랙(跑道)에서 중국 사람을 위하여 체면을 세워 사람들은 서로 알려주고 박수치며 쾌재를 불렀다.

　　류장춘의 걸출한 표현은 동북 최고 군정장관 장학량의 주의를 끌었다. 장학량은 감개하여 돈주머니 끈을 풀어 당시 동북대학에서 공부하고 있던 류장춘에게 매달 은전 30원을 보조한다고 특별히 비준한 한편 매달 800냥 백은이란 거금으로 한명의 독일코치를 초빙하여 류장춘을 훈련시키게 하였다. 류장춘은 간고하고 엄격한 훈련으로 장학량장군의 후한 대우에 보답하고 동북 인민의 열정에 보답하였다. 1930년 항주에서 거행된 제4기 전국운동회에서 그는 100메터, 200메터, 400메터 세 가지 항목에서 다 전국 1등을 하였다. 항주시 정부에서는 륙상경기장으로 통하는 대로를 "장춘로(长春路)"로 고친다고 특별히 결정을 내렸다.

　　류장춘이 보다 높은 기록을 향해 막바지 노력을 할 때 '9.18'의 포성이 울렸고 그의 고향 동북3성이 몽땅 일본침략자의 마수에 전락되였다. 류장춘은 장학량의 호소에 호응하여 일본과 괴뢰 특무의 엄밀한 감시를 피해 비밀리에 대련에서 북평으로 급히 달려가 동북대학의 학업을 계속하였다.

　　당시 일본 사람과 위만주국은 그를 리용하여 자신들을 도금하려고 하였지만 정의감이 있는 중국 사람으로서 그는 과격한 말로 거절하였다. 류장춘의 애국행동은 전국인민의 칭찬을 받았고 장학량의 강력한 지지도 받았다. 장학량의 배치하에서 동북대학 체육학과에서는 여러 부문에 편지와 전보를 보내여 진상을 표명하는 한편 외교부 부장 왕정정(王正廷)과 남개대학 교장 장백령(전국체육협회 책임자)에게도 편지와 전보를 보냈고 협의를 거쳐 장백령이 국제올림픽위원회에 급히 전보를 쳐 류장춘, 우희위를 신청하였고 중국을 대표하여 제10기 올림픽운동회에 참가한다고 하였다. 다방면의 활동을 거쳐 국제올림픽위원회는 부득불 위만주국대표팀의 시합참가자격을 취소하는데 동의하고 중국올림픽운

중화민국 | 중국 **통사** 이야기

동회 대표팀의 시합참가를 받아들이였다.

1932년 7월 1일, 북평의 동북대학 체육학과 제1기 학위 수여식에서 장학량이 "류장춘, 우희위가 운동원으로, 송군복(宋君复)이 코치로 중국을 대표하여 제10기 올림픽운동회에 참가한다."고 정중하게 선포하였다. 소식이 전해지자 사람들의 마음이 분발되였다. 하지만 남경정부는 여전히 아무런 표시도 하지 않았고 경비도 대여주지 않았다. 또 장학량장군이 흔쾌히 사재를 내여 중국 대표팀이 시합에 참가하는 로비로 8,000원 현찰을 주었기에 류장춘 등 6명으로 구성된 중국팀이 7월 8일에 상해를 떠나 미국의 유조선 '윌슨(威尔逊)대통령'호를 타고 미국으로 갔다. 그런데 운동원 우희위는 일본과 그 괴뢰의 엄밀한 감시 때문에 대련에서 길에 오르지 못하였다. 할 수 없이 류장춘이 혼자 갈 수 밖에 없었다. 그는 제10기 로스안젤스 올림픽운동회에 참가한 유일한 중국 운동원이고 중국력사상 첫번째로 올림픽운동회에 참가한 운동원이기도 하다.

중국 대표팀이 첫번째 정박항 호놀룰루(檀香山)에 도착하였을 때 수백명의 화교들이 소식을 듣고 달려와 영접하였다. 그들이 특별 제조한 오색화환을 류장춘의 목에 걸어주자 그는 감동되여 눈물이 글썽하였다. 7월 29일 로스안젤스에 도착하였을 때 환영 장면은 더욱 성대하였는바 유관 분야의 인사와 천명에 달하는 화교들이 중국 대표팀을 위하여 환영연회를 성대하게 거행하였고 석상에서 교포가 류장춘에게 금제 메달을 증정하는 것으로 존경과 축하를 표시하였다.

류장춘이 로스안젤스에 도착하였을 때 올림픽운동회는 이미 시작되였다. 20여일간 해상의 풍랑에 뒤흔들리여 그의 체력이 엄중하게 내려갔으므로 400메터의 예선을 포기할 수 밖에 없었고 100메터와 200메터에 희망을 걸고 싸워보기로 하였다. 그러나 시간이 지나치게 긴박한 탓으로 이튿날 창졸하게 출전한 류장춘은 100메터 소조 예선에서 겨우 5등을 하고 탈락되였다. 사흘날 200메터 소조 예선에서도 제6등의 석차로 역시 시합에 참가하는 자격을 상실하였다.

류장춘의 두차례 실패로 중국 대표팀은 완전히 실패하였고 류장춘은 이 때문에 매우 상심해하였다. 그러나 그가 로스안젤스에 왔기에 필경 중국 국기로 하여금 처음으로 올림픽운동회 상공에서 나붓기게 하였고 오색환에 중국이란 이 이름을 남김으로써 일본침략자가 위만주국을 부추기려던 음모를 분쇄하였다. 이것이면 바로 승리인 것이였다. 류장춘과 중국팀은 중국의 국력쇠약과 체육사업의 락후로 실패하였지만 그들은 자기들의 실패를 영광스럽게 생각하고 있었다.

  1936년 베를린올림픽운동회, 1948년 런던올림픽운동회에 중국은 좀더 큰 대표팀을 파견하여 시합에 참가하였지만 또 완전 실패의 운명을 맞게 되였다. 더군다나 런던올림픽운동회는 남경정부가 지지하지 않았기에 마지막에는 경비의 부족으로 시합이 끝난 후 대표팀은 귀국할 로비가 없어 곤궁에 빠졌다. 영국 주재 중국 대사관과 은행에서도 차관할 수가 없어 부득불 가져간 쌀을 팔고 화교들에게 도움을 청해서야 겨우 국내로 돌아올 수 있었다.

중화민국 중국 통사 이야기

511

중국원정군

1941년 12월, 일본이 진주만(珍珠港)을 불의에 습격하여 태평양전쟁을 발동하였다. 그후 인도양을 통제하기 위하여 인도로 서진하고 중국의 서남지구를 점령하였으며 뒤이어 일본군은 동남아로 쳐들어가 먄마(緬甸)를 진공하였다. 먄마는 본래 영국의 식민지였다. 영국수비군은 약소 민족을 업신여길 때는 기세가 사나웠지만 일본군 앞에서는 일격에 무너지고 말았다. 재빨리 영군이 참패하고 수도인 양곤(仰光)이 함락되었다. 정세가 매우 위급하게 되자 영국정부는 어쩔 수 없이 중국이 출병하여 지원해줄 것을 청구하였다.

당시 중국의 국세도 매우 긴박하였다. 동부의 출해구 모두가 일본군에 점령되고 외부의 지원도 차단되었다. 정부는 수십만 중국 농민을 동원하여 산봉우리를 깎고 허물면서 운남으로부터 먄마에 이르는 한갈래 전-먄로(滇緬公路) 즉 운남에서 먄마에 이르는 도로를 건설하였는데 중요한 전략 통로로 되였다. 외국의 원조물자와 무기와 탄약이 이 구불구불한 도로를 따라 운반되여 들어왔다. 만약 일본군의 생각 대로 먄마를 점령하도록 내버려둔다면 전-먄도로를 보장할 수 없었을 뿐만 아니라 대후방도 존재하지 못했을 것이다. 이 점을 고려하여 중국정부는 3개 군 9개 사 약 10만의 원정군을 먄마에 파견하여 영국군을 지원하고 대후방을 보위하기로 결정하였다.

중국 원정군 가운데 황포군관학교를 졸업한 대안란(戴安澜)이 거느린 제5군 제200사는 '돌격부대(尖刀部队)'였다. 그들은 1942년 3월초에 예정배치에 따라 먄마 남부를 향해 신속히 진군하였는데 연도에서 영국군이 무기장비를 버리고 북쪽으로 허둥지둥 달아나는 것을 보았다. 200사의 광대한 장병들은 대안란이 친히 작사하고 작곡한 노래〈전장행(战场行)〉을 불렀다. "형제들이여, 앞으로 나아가자. 5,000년 력사의 책임이 우리 어깨 우에 떨어졌네. 일본강도가 우리 나라를 멸망시키고 우리 민족을 노예화하려고 하네. 망국노가 되지 않으려면 오직 목숨을 걸고 싸우세, 오직 목숨을 걸고 싸우세!" 행진의 한 길에 노래 높이 부르며 달려가 먄마 동부의 전략 요충지 동고(同古)를 신속하게 점령하였다. 당시 일본군 55사단도 바로 진군하고 있었다. 일본군을 만재한 트럭이 피유하(皮尤河)대교를 지날 때였다. 쾅하는 소리가 함께 트럭이 폭파되며 풍덩 강물 속에 빠져 들어갔다. 우리 군의 맹렬한 화력하에 선두에 선 일본군 대부분이 섬멸되였다. 일본군은 즉시 병력을 집결시켜 땅크, 장갑차를 선봉으로 하고 병력을 증가하여 중국 군대를 맹공격하였다. 597퇀 3영 장병들이 모두 장렬하게 순국하였는데 후퇴한 사람이 하나도 없었다. 일본군은 비행기로 맹폭격을 하였다. 중국 군대는 제공권이 없어 손실이 막심하였지만 여전히 진지를 굳게 지키였다. 이렇게 200사는 병력과 화력이 다 절대적 우세를 차지하는 적군에 직면하여 12주야를 피흘려 싸워 적군 5,000명을 섬멸하였으며 최후에는 명령에 따라 전이하였다. 동고전역은 중국 원정군이 먄마에 진입한 후의 첫번째 전역으로 한차례 전형적인 진지방어작전이라고 일컬을 수 있었다.

그러나 영국군은 먄마를 수비하려는 신심과 결심이 전혀 없었다. 그들은 사전에 중국 원정군과 련합 작전할 것을 표시하고 중부도시 핀무나(彬文那) 부근에서 일본군 주력과 결전하기로 하였다. 그러나 영군은 계획 대로 행동하지 않았다. 중국 원정군이 동부전선에서 일본군과 혈전하고 있을 때 그들은 서부전선에서 조금도 저항하지 않았고 도리여 중국 원정군의 엄호하에 에라와디강(伊洛瓦底江)을 따라 끊임없이 북쪽으로

달아났다. 그래도 영국군 제1사와 한개 땅크 대대는 도망치지 못하고 4월 중순 런안강(仁安羌)지역에서 일본군에게 겹겹이 포위되여 순식간에 전멸될 위기에 처했다. 영국군 사령은 중국 원정군에 긴급 구조를 간청하였고 중국 원정군은 제66군 신편 제38사를 파견하여 구원하러 달려갔다. 상황이 매우 위급하였다. 신편 제38사 사장 손립인(孙立人)은 즉시 제113퇀에 명령하여 전 사단의 선두부대로 되여 급속히 전진하라고 하였다. 퇀장 류방오(刘放吾)의 령솔하에 제113퇀은 신속히 전선에 달려가 땅거미가 지는 틈을 타 일본군 진지에 접근하여 돌연히 맹렬한 공격을 가하였다. 십여시간의 반복적인 돌격과 후속부대의 배합하에 일본군을 격파하였고 런안강 유전(油田)을 수복하였으며 이미 3일간 겹겹이 포위된 7,000여명의 영국군도 구출하였다. 이 밖에 일본군에게 포로된 500여명의 영국군과 미국 선교사, 기자도 함께 구조되었다. 영국인과 미국인 모두가 엄지손가락을 펼쳐보이며 중국 원정군을 칭찬하였다. 영국인은 눈물을 흘리며 "중국 만세!"를 높이 웨치기도 하였다. 이것은 중국 원정군이 먄마전장에서 창조한, 멀리서 출동하여 적을 급습한 공격전의 또 하나의 전형적인 전례였다.

    4월말, 일본군은 만달라이(曼德勒)를 향하여 진공을 발동하였다. 영국군은 중국 군대와 련락하지 않고 먄마를 포기하기로 결정하였다. 그리고는 홀로 군대를 이동시켜 인도로 도망하였기에 중국 군대가 일본군 앞에 단독으로 드러나게 하였다. 일본군은 만달라이를 점령한 이후 계속 북진하여 또 먄마 북부의 요충지 라쑈(腊戍)와 미치나(密支那)를 점령하고 중국 운남 서부에 침입함으로써 중국 원정군과 국내의 련계를 단절시켰다. 고립무원의 중국 군대는 할 수 없이 철퇴하였다. 손립인이 일부를 거느리고 인도로 철수하고 두율명(杜聿明)이 다른 일부를 거느리고 야인산을 넘어 운남으로 철수하였다.

    원정군 제200사는 철수하는 도중에 일본군의 매복 공격을 당하였다. 대안란 사장은 침착하고 차분하게 전투를 지휘하여 일본군을 따돌렸으나 불행하게도 그는 복부와 흉부 여러 곳에 총을 맞았다. 그 때는 약품도 없고 가제도 없어 제때에 치료를 받을 수 없었다. 게다가 날씨가 무덥고 비가 많이 내려 상처가 급격히 악화되였으며 며칠 지나지 않아 그는 먄마의 밀림 속에서 희생되였다. 병사들은 담가로 그의 시체를 조국으로 모셔갈 것을 견지하였다. 길가 량쪽에 수만명이 무릎을 꿇고 국가를 위하여 희생된 영웅을 영접하였고 그를 위하여 성대한 장례를 거행하였다. 장개석, 모택동은 비통한 애도의 만련을 썼고 미국 루즈벨트(罗斯福)대통령은 훈장을 수여하였으며 주은래는 그를 "황포의 영웅이고 민족의 영웅이다."고 칭찬하였다.

원정군이 북쪽으로 철퇴하는 길에서 황량하고 인적이 없는 야인산을 지날 수 밖에 없은 것은 먄마 북부의 중요한 도로가 이미 다 일본군에게 점령되여 오직 산지대로 가야만 비교적 은페적이고 일본군의 추격과 공습을 피할 수 있었기 때문이였다. 그렇지만 이곳이 산세가 험준하고 도처에 무성한 원시 삼림이며 음침하고 축축하며 태양을 보지 못할 줄은 생각지도 못했다. 때는 장마철이라 폭우가 그치지 않았고 산의 홍수가 터져 도처가 깊은 골짜기와 급류였고 위험한 상황이 빈번히 발생하였다. 뿐만 아니라 산에는 독사와 맹수들이 늘 출몰하였고 극심한 독성의 모기와 피를 빨아먹는 말거마리가 굉장히 많았다. 부대는 탄약도 식량도 다 떨어지고 부상병은 치료할 수 없어 도중에 사망자가 끊이지 않았다. 이것은 한차례 전례없는 간고한 행군으로서 부상, 온역과 기아 속에서 두달이 넘게 산을 넘고 물을 건넜다. 야인산은 충성스럽고 용감한 5만여명의 중국 병사를 삼키였다. 원정군은 막대한 대가를 치르고서야 이 암흑의 산림을 걸어나올 수 있었다.

얼마 지나지 않아 일본군은 중국과 먄마 변계를 넘어 운남 서부 변경지구까지 줄곧 추격하여 중국의 서남 대후방을 엄중하게 위협하였다. 국민정부 군사위원회가 제때에 부대를 증가하고 이동시켜서야 일본군의 공세를 물리칠 수 있었고 또 노강천험(怒江天险)을 빌어 일본군과 2년에 달하는 장기적인 대치를 형성하였다.

철수하여 인도로 들어간 다른 일부의 중국 원정군은 미국의 무장장비를 접수하고 훈련을 다그쳤다. 또 국내로부터 대량의 병사를 공수하여 왔기에 부대가 보충되였으며 인도 주재 중국군으로 재편성하였다. 처

음에는 한개 군으로 편성하였다가 후에는 두개 군으로 확대 편성하였다. 1년 넘게 강화 훈련을 하며 준비하여 1943년 10월에 인도 주재 중국군은 인도 동북 변경의 레다(列多)에서 출발하여 먄마 북부를 향하여 반공격을 발동하기 시작하였다. 제38사는 선두부대로서 길을 인도하면서 전진하고 작전도 하였으며 중미 량국의 공병들은 작전부대를 바싹 따르면서 중국과 인도의 도로를 건설하였다. 인도 주재 중국군은 "밀림 작전왕"이라 불리는 일본군 제18사단에 대하여 련속적인 진공을 발동하여 첫 전투에서 일본군의 한개 대대를 몽땅 섬멸하였다. 이어서 또 뉴배양(新背洋), 우방(于邦), 신방가(欣邦加) 등 인도와 먄마 변계의 일본군 거점을 점령하고 먄마에 진입하여 반공격의 서막을 열어놓았다. 뒤이어 후강하곡(胡康河谷)에서 전투가 시작되였다. 1944년 3월, 인도 주재 중국군은 후강하곡에서 일본군이 강력한 군대로 수비하던 요충지—맹관(孟关)을 점령하고 일본군 18사단의 주력을 전멸하였고 적군의 군기, 도장과 대량의 무기를 로획하였다.

이어 인도 주재 중국군은 또 맹공하곡(孟拱河谷)에 진입하여 서에서 동으로 진격하였다. 맹공하곡은 대협곡으로 총길이가 100여킬로메터나 되고 량안은 수백메터 높이의 벼랑이다. 중국 군대는 완강하게 두달간 혈전을 하면서 련속 공격을 하였는데 전투가 매우 격렬하였다. 일본군은 은폐된 한 갱도 안에서 몇자루의 기관총으로 아군의 전진도로를 봉쇄하였다. 화포로 이 참호를 쳐부수기는 어려웠다. 한 중국 병사가 몸에 6자루의 수류탄을 묶고 기여서 이 참호에 접근한 다음 돌연히 뛰여들어가 수류탄의 끈을 당겨 적들과 함께 희생되였다. 최후에 아군은 적군을 숙청하였고 요충지 맹공(孟拱)을 점령하였다.

  이와 동시에 운남을 수비하던 중국 원정군도 1944년 5월에 노강을 강행 도하하여 운남 서부에서 반공격 작전을 개시하고 우리 나라 운남 서부 변경을 점령한 일본군을 철저히 소멸하기로 결심하였다. 중국 원정군의 반공격이 인도 주재 중국군의 반공격과 서로 호응하였는데 "전서먄마북회전(滇西缅北会战)"이라 합칭하였다.

  송산(松山)은 일본군이 운남 서부에서 견고한 방어시설을 한 요충지로서 일본군 56사단의 한갈래 정예부대가 그곳을 수비하고 있었는데 크고 작은 련환 지하또치까를 구축하였고 땅크, 중포, 경중기관총 100여개를 설치해놓았다. 일본 사령관은 자화자찬하면서 "어떤 정도의 맹렬한 공격도 방어"할 수 있다고 하였다. 중국 원정군은 송산전역을 개시하였고 일본군은 지형과 교차된 화력망으로 중국 군대로 하여금 련속 패하게 하였기에 전투가 매우 처참하였다. 미국 공군이 지원하여 적군의 진지를 수차 폭격하였고 중국 군대는 화염분사기로 지하또치까를 향하여 이글이글한 렬화를 내쏘았는데 흉포한 일본군은 불에 타 왝왝 소리를 지르며 불바다에 매장되였다. 나머지 일본군은 견고한 련환 지하또치까에 의하여 계속 완강하게 저항하였다. 중국 군대는 산비탈에서부터 지하도를 파서 적군의 핵심적인 갱도시설 밑까지 직통시키고 도합 10톤의 폭약을 장치하였다. 공병영장이 기폭장치를 누르자 굉장한 소리와 함께 온 산봉우리가 폭파되여 30여메터 깊이의 큰 웅뎅이가 생겼다. 아군은 주봉에로 올라가 일본군을 전멸하였다. 뒤이어 중국 원정군은 등충(腾冲), 룡릉(龙陵)에 대한 공격전을 발동하였다. 그 격렬한 정도는 송산전역에 못지 않았으며 또 일본군 만여명을 살상하였다. 원정군은 계속하여 원정(畹町), 망시(芒市)로 추격하여 나머지 일본군을 운남 변경에서 완전히 몰아내였다. 운남 민중들은 군대들에게 량식을 보내주고 무기를 운송해주고 담가를 들어주고 길을 안내해주면서 전선을 열정적으로 지원하였다. 종군한 민공이 수만명이나 되였으며 중요한 작용을 하였다.

뒤이어 먄마 북부전장에서 중국 군대와 미국 군대가 련합 진공하여 미치나비행장을 일거에 점령하였다. 80여일간의 련속적인 전투로 수비하던 일본군 근 3천명을 섬멸하였고 먄마 북부 전략 요충지인 미치나를 수복하고 먄마 북부에서 반공격의 결정적 승리를 이룩하였다.

1945년 1월 27일, 중국 원정군과 인도 주재 중국군이 중국과 먄마 변경 먄마측의 소도시 망우(芒友)에서 승리적으로 회합하였다. 간난신고를 겪은 전우들은 눈물을 흘리며 함께 포옹하였다. 이어 원정군 일부는 군대를 이끌고 남하하여 라쇼(腊戌) 등지를 점령하고 먄마 북부에서 반공격의 모든 임무를 완수하였다. 중미 량국의 공병부대가 천신만고를 겪으며 건설한, 인도 동북으로부터 먄마를 가로질러 곧추 우리 나라 운남에 이른, 총길이가 천여킬로메터에 달하는 중국-인도도로〔또 '스디웨이(史迪威)도로'라고도 함〕도 전부 건설되여 통차하였다.

중국 원정군과 인도 주재 중국군은 일본침략자의 수중으로부터 먄마를 해방시킨 주력부대의 하나로서 중국의 항전과 세계반파쑈전쟁을 위하여 지워버릴 수 없는 공헌을 하였다.

512

일본의 항복

　　태평양전쟁 초기, 일본은 걸음마다 승리하여 반년 시간내에 선후로 관도, 웨이크섬, 향항, 싱가포르, 먄마, 필리핀, 인도네시아와 서남 태평양의 여러 섬을 점령하였고 동남아 전부가 거의 일본군의 수중에 들어갔다. 그러나 그후부터 일본군은 패배하여 퇴각하기 시작하였다. 1942년 4월 18일, 미군이 전면적 반공격을 시작하고 비행기로 도꾜를 폭격하였다. 6월, 일본과 미국의 해공군이 미드웨이섬(中途岛)에서 결전을 하였는데 일본군이 4척의 주력 항공모함과 많은 비행기를 상실하였고 미군은 또 솔로몬(所罗门) 군도의 과달커낼섬(瓜达尔卡纳尔岛)에 등륙하여 태평양의 여러 섬을 쟁탈하는 반격전을 시작하였다. 1944년 2월, 일본군은 참패하고 과다르카나르도에서 퇴출하였으며 태평양전쟁의 주동권은 동맹군의 수중으로 넘어왔다.

　　일본군은 비록 태평양전장에서는 루차 패하였지만 중국전장에서는 여전히 기세가 등등한 공세를 유지하였고 장개석을 압박하여 단독으로 자기들과 강화(媾和)하기를 시도하면서 발등의 불을 끄려고 하였다. 1944년 6월부터 10월까지, 일본군은 재차 공세를 발동하여 장사, 형양, 계림, 류주, 남녕이 잇달아 함락되었다. 11월, 일본군은 귀주에 침입하였고 12월 2일에 독산(独山)이 함락되었으며 귀양을 뒤흔들었다. 1945년초 또 로하구(老河口)와 지강(芷江)을 침범하였다. 이에 질겁한 장개석은 인도 칼커타(加尔各答)로 도망할 준비를 다하였다.

　　1945년 5월, 독일이 항복하고 유럽전장에서 동맹군이 승리를 이룩하였다. 이것은 미쏘 등 국가들이 력량을 집중하여 일본을 대처할 수 있게 하였고 이로 하여 일본은 두렵고 불안해하였으며 사기가 저락되기 시작하였다. 바로 이때 미국, 중국, 영국 등 국가의 군대들이 동남아 일본 점령구에 대하여 반공격을 전개함으로써 그 곳의 일본군을 기본상 섬멸하였다. 미군은 이오우섬(硫磺岛), 오끼나와섬(冲绳岛)을 점령한 후 일본 본토에 대하여 집중 폭격을 하기 시작하였다. 쏘련 홍군도 원동에서 집결하여 중국 동북에 도사리고 있는 일본 '관동군'에 대하여 총공격을 개시할 준비를 하였다. 중국공산당이 령도한 항일무장도 적후에서 일본군과 괴뢰군에 대하여 전면적 공격을 발동하였다.

　　1945년 8월 6일, 미국의 폭격기가 일본의 히로시마(广岛)에 첫 원자탄을 투하하여 그날 10여만명(사상인수 합계가 20만을 초과)의 사상자를 초래하였고 이 중요한 군사공업도시를 훼멸시켰으며 일본의 조정과 민간을 뒤흔들어놓았다. 8월 8일 0시 10분, 쏘련의 백만 대군이 네갈래로 나누어 '관동군'을 향하여 모든 전선에서 진공을 발동하였다. 쏘련 해군도 선후로 조선 북부, 꾸릴(千岛) 렬도에 등륙하여 륙군과 협동 작전하였다. 쏘련 홍군은 단지 20여일 만에 일본 관동군을 섬멸하였다. 8월 9일, 미국 공군은 일본의 나가사끼(长崎)에 두번째 원자탄을 투하하여 10여만명을 살상하였고 이 도시도 페허로 만들었다. 8월 10일, 팔로군 총사령 주덕도 전략적인 대반격의 명령을 발포하였고 팔로군, 신사군 및 기타 인민항일군대들이 대반격을 시작하였다.

　　이런 정황하에서 일본정부는 어쩔 수 없이 8월 10일 오후에 쏘련, 미국, 영국, 중국 4국에 각서를 보내여 항복을 받아줄 것을 청구하였다. 8월 15일, 일본 천황 히로히도(裕仁)가 무조건투항을 선포하였다. 이 소식이 전해왔을 때 전 중국이 떠들썩하였다. 제2의 수도 중경에서는 성안의 모든 사람들이 거리로 나와 대낮부터 밤늦게까지 환호하면서 끊임없이 오갔다. 연안에서는 남녀로소가 연하(延河) 강변과 보탑산(宝塔山) 아래 모이여 구호를 부르고 표어를 붙이고 양걸춤을 추고 수중의 물건을 공중에 던지며 승리를 만끽하였다. 바로 《신화일보》의 사론에서 말한 것처럼 "전 중국사람이 다 기뻐서 미쳤다! 이것은 조금도 이상한 것이 아니다. 반세기의 분노, 50년의 굴욕을 오늘 이날에 씻어버렸다. 8년간의 죽음과 류랑, 간난신고는 오늘 이날에야 보상을 받는다."

9월 2일, 도꾜만(东京湾)에 정박한 미국의 "미주리(密苏里)"호 군함에서 일본이 동맹국에 항복하는 서명의식을 거행하였다. 일본정부 대표로는 외교대신 시께미쯔 마모루(重光葵)였는데 그는 일찍 상해 홍구(虹口)공원에서 항일지사에게 폭격을 당하여 한쪽 다리가 절단되였다. 오늘의 그는 지팽이를 짚고 다리를 절며 항복을 받아들이는 대표 앞으로 걸어나왔다. 그 뒤의 일본군 대표 륙군 참모총장 우메즈 요시지로(梅津美治郎)는 중국을 침략한 용장이였다. 지금 그들 둘은 다 풀이 죽고 기가 꺾이여 항복서에 서명하였다. 중국 대표 서영창(徐永昌)상장은 상진(商震)상장의 수행하에 기타 동맹국 대표들과 함께 일본의 항복서에 서명을 하고 항복을 접수하였다.

중국의 작전구역에서는 9월 9일 남경에서 항복의식을 거행하였다. 이날, 일본군의 박해를 겪을 대로 겪은 옛 도읍 남경은 채색기와 붉은 등에 휩싸여 기분이 열렬하였고 시민들은 적군에 대한 분노와 원망과 살해당한 육친에 대한 그리움을 안고 거리에 나와 승리를 경축하였다. 황포로(黄浦路)의 중국 륙군 총사령부 례당은 배치가 장엄하고 엄숙하였다. 오전 8시 30분, 중국 각계 대표와 동맹국 래빈들이 참석하였다. 뒤이어 침화 일본군 총두목 오까무라 야스지(冈村宁次)가 고바야시 아사사부로우(小林浅三郎), 이마이 다게오(今井武夫), 후꾸덴 로우조우(福天良三) 등 부하를 거느리고 들어왔는데 그들은 모두가 이미 중국 인민들에게 큰 피빚을 지였다. 중국 수석 대표는 륙군 총사령 하응흠(何应钦)이였다. 그의 뒤에는 또 해군부장 진소관(陈绍宽), 제3전구 사령 고축동(顾祝同), 륙군 참모장 소의숙(萧毅肃), 공군 대표 장정맹(张廷孟) 등이 있었다. 하응흠은 일본 항복 대표에게 명령하여 신분증명을 검사받고 검사 확인을 거친 후 또 오까무라 야스지에게 명령하여 항복서에 서명하게 한 다음 그도 서명하였다. 일본 대표가 명령을 받고 퇴출한 후 장내에 서는 즉시 열렬한 박수소리가 울려퍼졌다. 하응흠이 "오늘은 중국력사상 가장 의의 있는 날입니다. 이는 8년 항전에서 간고분투한 결과입니다. 동아시아 및 세계의 인류 평화와 번영은 이로부터 새로운 기원을 시작하였습니다."고 간결한 연설을 발표하였다.

　　남경이 항복을 받아들인 후 각지의 항복의식도 륙속 거행되였다. 일본군은 당지의 중국 군대(팔로군과 신사군을 포함)에 향하여 항복하였다. 통계에 의하면 중국에 항복한 일본군 총수는 128만 3,200명에 달하였다. 전에 제멋대로 날뛰며 잔인무도한 침략자는 이 시각 모두가 중국 사람들에게 머리를 숙였다. 각지에서 항복을 받아들이는 나날에 가장 사람을 격동시킨 것은 대만의 회귀였다.

　　1895년 일본에게 할양되여 점령당한 후부터 대만은 조국과 이미 50년 떨어져있었다. 이 기간에 대만 인민들은 침략자에 대한 반항을 정지한 적이 없었다. 그들은 여러가지 형식의 투쟁을 발동하였으며 대륙 인민의 유력한 지지를 받았다. 항일전쟁에서 대만 인민들도 항일의 고조를 일으켰고 대만의용군을 조직하여 대륙에 가서 참전하였다. 중국정부는 대만에 대한 주권을 회수하겠다고 여러차례 표시하였다. 1943년 12월 1일, 중국, 미국, 영국 3국이 발표한 〈까히라선언(开罗宣言)〉에서는 만주, 대만, 팽호렬도(澎湖列岛) 등을 포함하여 일본이 빼앗은 중국의 령토를 중국에 반환해야 한다고 명확하게 지적하였다.

　　일본이 항복한 후 대만이 회귀하는 것은 이미 정해진 국면으로 되였다. 전 섬의 인민들은 흥분하여 가만히 있을 수 없었다. 비록 일본 사람이 아직도 철수해가지 않았지만 사람들은 그들의 압박을 더는 두려워하지 않았고 약속이나 한듯이 일치하게 일본 국기를 찢어 땅에 버리고 중국 국기를 내걸었으며 국어를 배우고 한자를 배우고 국어 노래를 배웠다.

　　8월말, 국민정부는 진의(陈仪)를 대만성 행정장관 겸 경비사령으로 임명하였다. 10월 6일, 국기게양의식을 대북시 일본인의 원 '총독부' 앞에서 거행하였다. 일본 국기를 내리고 중국 국기를 올렸는데 중국정부가 대만에 대한 주권을 다시 행사한다는 것을 알리였다. 10월 25일 오전, 대북공중당〔公众堂, 지금의 중산당(中山堂)〕에서 항복의식을 거행하였다. 진의가 연설을 발표하여 "오늘부터 시작하여 대만 및 팽호렬도가 이미 정식으로 중국판도에 다시 돌아왔다."고 선포하였다. 《대만신생보(台湾新生报)》의 사론은 "50년의 지난 일들은 악몽을 꾼 것 같다. 하루 아침에 깨여나보니 청산되여야 할 력사가 청산되였다… 우리들의 마음 속에는 억제할 수 없는 환락이 있다. 어제 우리는 노예였지만 오늘 우리는 주인이다!"고 썼다.

대만과 함께 수복된 것으로 또 서사(西沙)군도와 남사(南沙)군도가 있었다. 서사와 남사군도는 예로부터 우리 나라의 령토였다. 산호섬(珊瑚岛)과 모래사장이 많았기에 고대 사람들은 유명한 인물의 이름으로 명명하였다. 굴원초(屈原礁), 공명초(孔明礁), 동파초(东坡礁), 정화군초(郑和群礁), 마환도(马欢岛), 로반암사(鲁班暗沙), 증모암사(曾母暗沙) 등과 같은 것이다. 1939년, 중국을 침략한 일본군은 서사군도와 남사군도를 점령하였다. 항일전쟁 승리 후 잃어버린 땅을 수복하는 것은 당연한 일이였다. 1946년 8월, 중국정부는 남해의 여러 섬들을 광동성에 귀속시켜 관할한다고 결정하였고 해군에게 명령하여 섬에 진주시키고 주권행사를 회복하였다.

10월 29일, 중국의 해군함대가 상해 오송에서 출발하여 동해, 남해를 지나 11월 1일에 주강구의 호문(虎门)에 도착하여 정박하였다. 이 함대에는 호위구축함 '태평(太平)'호, 구축함 '영흥(永兴)'호, 땅크등륙함 '중건(中建)'호와 '중업(中业)'호가 포함되였고 정, 부 지휘관은 해군상장 림준(林遵)과 요여옥(姚汝钰)이였다. 그들은 광동의 접수전문인원 서사의 소차윤(萧次尹), 남사의 매온유(麦蕴瑜)와 기타 관원, 기술인원을 함정(舰艇)으로 데려와 서사와 남사 군도로 곧추 향하였다.

11월 24일, 요여옥이 '영흥'호와 '중건'호를 거느리고 서사군도에 도착하여 주요 섬인 림도(林岛, 후에 영흥도로 개명)에 등륙하였다. 그들은 국기를 게양하고 여러가지 군사통신 시설을 설치하였다. 29일, 기념비 제막의식을 거행하였다. 기념비에는 "해군 서사군도 수복기념비 중화민국 35년 11월 24일 세움"이라고 새겨져있었다. 12월 12일, 림준이

'태평'호와 '중업'호를 거느리고 남사군도에 도착하여 주요 섬인 장도(长岛, 후에 태평도라 개명)에 등륙하였다. 그들도 국기게양, 탐사, 설치와 기념비를 세우는 의식을 진행하였다. 기념비 정면에는 "태평도"란 세 글자가 새겨져있었고 뒤면에는 "중화민국 35년 12월 12일 세움", 기념비 좌측에는 "태평함이 이곳에 도착", 우측에는 "중산함이 이곳에 도착"이라고 새겨져있었다. 서사군도와 남사군도의 수복은 남해의 여러 섬들이 이미 중국정부의 관할하에 있었다는 것을 보여주었다.

　　1945년, 일본항복을 기점으로 하여 중화민족의 존엄은 상응한 회복을 가져왔다. 사람들은 이 모든 것이 다 거대한 희생과 손실을 치른 후에야 가져왔음을 잊지 못할 것이다. 일본침략군은 14년 동안 중국을 침략하면서 도합 3,500여만명을 학살하고 상하게 하였다. 일본군은 가는 곳마다 미친듯이 학살하고 재부를 략탈하고 인민을 노예화하면서 정신과 육체적 학대를 감행하였다. 그들은 지어 할빈 교외에 세균전 시험중심을 세웠는데 이것이 바로 악명 높은 '731부대'였다. 이 중심에서 중국 사람을 시험품으로 삼아 여러가지 질병, 외상, 생체 해부와 신식무기 기능의 시험을 진행하였다. 일본침략자의 하늘에 사무치는 죄행은 중국에 깊은 상처를 남기였다. 이것은 침략자들이 피와 불로 쓴 력사로서 영원히 씻어버릴 수 없고 고쳐쓸 수 없을 것이다.

　　항일전쟁의 승리는 중국인민이 아편전쟁이래 외국침략자를 반대하는 투쟁에서 거둔 한차례 철저한 승리였다. 이는 세계에서의 중국의 지위를 크게 개변시켰으며 획기적인 위대한 의의를 가진다. 중국의 항일전쟁은 세계 반파쑈전쟁의 중요한 구성부분이며 세계 반파쑈전쟁의 승리에 대하여 지워버릴 수 없는 력사적 공헌을 하였다.

중국 통사 이야기 중화민국

513

중경담판

　　14년 항일전쟁의 력사를 회고해보면 국공 량당의 통일전선이 비록 좌절과 방해를 받았지만 그래도 끝까지 합작하였고 량당의 군대 모두가 항전승리를 위하여 공헌을 하였다는 것을 볼 수 있다. 그러나 장개석은 항전에서 공로가 있는 인민군대를 소멸하려고 하였다.

　　항전이 승리한 후 중국공산당이 령도한 인민군대는 이미 120여만명으로 발전하였고 또 민병 260여만명이 있었으며 동북으로부터 화남에 이르는 많은 령토를 통제하였다. 그들의 력량은 8년 전의 수만명과 비길 수 있는 것이 아니였으며 이미 중국에서 홀시할 수 없는 한갈래 정치적 력량으로 되였다. 이와 같은 강대한 력량을 소멸한다는 것은 불가능한 것이였다. 장개석 앞에 놓인 정확한 방법은 계속하여 공산당과 합작하고 독재통치를 종말 짓고 련합정부를 건립하여 공동으로 새 중국을 건설하는 것이였다. 그렇지만 그는 공산당이 이처럼 강대해지는 것을 희망하지 않았고 달가워하지도 않았으며 여전히 당년에 홍군을 '포위토벌'하던 꿈을 꾸고 있었다.

　　그러나 며칠 사이의 일본의 무조건항복은 장개석으로 하여금 난처한 처지에 빠지게 하였다. 장기적으로 일본군과 대치하며 적군의 거점과 교통요도를 포위하고 있던 팔로군, 신사군과 국민당 비적계부대는 항

 복을 받는 과정에서 극히 유리한 지위에 처하였지만 장개석의 직계부대는 모두가 중국 서남부에 있었다. 장개석은 동부의 광대하고 풍요로운 지구가 타인의 손에 들어갈가봐 걱정되여 8월 10일 저녁에 훈령을 발포하여 일본군에게 근처의 팔로군, 신사군과 화남항일종대 등 항일부대에 항복해서는 안되며 제자리에서 질서를 유지하면서 기다리다가 '중앙군'에게 항복하라고 명령하였다. 11일, 장개석은 또 련이어 세가지 명령을 내렸다. 하나는 직계 부대에 명령하여 그들더러 "적극적으로 추진하고 조금도 게을리해서는 안된다". 두번째는 괴뢰군에게 명령하여 "치안을 유지하고 기회를 타 속죄해야 한다". 세번째는 팔로군에게 명령하여 "현지에서 주둔하여 지키면서 명령을 기다리며 마음대로 행동해서는 안된다". 이어 또 침화 일본군 총사령 오까무라 야스지(冈村宁次)대장에게 일본군이 국민당군대가 오기 전에는 방어를 잘하고 중국공산당이 령도하는 군대에게 항복하지 못하게 하였다.

 팔로군, 신사군 등 항일부대는 이 세가지 명령에 대하여 매우 분개해하였다. 13일, 주덕 총사령, 팽덕회 부총사령이 장개석에게 전보를 보내여 '일본침략자 및 조국을 배반한 매국노들에게 유리한' 이 명령을 견결히 거절한다고 하였다.

 8월 15일, 중경정부 대변인은 기자를 초대할 때 그 어떤 항일부대든 장위원장 명령에 복종하지 않는다면 '인민의 공적'이라고 여길 것이며 군사규률로 처분할 것이라고 언명하였다. 이런 사실들은 항일전쟁승리 후의 중국에서 한차례 큰 투쟁이 있게 될 것이며 중국의 전도가 어떠하겠는가 하는 것은 전국인민과 각 파 정치력량 앞에 놓인 큰 문제로 되였음을 표명하였다.

 장개석의 결심은 무력으로 공산당을 소멸하는 것이였다. 그러나 만약 즉시 내전을 발동한다면 불리한 처지에 처하게 될 것이였다. 14년간의 전쟁을 겪은 전국 인민들은 국내평화를 절박하게 희망하였고 그를 지지하는 미국정부도 중국이 잠시적으로 평화를 유지할 것을 희망하였기 때문이다. 뿐만 아니라 그가 동부 연해로 군대를 운송하는 것도 시간이 수요되였기 때문이였다. 그러므로 그는 어쩔 수 없이 먼저 평화회담하는 수법을 써 시간을 쟁취하면서 전쟁준비를 다그쳤다.

1945년 8월 14일, 일본이 항복을 선포하자 장개석은 모택동에게 전보를 보내여 "국내외의 여러가지 중요한 문제는 모두 시급히 해결할 것을 요구합니다. 선생을 제2의 수도에 특별 초청하오니 혜림하시여 공동히 토의합시다. 국가의 대계와 관계되니 아무쪼록 왕림하시기를 바랍니다."고 하였다. 16일 모택동은 답전을 보내였다. "주덕 총사령이 본래 정오에 우리측 의견을 진술하여 당신에게 전보를 보내려고 하였습니다. 당신이 의견을 표시한 후에 당신과 회견하는 문제를 고려할 것입니다." 장개석은 20일에 또 전보를 보내여 "어떻게 건국의 공적으로 항전의 성과를 받아들일가 하는 것을 선생의 일행에 의탁하여 공동히 대계를 정하려 합니다. 특히 다시 전보를 보내여 요청하니 꼭 혜림하시기 바랍니다."고 하였다. 모택동은 22일 답전에서 "지금 단결대계를 위하여 주은래를 특별히 파견하여 보냅니다."고 말하였다. 장개석은 모택동이 감히 중경에 오지 못한다고 생각하고 즉시 23일에 전보를 보내여 "목전 각종 중요한 문제를 선생과 만나서 모두 상의하려고 한다."고 하면서 비행기를 보내여 영접할 준비를 한다고 하였다. 그는 또 중국 주재 미국 대사 패트릭 제이 헐리(赫尔利)를 요청해 27일에 연안에 보내여 모택동이 친히 중

경에 오도록 재촉하게 하였다.

　　중공중앙은 25일에 〈목전 시국에 대한 선언〉을 발표하여 평화에 대한 공산당의 성의를 서술하였고 모택동이 친히 중경에 가기로 결정하였다. 주은래와 왕약비(王若飞)가 동반하였다. 28일, 모택동이 중경에 도착하자 산간도시 민중들의 환영을 받았다. 사람들은 여러가지 형식으로 평화에 대한 기대를 표달하였다. 이것은 장개석의 예상을 훨씬 벗어났다. 중국공산당은 중경담판에 대하여 선언도 있고 방안도 있었지만 장개석은 몇부의 초청 전보만 있었을 뿐 아무런 준비도 없었다. 급한 나머지 장개석은 계책을 세운 오정창(吳鼎昌)을 한바탕 호되게 꾸짖는 것으로 화풀이를 하였다.

　　담판과정에서 장개석은 정령 통일을 반복적으로 강조한 외 그 어떤 구체적인 방법도 제출하지 못하였고 중공 대표는 최대한도의 양보와 참을성을 표현하였으며 먼저 중앙정부가 해방구정부의 합법적 지위를 반드시 승인해야 한다는것을 제출하였다. 장개석은 전국의 정령(政令)은 반드시 통일해야 한다고 표시하면서 해방구는 지나간 과거로 되여야 한다고 하였다. 중국공산당은 양보를 하여 정령 통일을 도모하기 위해 성과 자치구를 다시 획분하며 해방구 원유의 지방정부 관원 명단을 중앙정부에 올리여 위임 절차를 밟아줄 것을 요구하였다. 장개석은 그래도 먼저 정령을 통일하고 후에 행정인원 임용을 고려할 것을 견지하였다. 중국공산당은 재차 양보하여 국민정부가 섬감녕과 화북 5성에 중국공산당이 추천한 사람을 성 주석 및 위원으로 위임하고 수원(绥远, 옛성 이름, 후에 철소하고 내몽골자치구에 포함시킴), 하남 등 11개 성, 북평, 천진, 청도, 상해 4개 특별시에 중국공산당이 추천한 사람을 성정부 부주석과 부시장을 위임하게 하고 동북 각 성에서 중국공산당이 추천한 사람을 행정에 참가시키도록 해달라고 하였다. 이는 이런 지구에 중국공산당의 광대한 해방구가 있었기 때문이였다. 장개석은 그것은 '군령 정령의 통일'을 방해하는 것이라고 하였다. 중국공산당은 또 한걸음 물러서서 성 주석을 위임하는 것을 섬감녕과 화북 4성으로 줄이고 부주석과 부시장을 위임하는 것을 2성 3시로 줄이였지만 장개석은 여전히 동의하지 않았다. 중국공산당은 그러면 해방구에 사람을 파견하여 감시하면서 민주선거를 실시하고 그 다음 중앙정부에서 위임하자고 하였다. 그러자 장개석은 민주선거를 하지 못하게 하면서 "반드시 헌법반포를 기다려야 한다."고 하였다. 이에 중국공산당은 각 해방구는 현상태를 유지하고 헌법반포를 기다려서 다시 선거하고 임명하자고 제출하였으나 장개석은 여전히 동의하지 않았다. 한마디로 그는 즉시 해방구 및 그 민주로 선거된 정부를 취소하려는 것이었다. 이는 이미 평화를 담판하는 것이 해방구의 항복조목을 담판하는 것으로 되었다.

  중경담판은 43일간 진행하였다. 비록 구체적 문제에서 의견이 일치하지 못하였지만 쌍방은 10월 10일 〈국공회담기요〉를 체결하였다. 이것이 바로 〈쌍10협정(双十协定)〉이다. 이 협정에서 물론 일부 문제를 해결하지는 못하였지만 장개석은 부득불 대중 앞에서 "내전을 피면하고" "정치를 민주화하며" "인민들이 모든 민주국가의 인민으로서 평시에 향수하여야 할 인신, 신앙, 언론, 출판, 집회, 결사의 모든 자유를 향수하도록 보장하고" "각 당파가 법률 앞에서 평등하며" "특무가 사람을 체포하는 것을 엄격히 금지하고" "아래로부터 우로의 일반선거를 실행하며" "정치협상회의를 소집하는" 등을 선포하였다.

  1946년 1월 10일, 정치협상회의가 중경에서 소집되고 국민당, 공산당과 민주동맹 등 중간 세력의 대표 및 무당파 인사들이 참가하였다. 그러나 장개석이 이미 공산당을 소멸할 결심을 하였기에 이 회의는 진정으로 '협상'이 성공할 수 없었다. 중경담판이 아직도 진행되고 있을 때 장개석은 참지 못하고 각지에 '포위토벌' 밀령을 내렸고 해방구를 진공하는 총포성이 줄곧 끊어지지 않았다. 그러나 전과가 크지 못하였기에 또 정전을 선포하였다. 미국도 대통령 특사 마샬(马歇尔)을 중국에 급히 파견하여 '조정(调停)'을 하였다.

  '정전(停战)'도 그렇고 '조정'도 그렇고 모두가 시간을 쟁취하기 위해서였다. 1946년 6월에 이르러 모든 준비가 다 완료되기를 기다렸던 장개석은 추호의 주저도 없이 '담판'의 가면구를 찢어버리고 해방구에 대하여 대거 진공하였으며 내전을 시작하였다.

514

부패한 정부

장개석을 수반으로 하는 국민당정부가 독재전제를 실행하였기에 광대한 인민들은 정치권리가 담보되지 않았으며 조금이라도 불만을 표시하면 불행을 당하였다. 중경 교구에 위치하여있는 사재동(渣滓洞)과 백공관(白公馆) 두 감옥에는 일년 내내 대량의 '정치범' 즉 공산당인과 국민당과 정견을 달리하는 사람, 또 일반군중들을 수감하였다. 항전승리 후 각지의 민중과 학생들이 민주정치를 실행할 것을 희망하여 분분히 집회를 거행하고 독재를 반대하였다. 당국에서는 대량의 특무를 파견하여 미행하고 박해하여 많은 참안과 류혈사건을 빚어내였다. 가장 유명한 것은 1945년 12월 1일 곤명에서 4명 학생을 폭사시켜 일어난 '12.1참안'이였다. 1946년 7월, 특무가 또 공공연히 저명한 민주 인사 리공박(李公朴)과 문일다(闻一多)를 총살하여 전국을 떠들썩하게 하였다.

국민당정부는 경제상에서도 뒤죽박죽이 되고 부패가 극도에 달하였다. 이 점은 사람들이 이미 항일전쟁 전에 보아내였다. 경제학가 마인초(马寅初)는 미국류학 후 귀국하여 절강성과 남경립법원에서 직무를 맡았었다. 그는 국가의 재정을 잘 다스리겠다는 포부를 지니고 많은 건의를 제출하여 금융부패를 타격하려고 하였다. 그런데 정부의 재정금융 대권이 소수인의 수중에 장악되였고 그들이 생각하는 것은 개인 소집단의 사리였으며 그의 건의에 대하여 매우 랭담하였다. 이에 그는 매우 실망하였다. 항일전쟁이 시작된 후 마인초는 제2의 수도 중경에서 국민당의 고위 관리들이 국난이 대두한 시각에도 대후방에 숨어 여전히 황금과 딸라 전매에 열중하면서 국난의 기회를 타서도 재부를 모으는 것을 보고 매우 분개하였다. 그는 공개적으로 정부와 장개석을 비평하고 재정을 장악한 공상희(孔祥熙) 등이 국가 금융을 조종하여 가족을 위하여 복무하는 것을 비평하면서 "지금 전방은 먹을 것이 긴박한데 후방에서는 급급하게 먹어대고 있다! 반드시 경제독재를 반대해야 한다!"고 말하였다. 어느 한차례 연설에서 그는 "어떤 사람이 장개석 위원장을 영웅이라고 하는데 내가 보기에 그는 자격이 없다. 그는 '가족영웅'에 지나지 않는다!"고 말하였다.

마인초는 무엇 때문에 이렇게 말하였겠는가? 당시 사람들은 누구나 장개석이 바로 대재단 두목이라는 것을 알고 있었기 때문이였다. 그와 인척관계가 있는 송자문과 공상희, 그리고 심복 진과부, 진립부 형제 등은 모두 중국에서 가장 돈있는 관료자본가에 속하여있었다. 일찍 어떤 사람이 장개석, 송자문, 공상희, 진과부와 진립부 형제를 '4대가족'이라고 불렀다. 이 4대가족의 관계는 매우 긴밀하였는바 공상희 부인 송애령(宋靄齡)은 송자문의 누나이고 장개석 부인 송미령은 송자문의 녀동생이였다. 진과부, 진립부 형제는 장개석의 '은사' 진기미의 조카인데 장개석이 상해에서 투기장사를 할 때의 오랜 동료이며 절강 사람으로서 장개석의 오랜 고향친구라고 할 수 있다.

반드시 설명해야 할 것은 송씨 3자매 송애령, 송경령, 송미령은 민국사상 영향이 아주 큰 세 녀성이였다. 그들은 모두 지위가 혁혁한 인물에게 시집갔는데 정치상에서 중요한 작용을 발휘하였다. 그러나 그들이 간 길은 같지 않았다. 손중산의 부인 송경령은 손중산의 정책을 견지하면서 장개석의 독재를 반대하고 중국인민과 세계인민의 진보사업을 지지하였기에 존경받는 위대한 전사로 되였다. 그러나 그의 언니와 녀동생은 장개석을 따르면서 장개석의 정책을 위하여 힘을 다하였다.

1939년 9월, 국민정부는 명령을 내려 장개석을 중앙, 중국, 교통,

중국농민 4대 은행의 련합판사 총처 리사회 주석으로, 송자문, 공상희를 상무리사로 하여 전시(战时) 금융재정과 유관되는 정부의 각종 업무를 책임지고 처리하게 하였다. 이는 실제상 전시경제를 통제하게 한 것이였다. 송자문, 공상희는 선후로 국민정부의 재정부장, 행정원장을 담임하였고 또 일부 대 은행, 대 회사, 대 공장의 지배인으로도 있었다. 그들은 륜번으로 국민정부의 재정대권을 장악한 '두 재물신(财神)'이였다. 진씨 형제는 '중통'을 통하여 당내 실권을 통제하였다. 실제상 권력을 리용하여 백성을 수탈한 것은 당시 대량의 관료 정객들이였다. 장개석이 통제한 국민당 및 그 정부는 바로 이런 사람들의 리익을 대표하였다.

관료 정객들은 수중의 재정, 금융 대권을 리용하여 지폐를 마구 찍어내고 인민을 향하여 수탈하였다. 항일전쟁 전, 전국에서 도합 법폐(法币) 14억원을 찍어내였는데 영미재단이 제공한 백은의 지지하에 매 원의 법폐가 파운드(英镑) 1실링(先令) 2펜스(便士) 반의 환률을 여전히 유지할 수 있었다. 1937년부터 1945년 8년내에 발행한 법폐가 10만억원에 달하였는데 항일전쟁 전 총수의 7,000여배나 되였고 법폐의 환률을 더는 유지할 방법이 없었기에 유지하지 않았다. 항일전쟁이 승리한 후 더욱 심하게 지폐를 람발하여 3년 동안 발행한 법폐가 1,200만억원에 달하였으며 항일전쟁전 총수의 80여배가 되였다. 1947년 신문기재에 의하면 당시 상해의 5개 지폐 찍는 공장에서 밤낮으로 멈추지 않고 찍었는데 1분 동안 1,600만원을 찍었다고 한다. 지폐를 마구 찍어냈기에 물가가 폭등하였으며 1948년에 이르러 국민당통치구의 물가는 항일전쟁 전에 비하여 천여만배 뛰여올랐고 어떤 물품은 거의 2,500만배나 뛰여올랐다. 어떤 사람이 계산을 해보니 법폐 백원으로 항일전쟁 전에는 소 두마리를 살 수 있었는데 1947년에 이르러서는 성냥 한곽의 3분의 1밖에 살 수 없었고 1948년에 이르러서는 거의 페지와 같았다고 하였다. 당시의 종업원들은 봉급을 발급할 때 한묶음한묶음의 지폐를 자루에 넣었다는 것도 이상할 것이 없었다. 시장에 가서 물건을 살 때도 돈묶음을 가져가야 했는데 이것은 이미 력사의 웃음거리로 되였다.

1948년 8월, 장개석은 금원권(金圆券)으로 이미 기본 가치가 없는 법폐를 대체한다고 선포하고 금원권 1원으로 3백만 법폐를 바꾼다고 하였다. 이후 금원권이 또 가치가 하락하여 시장이 혼란해졌고 인민들은 어쩔 수 없이 실물로 화폐가치를 유지하였다. 장개석은 또 명령을 내려 가치가 없는 지폐로 기한내에 인민들의 수중에 있는 모든 황금, 백은 및 외화를 회수하였는데 기한이 지나 바꾸지 못한 사람은 범죄로 판정하여 처리하면서 공개적으로 인민의 재산을 략탈하였다. 1949년 전국의 해방 전야에 이르러 국민당 통치구의 재산은 이미 기본적으로 대관료 및 그 도당들의 수중에 모두 집중되였다. 그들의 집에 숨겨둔 금은보화를 계산에 넣지 않고 그들이 꾸린 은행, 공장, 상점 등과 같은 공개된 재산만 해도 가치가 200여억딸라가 되였는데 전국의 4,500만명이 수십년 먹을 수 있는 것이였다.

　권력을 리용하여 암거래를 하는 것은 관료들이 재부를 모으는 중요한 도경이였다. 항전시기 일본군이 중국 연해를 봉쇄하는 동시에 중국-먄마 도로를 한동안 절단하고 중국과 서방의 교통련계를 차단하였다. 중

　미 공군은 겹겹한 어려움을 극복하고 인도에서 중경으로 직항하는 저명한 '주봉(珠峰)항선'을 개척하였고 항전을 위해 전략물자를 운송하였다. 일부 관원은 비행기를 리용하여 사치품을 암거래하면서 재부를 모았다. 더우기 용인할 수 없는 것은 어떤 사람들이 또 적과 그 괴뢰정권과 련합하여 밀수를 한 것이고 일부 '당국' 요인들이 자기의 무장을 사용하여 운수대, 아편, 황금을 밀수하고 량식, 목화, 목재, 광사(矿砂) 등과 같은 군수품을 모두 륜선, 트럭에 싣고 일본 국기를 꽂고 '항전물자'의 명의로 멀리 수송하여 적을 도왔는데 마치 무인지경에 들어간 듯한 것이였다.

　항전승리 후 관료들의 수탈 범위와 규모가 절정에 달하였다. 장개석은 명령을 내려 모든 일본과 그 괴뢰의 금융기관 및 그것에 소속된 기업과 기관을 모두 4대 은행과 기타 기구에서 접수한다고 하였다. 이로 하여 '국가에서 경영'하는 은행이 급격히 팽창하였고 큰 재부를 모았다. 통계에 의하면 1946년 6월 '국가에서 경영'하는 은행이 이미 국민당통치구 은행 총수의 3분의 1을 차지하여 2,446개나 되였다고 한다. 그들은 또 '법폐'로 피점령구 인민들의 재산을 략탈하였다. 본래 일본이 항복할 즈음에 법폐와 피점령구의 위폐 구매력의 비례는 1대 25였지만 장개석은 억지로 1대 200으로 정하였다. 말하자면 피점령구의 인민들은 위폐 200원으로 법폐 1원 밖에 바꿀 수 없었다. 이 한가지 조치만으로도 피점령구 인민들의 자산을 거의 몰수한 것과 같았다. 8년간의 시달림을 받은 적의 점령지구의 광대한 인민들은 명령이 하달된 즉시로 대부분이 몹시 가난하게 되였다.

　일본침략자와 그 매국노 및 괴뢰정권의 재산을 접수하는 과정에서 대소 관료들도 전력을 기울여 재부를 긁어모았다. 북평 및 여러 교구와 현의 일본 침략자와 그 매국노 및 괴뢰 정권의 부동산이 근 2만채 되였는데 380채를 '국가'에서 접수한 외 모두 고관들이 횡령하였다. 심양에서 남만철도의 부동산이 1,200여동 되였지만 접수 고관들이 교묘한 수단이나 완력으로 빼앗은 후 두동 밖에 남지 않았다. 강점하고 강매하며 법을 지키는 좋은 사람을 역적으로 무고하여 무리하게 백성들의 재산을 몰수한 것은 부지기수였다.

국민당 관료들이 마구 수탈한 것은 인민들의 파산을 초래했다. 이런 정권은 오직 전국인민들의 반항을 격발시킬 수 밖에 없다. 한 미국학자가 남경정부의 최후 와해는 군사원인이 아니라 경제원인이 될 것이라고 일찍 지적한 바 있었다. 국민당정부의 독재와 부패는 사람들이 공인하는 것이고 미국 사람들마저도 중국을 통치하는 장개석의 능력에 의심을 품고 미국과 류사한 '민주정권'을 건립하지 않으면 장개석에 대한 지지를 포기하겠다고 여러차례 로골적으로 표시하였다. 이러한 정황하에서 장개석은 1948년 3월 29일에 민주적인 립헌정치를 실행하는 '국민대회'를 소집하고 정식으로 총통을 선거하고 '민주정치'를 표방하였다.

이전에 공산당과 기타 민주당파들은 이미 국민당과 관계를 끊었다. 때문에 이번 '국민대회'에 참가한 대표의 75%가 국민당원이고 나머지도 대부분은 그들이 키운 하수인이였다. 이리하여 대표들은 이번 '국민대회'를 '당민대회(党民大会)'라고 자칭하였다. 처음에 대표들은 주석단 선거경쟁을 위하여 격렬한 활동을 전개하였는데 마치 증권시장에서 시장가격을 상의하듯이 자태가 다양하였고 서로 양보하지 않았으며 눈을 부릅뜨고 화를 내였다. 투표용지에 이름이 빠졌다고 웨치는 사람이 있는가 하면 '망할자식'이라고 욕하는 사람, '표를 물리'라고 웨치는 사람, '때리'라고 부르짖는 사람으로 회장은 혼란상태였다. 어느 날에는 회장에서 목갈린 소리, 울부짖는 소리가 근 한시간 동안 지속되였다. 결국 주석이 부득불 전등을 끄고 전선이 훼손되여 앞당겨 휴회한다고 선포하였다.

4월 15일 후, 대회는 헌법수개의정에 들어갔는데 회장은 더욱 떠들썩하였다. 한 대표가 "나는 지금 뿐만 아니라 영원히 헌법간섭을 반대한다."고 말하였고 다른 한 대표는 일어나 주먹을 한껏 날리였다. 또 한 대표가 "큰 대표가 작은 대표를 통제한다."고 발언하자 말이 끝나기도 전에 "무슨 소리야?", "개소리!", "때려! 때려! 때려!" 하는 소리가 전 회장을 떠들썩하게 하였고 사람들은 자리를 떠나 소매를 걷어올리고 주먹을 휘둘렀다. 이때 회장 문 밖에서는 한무리의 '민선대표'와 헌병들이 때리고 싸우며 왁자지껄하게 소란을 피웠다. 이 때문에 장개석이 무대에 올라가 훈시하였다. "방금 회장의 상황을 보고 내가 말을 하지 않을 수

없다. 여러분이 이곳에서 회의를 하면서도 질서를 지키지 않는 모습을 중외 인사들에게 보여준다면 모두가 극단적으로 비관하게 될 것이다." 한 신문사는 이 며칠 문무관들이 치고 박고 하는 표현은 "마치 하등 가극원 같다."고 애탄하였다.

회의가 정식으로 '총통'선거경쟁을 하는 의정에 들어간 후 더욱더 온갖 추태를 다 보였다. 먼저 장개석이 '대총통'을 하기 싫다고 성명하며 선거경쟁을 포기하고 호적(胡适)을 후보자로 할 것을 제의하였다. 대표들이 어찌 그가 연기한다는 것을 보아내지 못하였겠는가? 결국은 이러저러한 말로 타일러 장개석과 호적 두 사람이 다 '총통'선거경쟁을 하기로 하였다. 선거할 때 투표용지상의 '호적'을 또 국민당의 원로 거정(居正)으로 바꿀지는 누구도 몰랐다. 원래 장개석은 진작부터 미신을 믿어온 터라 가령 투표용지상의 총통 후보자 이름이 '장개석, 호적'이라면 '장개석이 어디로 갔는가?'라는 의미로 되어 너무 불길하다고 여겼다. 그러나 '장개석, 거정'으로 바꾸면 바로 '장개석이 천하를 소유하다'는 의미로 되기에 상서롭고 뜻대로 된다는 것이었다.

장개석이 총통으로 되려고 하면 '당민'들이 당연히 기꺼이 성원해주고 모두가 그에게 투표해줄 것이었다. 이와 같이 장개석이 선거를 조종하는 속내가 드러나게 되자 급해난 한 장계(蔣系) 사람이 주석대에 급히 뛰여 올라가 마이크에 대고 "여러분 주의하십시오, 여러분 주의하십시오! 거정에게 많이 투표해주십시오, 거정에게 많이 투표해주십시오! 거정의 표가 너무 적으면 안됩니다, 거정의 표가 너무 적으면 안됩니다!"라고 크게 말하였다.

개별적으로 불만이 있는 사람은 '장개석'을 지워버리고 '손중산'으로 고쳤고 또 어떤 사람은 '거정' 중간에 '불'자를 써넣어 투표용지가 '장개석 거불정'으로 변해버렸다. 어떻게 되였든 장개석은 그래도 10대 1의 절대 다수로 '거정'을 '패배'시키고 총통으로 되였다.

'부총통'쟁탈은 많이 달랐다. 부총통 선거경쟁에 참가한 리종인은 대아장항전의 영웅이고 또한 미국 사람의 마음에 든 인선으로 평소에도 '작풍민주'라는 명성이 있었다. 리종인은 의로운 일에는 적극적으로 나섰고 하려는 일은 꼭 성사시키였다. 그는 장개석의 강렬한 반대에도 불구하고 강경하게 선거경쟁에 참가하였다. 장개석은 미국의 의도라는 것을 보아내고 리종인에 대하여 특별히 증오하면서 손과(孙科, 손중산의 아들)에게 출마를 강요하여 리종인과 경쟁하게 하였다. 리종인과 손과는 격렬한 각축을 벌이였다.

선거가 시작되기 전에 장개석은 또 '국민당과 그들의 통치권 리익에 복종'하는 것으로 협박하면서 리종인을 경선에서 퇴출하라고 하였다. 그런데 리종인이 얼려도 안 듣고 때려도 안 들으며 당면에서 면박을 줄 줄이야 누가 알았으랴. 장개석은 "내가 자네를 지지하지 않는데 그래도 자네가 선거에서 승리할 수 있겠는가?"고 말하였다. 리종인은 조금도 위축되지 않고 "두고 보시오! 나는 꼭 선거될 것이오!"라고 하였다. 화가 난 장개석은 사후에 송미령에게 "민주립헌정치를 실행하는 기간이 아니였다면 나는 정말 그를 총살했을 것이오!"라고 말하였다.

장개석과 리종인은 대립하기 시작하였다. 장개석은 돈을 아끼지 않고 전력을 다하여 대표들을 자기편으로 끌어들이기 위하여 관직을 주거나 요구조건을 들어주었고 지어는 특무를 출동시켜 대표를 위협하여 손과에게 투표하라고 하였다. 비록 이렇게 했지만 앞 두차례 투표에서 리종인은 그래도 매번 다 손과보다 200여표 많았다. 일을 그르칠 것 같이 보이자 장개석은 모든 력량을 동원하여 대표들을 위협하고 유혹하고 권고하였다. 리종인은 더는 참을 수가 없었다. 그는 전진을 위해 한발 물러서고 창끝을 돌려 반격하면서 여러 큰 신문에 "막후의 압력이 너무 커서 경선에서 자원 퇴출한다."고 성명을 발표하였다. 소식이 전해지자 과연 여론이 떠들썩하였다. 손과도 청백을 표시하기 위해 경선에서 퇴출한다고 선포하자 선거는 돌연히 중단되였다. 이 지경으로 되자 미국 사람들도 화가 나서 스튜어트(司徒雷登)대사를 특별히 중국에 보내여 리종인을 지지하는 의향을 표명하였다. 장개석은 내외압력 때문에 할 수 없이 리종인의 절친인 백숭희를 거쳐 리종인에게 패배를 인정한다고 표시하였다. 후에 또 두차례의 선거를 거쳐 리종인은 손과를 패배시키고 부총통으로 당선되였다.

총통과 부총통의 모순이 이렇게 큰 것은 이후 중국 정국의 변화에 '볼거리'를 준비해둔 것이였다. 이쯤에 중국인민해방군은 이미 결전의 태세를 취하였다. 장개석과 리종인도 부득불 전장에서의 일들을 먼저 대처하지 않으면 안되였다.

515

3대전역

    중국의 두개 큰 정당의 력량을 평가함에 있어어 당시 아주 큰 분기가 있었다. 장개석은 자기의 정치, 경제와 군사실력을 지나치게 높게 평가하였을 뿐만 아니라 국내외의 일부 인사들도 공산당이 어쨌든 국민당을 싸워 이기지 못한다고 생각하였기에 공산당더러 한걸음 양보하여 싸움을 피면해야지 그렇지 않다간 큰 손해를 본다고 하였다. 쏘련 령도자 쓰딸린(斯大林)마저도 중국공산당이 아직도 국가를 통일할 력량이 없고 싸운다 하더라도 승리를 할 수 없으므로 응당히 장개석의 령도하에 전국통일을 실현해야 한다고 하였다.
    그렇지만 중국공산당은 고난의 시련을 겪은 정당으로서 겉으로는 강해보이나 속이 텅 빈 장개석의 본질에 대하여 정확한 인식을 가지고 있었다. 모택동은 전당에 향하여 "인민들이 얻은 권리는 절대로 수월하게 상실해서는 안되며 반드시 전투로 보위해야 한다. 우리는 내전을 원하지 않는다. 만약 장개석이 중국인민을 강박하여 꼭 내전을 하게 한다면 자신을 위하여, 해방구 인민의 생명, 재산, 권리와 행복을 위하여 우리는 무기를 들고 그와 작전할 수 밖에 없다. 이 내전은 그가 우리를 핍박하여 싸우게 한 것이다."라고 말하였다.
    장개석은 결국 인민을 강박하여 내전을 하는 길로 나아갔고 자기 스

스로 멸망의 길로 나아갔다.

1946년 6월, 장개석은 모든 평화협의를 찢어버리고 해방구에 대하여 대거 진공하였다. 이달 26일에 중원해방구에서 전투가 시작되였고 해방전쟁은 이때로부터 시작되였다. 장개석의 희망과 상반대로 그의 싸움은 엉망이 되였다. 시작할 때 그는 전면 진공을 실행하여 정규군의 80%가 되는 193개 려 160여만명을 파견하였고 또 미국의 선진무기 지원도 있었다. 국민당 군대는 화동, 화남, 동북에서 벌떼처럼 일어나 여러 갈래로 중국인민해방군에게 덮쳐들었다. 장개석은 "3개월에서 6개월에 공군(共军)을 소멸하겠다."고 성명하였다. 그러나 인민에 단단히 의거한 '공군'은 조금도 약함을 드러내지 않고 전면적으로 저항을 하였다. 반년의 시간이 지나자 장개석의 여러갈래의 군대들이 모두 패배를 알리였다. 이렇게 되자 장개석은 또 1946년 년말에 명령을 발포하여 1년안으로 '공군'을 철저히 소멸하겠다고 하였고 3개월 혹은 6개월을 더는 제기하지 않았다.

전면 진공이 되지 않자 장개석은 또 중점 진공을 하였다. 한개 중점은 산동해방구이고 다른 한개 중점은 섬북이였다. 결과 이것은 반대로 중국인민해방군으로 하여금 큰 싸움을 함으로써 단련할 기회를 얻게 하였다. 화동야전군은 대규모로 철퇴하고 전전한 후 적군의 '왕패(王牌)' 정예사단 74사를 산동의 맹량고(孟良崮)에 겹겹이 포위하고 섬멸하였으며 사장 장령보(张灵甫)도 사살하였다. 소식을 들은 장개석은 크게 자극을 받고 울면서 "이것은 메울 수 없는 손실이다. 나는 61살까지 살았다. 이제 내가 얼마나 더 살겠는가! 장래 력사에서 나를 어떤 죄인으로 기록해줄지 모르겠다!"라고 말하였다.

섬북을 진공한 것은 국민당의 가장 방대한 부대 호종남(胡宗南)집단이였다. 당시 전방 작전을 지원하느라 섬북의 인력과 물력이 아주 결핍하였다. 모택동, 주은래, 임필시와 팽덕회의 직접적인 지휘하에 해방군과 중공중앙기관은 적들과 7주야 맴돌았다. 그런 다음 주동으로 연안에서 철수하였다. 호종남은 텅 빈 도시를 하나 점령하고 지위가 백배나 올라갔다. 장개석도 정신을 차리고 그에게 전보를 보내 "당과 국가에 공을 세웠고 10여년 쌓이고 쌓인 나의 분노를 씻어주었다."고 축하해주었다. 그렇지만 모택동은 연안을 떠나기 전에 친구들에게 몇년 후 북평에서 만나자고 말하였다. 후에 전국의 결과는 모택동의 예언을 완전히 실증하였다. 중공중앙은 연안에서 철수한 후 호종남의 진공을 분쇄할 때까지 여전히 섬북에서 1년 넘게 전전하였고 1948년 3월 23일에야 비로소 황하를 건너 하북 평산(平山)의 서백파(西柏坡)에 이르렀고 전략적 반격을 위하여 준비를 하였다.

해방전쟁의 전환은 1947년 6월 30일 저녁에 나타났다. 적들의 일련의 진공을 물리친 후 중국인민해방군은 반격을 시작하였고 국민당 통치구에까지 쳐들어갔다. 그날 저녁, 황하를 따라 하남 개봉(开封) 동북쪽으로부터 산동 제남(济南) 서남쪽에 이르는 300리의 8개 구역에 류백승과 등소평이 지휘하는 12만 대군이 집결하였다. 그들은 곧 황하를 돌파하고 적들의 심장지구로 진격하려고 하였다. 전사들은 "황하를 건너 '7.1'을 경축하자!"는 구호를 높게 웨치면서 황하를 강행 도하하였다. 황하 남안을 지키고 있던 국민당군은 한동안 총을 마구 쏘아댄 후 돌아서서 달아났다. 하루밤 사이에 황하를 지키던 장개석의 40만 대군이 무너졌다. 량쪽 군대의 부동한 사기는 이번 전쟁에 대한 인심의 흐름을 분명하게 보여주었다.

류등(刘邓)대군은 황하를 건너 대별산(大别山)에 진입하여 남경을 직접적으로 위협하였다. 장개석은 대경실색하였고 미국 대사 스튜어트도 련이어 고개를 저으며 "6.30사건은 좋은 징조가 아니다."고 말하였다. 그 후에 해방군은 각지에서 국민당군과 교전하여 반격을 실시하였다. 1948년 상반년에 이르러 석가장, 락양, 상번, 보계, 위현, 림분, 사평 등과 같은 많은 중요한 도시와 진들이 잇달아 해방되었다. 해방구는 이미 전국 면적의 4분의 1로, 인구는 3분의 1 이상 확대되었고 인민해방군도 120만명에서 280만명으로 증가되었다. 국민당이 통치하는 지역에서 독재를 반대하는 민주운동도 전례없이 앙양되었고 장개석정권은 이미 전례없는 고립에 빠지였다. 이 상황은 국민당정부가 이미 계속 유지될 가능이 없고 그것을 철저히 타도하는 것은 전국인민들의 념원이라는 것을 표명하였다. 대결전의 시기가 성숙되였다.

해방전쟁의 대결전은 1948년 9월부터 륙속 시작된 료심(辽沈), 회하(淮海), 평진(平津) 3대전역을 가리킨다. 당시 동북의 정세가 가장 유리하였다. 해방구의 면적은 이미 97%를 차지하였고 인력과 군력 모두가 적들을 훨씬 초과하였다. 국민당군의 4개 병퇀(兵团)은 장춘, 심양, 금주 일대에 분할 포위되여 고립무원하였다. 결전은 먼저 이곳을 선택하여 진행하였다. 해방군은 금주를 먼저 치기로 결정하였는데 그것은 금주를 점령하면 동북의 남대문을 닫은 것과 같아 적들이 도주할 수 없기 때문이였다.

금주전역은 아주 격렬하였다. 해방군전사들은 생명을 돌보지 않고 용감하게 앞으로 돌진해나갔다. 31시간의 공격전을 거쳐 끝내 이 도시를 해방하였다. 뒤이어 장춘에 포위된 국민당군은 항복하였고 동북의 가장 큰 도시 심양은 고립되였다. 장개석은 비행기를 타고 왔다갔다 하면서 부하들을 격려해주었지만 결국 실패의 운명에서 벗어나지 못하였다. 흑산(黑山)싸움에서 심양으로부터 금주로 구원온 국민당주력이 섬멸되자 심양성은 즉시 인심이 흔들리였다. 동북의 '토벌총사령부' 총사령 위립황(卫立煌)은 부하들에게 "싸움은 할 필요가 없는 것 같다. 너희들 각자가 출로를 찾아가거라!"고 말하였다. 그리고 나서 그는 비행기를 타고 먼저 갔다. 비행기 안에서 해방군이 이미 료하를 건느는 것을 보고 심양이 곧 함락된다는 생각이 들어 급히 되돌아와 몇명의 심복을 더 데려가려고 하였다. 비행기가 착륙하자 관원들이 서로 밀치락거리면서 먼저 비행기에 오르려고 다투었다. 한 사람이 "나는 행정위원이기에 먼저 가야 한다!"고 말하자 다른 한 사람은 "나는 중장참모이기에 먼저 올라야 한다!"고 말하였다. 한 관원은 짚차 우에 올라서 비행기에 기여오르다 어떤 사람의 발에 차이여 떨어졌다. 비행기는 우아래가 엉망이 되였다.

료심(辽沈)전역은 1948년 9월 12일부터 시작하여 50여일간 싸우다 11월 2일에 결속 지으며 전 동북이 해방되였다. 이는 국공 량군의 력량대비를 크게 개변시켰다. 모택동은 워낙 5년에 장개석을 타도하려고 예상하였는데 지금 봐서는 1년 좌우 시간이면 될 수 있다며 기뻐하였다.

중국통사 이야기 중화민국

　　회해(淮海)전역은 서주를 중심으로 화동의 광활한 원야에서 진행되였다. 쌍방은 다 이곳에 주력부대를 집결시켰다. 규모는 3대전역에서 가장 컸다. 장개석은 이곳에서 해방군의 남진을 막으려고 생각하였기에 륙군 총사령 고축동을 파견하여 친히 진을 치고 류치, 두율명이 현지에 주둔하면서 지휘하고 황백도(黃伯韜), 구청천(邱淸泉), 리미(李弥), 손원량(孙元良), 리연년(李延年) 등 병단이 서주 주위의 각 거점을 각기 수비하게 하였는데 총 병력은 80만명이 되였다. 중앙군위도 이곳에서 국민당군 주력을 섬멸하고 그들이 남쪽으로 도망하는 것을 방지하기 위하여 류백승, 등소평이 지휘하는 중원야전군과 진의, 속유, 담진림이 지휘하는 화동야전군을 파견하였다. 그리고 화동, 중원, 화북으로부터 각 지방부대를 이동시켜 지원하게 하였는데 총 병력이 60여만명이였다.

　　1948년 11월 6일, 회해전역이 시작되였다. 인민해방군은 서주의 동, 남, 서, 북 사방에서 동시에 공격을 발동하였다. 이런 작전방법은 각곳의 적군으로 하여금 어쩔 수 없이 자기만 돌보지 않으면 안되게 하였고 서로 원조할 방법이 없게 하였다. 장개석이 주저하며 결정짓지 못하고 있을 때 해방군은 이미 서주의 동쪽 신안진(新安镇) 일대를 지키고 있던 황백도 병단을 신속하게 포위하였다. 황백도는 황망히 군사를 거느리고 서주를 향하여 접근하였다. 도로에는 연기와 먼지가 자욱하고 사람들의 말소리로 떠들썩하였다. 해방군은 끝까지 쫓아가 년장(碾庄)일대에서 적군을 따라잡았다. 한차례 생사결전을 거쳐 황백도 병단의 10만명이 모두 섬멸되였고 황백도도 사살되였다.

　　련이어 해방군은 또 구원하러 온 황유(黃维)병단을 포위하였다. 서주를 지키고 있던 두율명은 사면에서 적의 공격을 당하자 부득이 서주를 포기하고 서남을 향해 달아났는데 뜻밖에도 또 해방군의 물샐틈없는 수사망에 빠져들었다. 그들은 어쩔 수 없이 장개석에게 공군을 파견하여 량식과 탄약을 공급해줄 것을 청구하였다. 최후에 황유, 두율명은 다 전쟁에서 패하고 포로되였다. 병사들은 한무리 한무리씩 해방군에게 항복하였는데 정말로 산이 무너지는 듯 패배하였다. 회해전역은 65일간 진행되였고 전례없는 승리를 이룩하였다. 이리하여 인민해방군은 장강

북안을 통제하였고 강을 사이 두고 멀리서 남경을 바라볼 수 있게 되였다.

회해전역이 진행되고 있을 때 1948년 11월 29일, 평진(平津)전역도 시작되었다. 료심전역을 방금 끝낸 동북야전군은 군대를 정비하지도 못하고 신속히 관내에 진입하여 섭영진이 거느린 화북야전군과 회합하였다. 이는 적들의 예상을 벗어났다. 적들이 발견하였을 때는 북평, 천진을 중심으로 서쪽은 장가구, 동쪽은 당고(塘沽)에 이르는 한갈래 좁고 긴 지대에서 이미 완전히 분할 포위되였다. 중앙군위의 지시에 따라 해방군은 "먼저 량쪽을 치고 후에 중간을 공격하기로" 결정함으로써 적들이 해상이나 내몽골로 도망하는 것을 방지하였다.

신보안(新保安, 지금의 하북 회래), 장가구가 먼저 해방되였다. 해방군이 천진 성 밑까지 쳐들어갔지만 천진수비군이 항복을 거절하였기에 해방군은 이 대 공업도시에 대한 공격을 강행하기로 결정하였다. 적을 미혹하기 위하여 해방군이 천진 북쪽으로부터 포격을 시작하자 수비군은 대방의 주력이 북쪽에 있다고 여기고 동쪽과 서쪽의 방어를 늦추었다. 그러나 1월 14일, 총공격이 시작된 후 해방군은 먼저 동, 서 두 방향에서 천진시를 공략하였다. 대포, 고사포, 땅크로 일제히 포격하자 천진의 상공은 불빛이 충천하였다. 하루밤 사이에 수비적군은 궤멸되였다. 해방군전사들이 시내로 돌진하여 도시방어사령 진장첩(陈长捷)의 지하실에 들어갔을 때 그는 아직도 상사 부작의(傅作义)에게 전화를 걸어 전황을 회보하고 있었다. 그는 해방군이 눈앞에 나타난 것을 보고는 어쩔 수 없이 "귀군은 너무 재빠르다. 즉시 명령하여 총을 바치게 하겠다."고 말하였다.

화북의 수비를 책임진 부작의 부대는 본래 장개석의 직계가 아니였고 항일하는 가운데서 공로가 있었다. 천진이 해방된 후 부작의는 북평에 포위되여있었다. 북평은 중국의 고도(古都)로서 성내에 궁전루각(宫殿楼阁), 사원제단(寺庙祭坛), 원림미경(园林美景)이 비일비재하였다. 이는 중화민족의 보귀한 재부였기에 해방군은 일찍 북평을 평화적으로 해방하는 기정방침을 제정하였다. 이로 인하여 해방군과 북평의 지하당조직은 부작의에 대하여 설득을 하였다. 결국 부장군은 평화적으로 해방하는 조건을 접수하고 1월 31일 북평을 해방군에게 넘겨주었다. 그는 중국인민을 위하여 아주 큰 좋은 일을 하였다.

3대전역에서 해방군은 대량의 국민당장병들을 섬멸하고 포로하였고 또 적군의 수중으로부터 대량의 군용물자를 로획하였는데 미국이 지원한 장비와 무기도 그 속에 있었다. 해방군은 이런 장비로 자기를 무장하고 장대시켰다. 모두가 장개석을 '운수대대장'이라고 한 것은 당연한 것이였다. 일반적으로 말하면 전쟁은 정치집단의 리익을 위하여 복무하는 것이다. 전쟁도 잔혹하고 무정한 것이다. 비록 국민당 군대 가운데 많은 장병들이 항일전쟁에서 공로가 있었고 일부 장령들이 재능도 있었지만 국민당의 정치가 부패하였기에 민심을 잃었다. 그들은 또 이 정치집단을 위하여 봉사하였기에 실패하여 포로가 되고 지어는 목숨을 잃는 결말을 가져올 수 밖에 없었다.

3대전역은 승리적으로 끝났다. 중국인민해방군은 동북, 화북의 대부분과 화중, 화동의 일부분 지구를 통제하였고 전 중국의 해방을 위하여 기초를 닦아놓았다. 계속하여 싸운다면 중국공산당이 전쟁의 최후 승리를 거둘 것이라는 것은 많은 국민당인들마저도 믿어마지 않았다.

516

새 중국의 건설을 계획하다

　　국민당 군대가 련이어 참패를 당하자 장개석의 위신은 땅에 떨어졌다. 할 수 없이 그는 1949년 원단에 평화를 구걸하는 성명을 발포하여 중국공산당과 전쟁을 정지하고 평화를 회복하는 방법을 토의할 것을 원한다고 말하였다. 그러나 그는 또 "신성한 헌법이 나로 하여 위반되지 않고 립헌정치가 이로 하여 파괴되지 않으며 중화민국의 국체를 확보할 수 있고 중화민국의 법제정통도 중단되지 않으며 군대도 확실한 보장이 있다면… 나 개인은 더 다른 요구가 없다."고 말하였다. 장개석이 그의 통치기초에서 '평화'를 구걸한다는 것을 누구나 다 알아 들을수 있었다. 그러나 이것은 이룰 수 없는 일이였다.

　　모택동은 신년사 〈혁명을 끝까지 진행하자〉에서 해방군은 장강을 건널 것이고 해방전쟁을 끝까지 할 것이라고 선포하였다. 담판도 가능한 것이지만 1월 14일, 모택동은 또 성명을 발포하여 8가지 조건을 제출하였다. (1) 전쟁범죄자를 징벌할 것; (2) 가짜 헌법을 페지할 것; (3) 가짜 법제정통을 페지할 것; (4) 민주주의원칙에 근거하여 모든 반동군대를 개편할 것; (5) 관료자본을 몰수할 것; (6) 토지제도를 개혁할 것; (7) 매국조약을 페기할 것; (8) 반동분자가 참가하지 않은 정치협상회의를 소집하며 민주주의련합정부를 세울 것.

이 8가지 조건은 장개석의 희망과 상반되였기에 장개석은 어쩔 수 없이 21일에 '사직'을 선포하고 더는 총통을 하지 않겠다고 하면서 리종인을 '대리총통'으로 세웠다. 리종인은 장개석과 일치한 면도 있고 일치하지 않은 면도 있었다. 그는 담판을 통하여 장강을 계선으로 남북을 나누어 다스리려고 하면서 해방군이 남하하는 목적을 저지하였다. 때문에 그는 집정하자마자 8가지 조건의 기초에서 담판하는 데 동의하는 한편 모순을 완화시키는 방법을 취하였다. 장개석은 비록 총통은 아니였지만 여전히 국민당의 총재였다. 그는 고향 봉화 계구(奉化溪口)에 피하여 있으면서 계속하여 남경정부를 조종하였다. 그의 심복들은 '리대리총통'을 근본 안중에 두지 않았다. 한번은 리종인이 정부 요원들을 만나 상담하였는데 륙군사령 고축동이 선후로 세차례나 자리를 떠나 계구에서 걸려온 전화를 받고 장개석의 지시를 접수하였다. 리종인은 화가 나서 어쩔 바를 몰랐다. 리종인이 대표를 북평에 파견하여 담판하게 하자 장개석은 공군을 파견하여 해방구를 폭격하였다. 또 각 부대에게 명령을 내려 반드시 끝까지 싸워야 한다고 하였으며 징병 200만명을 선포하고 장정(壯丁)을 징발하면서 전쟁준비를 적극적으로 하였다. 이는 리종인으로 하여금 진퇴량난에 빠지게 하였다.

4월 15일, 국민당 대표 장치중(张治中), 소력자(邵力子) 등이 북평에서 주은래 등 중국공산당 대표와 담판을 거쳐 〈국내평화협정〉 8조 24항 초고를 작성하였다. 이 협정에 근거하면 건립될 정부에서 국민당이 더는 주재하지 못할 뿐만 아니라 부차적인 지위로 내려갈 것이였다. 조약을 남경으로 보내오자 장개석은 화가 나서 거절하라고 명령하였다. 리종인도 장강을 경계로 남북을 나누어 다스리는 것이 실현되지 못하자 서명을 거절하였다.

장치중은 자가 문백(文白)이고 안휘 소현(巢县) 사람으로서 저명한 애국장령이다. 그는 일관적으로 중국공산당과 합작할 것을 주장하였다. 중경담판전후 그는 세차례나 연안에 갔었고 '평화장군'이라 불리웠다. 남경정부가 조약에 서명을 거절한 것은 장치중을 난처하게 만들었다. 그는 본래 남경으로 돌아가 복명하려고 하였으나 그렇게 되면 필연코 완고

파들의 공격을 받아 매우 위험하게 될 것이였다. 모택동, 주은래 모두가 그에게 북평에 남아서 새 중국의 건설에 참가하고 제2의 장학량(장학량은 공산당과 련합하여 항일할 것을 주장하고 서안사변을 발동하여 장개석에게 장기적으로 감금되였음)으로 되지 말라고 권고하였다. 장치중은 재삼 고려한 끝에 국민당정부에서 나오기로 결정하고 소력자 등 담판대표와 북경에 남아 인민의 진영에 참가하였다.

중국공산당은 평화담판의 실패에 대하여 벌써 준비가 있었다. 4월 21일, 모택동, 주덕은 〈전국에로 진군하라는 명령〉을 내려 해방군에게 용감히 전진하여 중국 경내의 감히 저항하는 모든 국민당반동파를 견결히, 철저히, 깨끗이, 모조리 소멸하고 전국인민을 해방시키라고 하였다. 이날 이른새벽, 장강 북안의 서쪽 강서 호구(湖口)로부터 동쪽 강소 강음(江阴)에 이르는 천여리의 전선에서 중국인민해방군은 동, 서, 중 세갈래로 나뉘여 강을 건넜다. 대포가 일제히 울리고 돛을 올렸으며 백만 용사들이 막을 수 없는 기세로 천연 요새처럼 험한 장강을 강행 도하하였다. 장개석이 고심히 경영한 해륙공 '립체식'의 장강방어선은 인심을 잃을

대로 잃었기에 부딪치자마자 곧 무너졌다. 해방군전사들이 남안에 돌진하였을 때 국민당 군대는 도망가지 않으면 전선에서 봉기하여 항복하였다. 저항하는 자들은 사마귀가 앞발을 들어 수레를 막는 격이 되고 말았다.

22일 저녁, 남경성이 포위되었다. 23일 아침, 해방군은 총통부로 돌진하였다. 이후로부터 국민당정부가 비록 또 광주로 옮겨가고 국민당 군대가 아직도 험준한 지형에 의지하여 완강하게 저항하고 있었으나 이미 어떤 호소력도 없었고 한갈래 완전한 전선도 없었다. 장개석은 희망을 서북에 도사리고 있는 호종남 부대와 상계 일대에 움츠려있는 백숭희 부대에 기탁하여 서북과 서남을 차지하려고 시도하면서 겨우 부지하고 있었다.

"침몰한 배 옆으로 수많은 돛배들이 지나가고 병든 고목 앞에는 온갖 나무들이 봄을 맞는다." 1949년 하반년, 새 정부를 건립하여 국민당의 낡은 정부를 대체하는 것은 이미 사람들의 공동한 념원으로 되였을 뿐만 아니라 조건도 이미 구비되였다. 중국공산당과 각 민주당파, 각계 애국 인사들이 새 정부의 건설을 계획하는 행정을 시작하였다. 일찍 북평이 해방되기 전에 중국공산당의 지도자는 북평을 미래 국가의 수도로 하는 방안을 확정하였다. 주은래가 정부총리를 담임하는 것도 추호의 의의가 없었다. 쏘련의 지도자 쓰딸린마저도 '총리'인선은 이미 갖추어져 있다고 여기였다. 지금, 주은래는 몸과 마음을 다하여 새 정부의 조직사업을 다그치였다. 그의 세밀하고 겸손하고 온화하고 로련한 작풍은 사람들의 찬양을 받았다. 특별히 당외 인사를 임용하고 사람마다 자기의 재능을 충분히 발휘하게 하는 면에서 그는 대량의 사업을 하였다.

9월 17일, 새 정치협상회의 준비회가 북평에서 제2차 전원회의를 소집하였다. 회의에서 '새 정치협상회의'를 '중국인민정치협상회의'로 개명한다고 결정하였다. 회의에서는 〈중국인민정치협상회의 조직법 초안〉, 〈중국인민정치협상회의 공동강령 초안〉, 〈중화인민공화국 중앙인민정부 조직법 초안〉 등 3개 문건을 통과하였다. 9월 21일 저녁 7시, 중국인민정치협상회의 제1기 전원회의가 북평 중남해 회인당에서 성대하

　게 개막되었다. 이 회의는 실제상 전국인민대표대회의 직권을 대행하였고 새 정권을 건립하는 력사중임을 지니였다. 준비위원회 상무위원회 주임 모택동은 열렬한 박수 속에서 개막식을 하였다. 그는 "인류 총수의 4분의 1을 차지하는 중국 인민이 이때로부터 일떠섰다.", "우리의 민족은 더는 사람들에게 모욕당하는 민족이 되지 않을 것이며 우리는 이미 일떠섰다. 우리의 혁명은 이미 전 세계 광대한 인민들의 동정과 환호를 얻었고 우리의 벗은 전 세계에 널려있다."고 장엄하게 선고하였다.

　　이 회의에서 건국에 관한 4가지 결의를 통과하였다. 1. 중화인민공화국의 수도를 북평에 정하고 그날부터 북평을 북경으로 개명한다. 2. 중화인민공화국의 기년은 기원기년으로 한다. 3. 중화인민공화국의 국가가 정식으로 제정되기 전에 〈의용군행진곡〉을 국가로 한다. 4. 중화인민공화국의 국기를 오성붉은기로 한다.

　　9월 30일, 회의의 마지막 날에 두가지 선거를 진행하였다. 정치협상회의 제1기 전국위원회 위원 180명을 선출하고 모택동을 정치협상회의 주석으로 주은래, 리제심(李济深), 심균유(沈钧儒), 곽말약, 진숙통(陈叔通)을 부주석으로 선출하였다. 중앙인민정부위원회를 선거하였는데 모택동을 중앙인민정부 주석으로 주덕, 류소기, 송경령, 리제심, 장란(张澜), 고강(高岗)을 부주석으로 하였다. 56명 중앙인민정부위원 가운데 중국공산당의 지도자와 해방군 고급 장령이 있었을 뿐만 아니라 민주 인사와 원 국민당 애국인사들도 있었으며 또 실업계, 문화계와 소수민족 대표인물도 있었는바 명인들이 다 모였다고 말할 수 있었다. 그들은 진의, 하룡, 리립삼, 림백거, 엽검영, 하향응, 림표, 팽덕회, 류백승, 오옥장, 서향전, 팽진, 박일파, 섭영진, 주은래, 동필무, 새복정, 요수석, 진가경, 라영환, 등자회, 울란부, 서특립, 채창, 류격평, 마인초, 진운, 강생, 림풍, 마서륜, 곽말약, 장운일, 등소평, 고숭민, 심균유, 심안빙, 진숙통, 사도미당, 리석구, 황염배, 채정개, 습중훈, 팽택민, 장치중, 부작의, 리촉진, 리장달, 장백균, 정잠, 장해약, 진명추, 담평산, 장난선, 류아자, 장동손, 룡운이였다.

　　북경에서 정치협상회의를 소집할 때 장개석은 아직도 서남 각지에서 그의 정권을 확보하기 위하여 뛰여다니며 활동하였다. 그러나 인민해방군은 아주 빨리 각지로 진군하기 시작하였고 여전히 완강하게 저항하는 국민당 군대를 타격하였다. 1950년 봄에 이르러 대륙은 서장을 제외하고 모두 해방되였다. 장개석은 어쩔 수 없이 대만으로 도주하였고 그의 세력은 이때로부터 대륙에서 물러나 오직 대만에서만 일부분 잔여를 보류하였다. 그러나 그는 대만이 대륙에서 리탈하여 '독립'하는 것을 줄곧 반대하였고 '두개 중국'도 반대하였는데 이것은 마땅히 긍정해야 할 것이다.

중화민국은 손중산 등 혁명지사들이 창립하였으나 38년 동안 정권이 여러차례 교체되고 전국을 시종 진정으로 효과적으로 통제하지 못하였으며 결국 대륙에서 국민당정권이 탈퇴하는 것으로 종말을 선고하였다. 손중산이 중화를 진흥시키려는 리상은 이 시기에 실현될 수 없었다. 중국의 내우외환도 이 시기에 가장 위험한 처지에 이르렀다. 그러나 민국기간에 사회는 여전히 전진하였고 각항 사업도 여전히 발전하였다. 인민들도 여전히 끊임없이 력사를 창조하였으며 국가의 운명과 미래를 결정하였다.

중화민국 중국통사이야기

중화민국략표
(북양군벌통치시기 1912—1928)

칭호 (称号)	이름 (姓名)	중화민국시간(기원/년) 中华民国时间(公元/年)	대사기 (大事记)
림시대총통 (临时大总统)	손중산 (孙中山)	1912.1—1912.3	1912년 1월 1일, 손중산이 림시 대총통으로 취임, 중화민국 건립 1912년 2월 12일, 부의가 퇴위, 청조 멸망, 봉건황제제도가 종말
림시대총통 (临时大总统)	원세개 (袁世凯)	1912.3.10—1913.10.10	1912년, 백랑봉기 1913년 손중산이 "2차혁명"을 발동
대총통 (大总统)	원세개 (袁世凯)	1913.10.10—1916.6.6	1915년 1월, 일본이 "21개조"를 제출 1915년 12월, 원세개가 황제로 됨, 실패 1915년, 신문화운동이 흥기
대총통 (大总统)	려원홍 (黎元洪)	1916.6.7—1917.7.1	1917년 7월, 장훈의 복벽
대리총통 (代理总统)	풍국장 (冯国璋)	1917.7.6—1918.10.7	1917년 7월, 호법운동이 시작 1918년 5월, 로신이 《광인일기》를 발표
대총통 (大总统)	서세창 (徐世昌)	1918.10.10—1922.6.2	1918년 11월, 리대소가 문장을 발표하여 10월혁명을 찬양 1919년 5월, 5.4운동이 폭발 1921년 7월, 중국공산당이 창건 1922년 1월, 향항해원파업
대총통 (大总统)	려원홍 (黎元洪)	1922.6.11—1923.6.13	1922년 6월, 진형명이 반란 1923년 2월, 2.7참안
(총통공석) (总统空位)		1923.6.14—1923.10.10	1923년 6월, 중국공선당 "3대"가 소집
대총통 (大总统)	조곤 (曹锟)	1923.10.10—1924.11.3	1924년 1월, 국민당 "1대"가 소집 1924년 9월, 제2차 직봉전쟁 1924년 11월, 풍옥상이 북경정변을 발동
(총통공석) (总统空位)		1924.11.3—1924.11.24	
림시집정 (临时执政)	단기서 (段祺瑞)	1924.11.24—1926.4.20	1925년 3월, 손중산이 서거 1925년 5월, 상해 5.30참안
(총통공석) (总统空位)		1926.4.20—1927.6.17	1926년 7월, 북벌전쟁이 시작 1927년 4월, 4.12반혁명정변
군정부 대원수 (车政府大元帅)	장작림 (张作霖)	1927.6.18—1928.6.3	1927년 8월 1일, 남창봉기 1928년 6월, 장작림이 패배하고 동북으로 철퇴

국민당통치시기 대사기
(1928—1949)

시간	대사기
1928년 12월	장학량이 동북의 기치바꿈을 선포
1930년 5월	중원대전
1931년 9월	9.18사변
1931년 11월	중화쏘베트공화국 림시 중앙정부가 창립
1932년 1월	1.28사변
1932년 2월	위만주국 건립
1933년 3월	장성 항전
1933년 11월	복건사변
1934년 10월	중앙홍군이 장정을 시작
1935년 7월	〈하응흠—우메즈협정〉을 달성
1935년 12월	12.9운동
1936년 10월	세갈래 홍군이 감숙 회녕에서 회합, 장정이 종말
1936년 12월	서안사변
1937년 7월	로구교사변
1937년 8월	8.13사변, 송호회전이 시작
1937년 9월	평형관대첩
1937년 12월	남경대학살
1938년 3월	대아장전역
1938년 7월	국민참정회를 소집
1939년 12월	중국군대가 동계공세를 시작
1940년 3월	왕정위 괴뢰국민정부가 남경에 건립
1940년 8월	백퇀대전 시작
1941년 1월	환남사변
1941년 7월	반'소탕'투쟁이 시작
1942년 2월	중국원정군이 먄마작전에 참가

시간	대사기
1942년 2월	중국공산당의 정풍이 시작
1943년 1월	중국에서 외국의 치외법권을 취소
1944년 4월	일본이 예상계(豫湘桂)전역을 발동
1945년 1월	중국원정군이 인도 주재 중국군과 회합
1945년 4월	중국공산당 제7차 전국대표대회가 소집
1945년 8월	일본이 항복을 선포, 중경담판이 시작
1945년 10월	쌍10협정을 체결
1946년 6월	내전이 폭발, 해방전쟁이 시작
1947년 6월	인민해방군이 반격을 시작
1948년 3월	국민당이 헌정을 실행하는 '국민대회'를 소집
1948년 9월	3대전역이 시작
1949년 4월	국공평화담판, 도강전역 시작, 인민해방군이 남경을 해방
1949년 9월	중국인민정치협상회의 제1기 전원회의를 소집